hänssler

WINRICH SCHEFFBUCH

# Jenseits der endlosen Meere
## Abenteuer Weltmission

Winrich Scheffbuch ist Pfarrer der Ludwig-Hofacker-Gemeinde in Stuttgart,
außerdem Geschäftsführer der weltweiten Hilfswerke HILFE FÜR BRÜDER
und Christliche Fachkräfte International (CFI).

Die Deutsche Bibliothek – CIP-Einheitsaufnahme

**Scheffbuch, Winrich:**
Jenseits der endlosen Meere : Abenteuer Weltmission /
Winrich Scheffbuch. – Neuhausen-Stuttgart : Hänssler, 1996
(Hänssler-Paperback)
ISBN 3-7751-2639-2

hänssler-Paperback
Bestell-Nr. 392.639

© Copyright 1996 by Hänssler-Verlag, Neuhausen/Stuttgart
Umschlaggestaltung: Stefanie Stegbauer
Titelfoto: Hilfe für Brüder
Illustrationen: Elisabeth Neun
Satz: AbSatz Ewert-Mohr, Klein Nordende
Printed in Germany

# Inhalt

General des Türkenkriegs startet Offensive der Liebe
**Bibelschmuggel mit Weinfässern auf der Donau** .......... 11

Da er keine sendende Gemeinde fand, sandte er sich selbst
**Mission – »davor behüt uns, lieber Herre Gott!«** ......... 18

Die von der Ausrottung bedrohten
nordamerikanischen Rothäute
**Ein Freund der Indianer gerät zwischen die Fronten** ..... 22

Dänischer König eröffnet das neue Missionszeitalter
**Die Notlösung freier Freundeskreise bewährt sich** ........ 29

Englische Wirtschaftsmächte möchten
Weltmission verhindern
**»Aber der Herr war mit den Missionaren!«** ............... 34

Die Bibel unter mit 330 Millionen hinduistischen Göttern
**Endlose Schwierigkeiten und unversöhnliche
Feindschaften** ............................................. 39

Zinzendorfs Aufbruch bis zu den entlegensten Völkern
**Das Martyrium der zähen mährischen Sendboten** ........ 45

Trostlose Einsamkeit mitten im nördlichen Eis und Schnee
**Fast Ehekrach wegen Eskimos auf Grönland** ............. 52

Mission als »unverbesserliche Phantasterei« bekämpft
**»Nicht Schuhmacher, nur Flickschuster!«** ................. 57

Das Volk der Karen in Birma entdeckt das Evangelium
**Mit einem mehrfachen Mörder fing alles an** ............. 63

Gegen alle Verbote und Mauern in das verschlossene China
**Ein Kopf aus Eisen und Nerven aus Stahl** .............. 73

Das Neue Testament ins Arabische, Persische und
Urdu übersetzt
**Mit nur 31 Jahren die ganze Lebenskraft verzehrt** ........ 79

Ein Sproß aus einer alten böhmischen Flüchtlingsfamilie
**Ein verlachter Pfarrer gründete allein das erste
Missionsseminar** .......................................... 83

Aus der Hölle der Sklavenschiffe befreit
**»Sie fangen an, sich als Menschen zu fühlen«** ............ 87

Im Todesland der Goldküste
**Missionare sterben nicht am Klima,
sondern am Willen Gottes** ............................... 98

Schatten über dem alten Königreich der Asante
**Sind Missionare schuld am Kolonialkrieg?** .............. 102

Erfroren und verhungert am »äußersten Meer«
**Wie Charles Darwin sich öffentlich als
Missionsfreund bekannte** ................................ 110

Unheimlich dunkle Mächte auf paradiesischen Südseeinseln
**»Egal, ob mich Wilde oder Würmer fressen!«** ............ 115

Die Entdeckung der Völker Ostafrikas
**Scheitern und Mißerfolg macht den Auftrag
nur noch gewisser** ........................................ 124

Das verarmte Jerusalem im Orient macht Geschichte
**»Apostelstraße« von Jerusalem bis nach Afrika** .......... 138

Im tatarisch-persischen Grenzgebiet hinter dem Kaukasus
**»Der islamische Orient kann nur durch den Orient
missioniert werden!«** ................................ 148

Judenmission – eine andere Art von Holocaust?
**Dürfen Juden ihren Messias Jesus kennen?** ............... 157

Afrikaner kennen am besten Land und Leute in Afrika
**Ein ehemaliger Sklave wird erster schwarzer Bischof** .... 162

In der indonesischen Hafenstadt Surabaya
**Ein Uhrmacher beginnt die erste Moslemmission auf Java** 168

Kastenlose indische Bergstämme entdecken das Evangelium
**Ausgewiesen und verbannt um Jesu willen** .............. 175

Unter den als »Waldaffen« verachteten Santals
**Was Liebe aus einem Strafgefangenen machen kann** ..... 181

53 Jahre als Pioniere im südlichen Afrika
**Bibel und Pflug** ......................................... 186

Ein Leben für das unerforschte Afrika
**»Für Christus wage ich alles!«** ........................... 190

Von der Lüneburger Heide ins südliche Afrika
**Eine nur scheinbar gescheiterte Expedition** .............. 197

Chinas Millionen müssen das Evangelium hören
**»Satan ist mächtig, aber Gott ist allmächtig!«** ............200

Die blutige Spur der Märtyrer in Uganda
**Noch nie starben Menschen so tapfer!** ................... 208

Sind Frauen besser geeignet als Männer?
**Konsulin unter Ratten in einer Lehmhütte** .............. 217

Die blutige Verfolgung der Märtyrerkirche
von Madagaskar
**Sie fürchteten weder der Königin Grimm
noch den Tod** ............................................. 221

Mit Regenschirm auf hinduistischen Tempelfesten
**Ein Original Jesu Christi aus der Heidenwelt** ............ 230

Unter den mörderischen Kopfjägern der Dajaks auf Borneo
**Eine bittere, aber notwendige Erfahrung** ................. 236

»Vorwärts!« unter feindlichen Bataks auf Sumatra
**Mit Gott rechnen wie mit Zahlen** ........................ 241

Mission aus der diakonischen Sozialarbeit heraus
**»Wir sind unsterblich, solange wir eine Aufgabe haben!«** 247

Im Kampf gegen die Prostitution von Kindern in Indien
**55 Jahre ohne Heimaturlaub** ............................. 254

Eine Leidenschaft für das unheimliche Grenzgebiet
zur Sahara
**Eine Mutter gibt nicht auf** ............................. 257

Die größte evangelische Kirche in Kenia
**Nur 14 Monate und doch nicht vergeblich** ............... 262

Im ungesündesten Gebiet im Innersten Afrikas
**Kannibalen im Kongo warten auf Missionare** .......... 268

Auf schwankenden Hängebrücken zum Dach der Welt
**Verriegelte Türen dürfen nicht aufhalten** ............... 273

Das Waisenhaus in Assiut am Nil
**Eine sterbende Mutter und ihr Baby** .................... 278

Afrika braucht gut ausgebildete einheimische Bibellehrer!
**Ein politischer Revolutionär wird Evangelist** ............ 282

»Mohrenland wird seine Hände ausstrecken zu Gott!«
**Ein Missionsarzt wird staatenlos** ........................ 287

Neues Leben in der erstarrten Kirche Ugandas
**Versöhnung mitten im haßerfüllten Bürgerkrieg** ........ 296

Als Missionsarzt 50 Jahre im Kongo
**»Kein Urlaub! – Ich will doch nicht im Bett sterben!«** ... 305

Das Unternehmen »Auca« im Dschungel von Ecuador
**»Gott hat mit allem eine Absicht!«** ...................... 312

Das Martyrium um Jesu willen auch im 20. Jahrhundert
**Schwierigkeiten sind dazu da, überwunden zu werden!** 316

Der Kampf einiger Anthropologen gegen
die christliche Mission
**»Bösartige Missionare und liebenswerte Kannibalen«** .... 323

Der Aufbruch der heutigen evangelikalen
Missionsbewegung
**»Kommt herüber und helft uns!«** ........................ 328

Quellen ................................................. 333

Register ................................................. 337

## General des Türkenkriegs startet
## Offensive der Liebe

# Bibelschmuggel mit Weinfässern
# auf der Donau

*Das Uracher Mönchskloster – Bosnier, Kroaten und Slowenen – Die moslemische Bedrohung Osteuropas – Freiherr Hans zu Ungnad von Sonegg – Primus Truber erfindet slowenische Buchstaben – 24 Buchausgaben gedruckt – Heimlicher Transport auf »Ulmer Schachteln« – Große Missionspläne – Spenderlisten – Ende auf der Reise nach Prag*

In Süddeutschland, in einem tief eingeschnittenen Tal der Schwäbischen Alb, liegt die heutige Kurstadt Bad Urach. Das warme Mineralwasser, das jetzt viele Gäste anzieht, wurde erst in unserem Jahrhundert entdeckt.

In diesem schön gelegenen Tal unterhalb der Burg Hohenurach, umgeben von weißen Kalkfelsen und bewaldeten Berghöhen, wurde schon im 15. Jahrhundert hohe Politik gemacht. Für ein halbes Jahrhundert war hier die württembergische Residenz. Der vom Volk geliebte und verehrte jugendliche Graf Eberhard im Bart feierte in Urach mit 14 000 Gästen Hochzeit. Bis heute sind die Spuren der regen Bautätigkeit dieser Jahre sichtbar. Dann wurde es wieder still in Urach.

Hundert Jahre später zogen dort sonderbare Gestalten mit fremder Sprache im inzwischen stillgelegten Mönchshof ein, dem früheren Kloster der *Brüder vom gemeinsamen Leben*. Es waren Flüchtlinge aus Slowenien. Aber auch bosnische Mönche in schwarzen Kutten und kroatische Übersetzer gingen im Mönchshof, direkt neben der mächtigen Amanduskirche, aus und ein. Jetzt wurde in dem malerischen Tal europäische Geschichte, noch mehr: Geschichte des Reiches Gottes gemacht.

Hier in Urach entstand das erste evangelische Missionswerk – abseits der großen, im Mittelalter bekannten Orte. Freiherr Hans zu Ungnad von Sonegg war der treibende Motor des ganzen Unter-

nehmens. Er hatte es in Österreich nach einer Offizierskarriere bis zum General gebracht. Dann aber hatte er alles zurückgelassen und war in die Fremde gezogen, um frei und ungehindert seinen reformatorischen Glauben leben zu können.

Der aus der Steiermark vertriebene Flüchtling brannte für die Weltmission. Das war in diesen Jahren etwas Ungewöhnliches. Die meisten Theologen vertraten damals die Überzeugung, es sei bislang genug Zeit zur Verkündigung des Evangeliums gewesen. Freiherr zu Ungnad aber wußte sich dem Missionsbefehl Jesu verpflichtet. Dem ordnete er sich unter.

Ihm kam entgegen, daß damals in Württemberg der fromme Herzog Christoph regierte, der die gesamte Kirche auf biblischer Grundlage nach den Gedanken Luthers umfassend reformierte. Auch das Uracher Kloster stand wie die übrigen leer, weil die Mönche es verlassen hatten und evangelisch leben wollten. Herzog Christoph stellte nun das Uracher Klostergebäude zur Verfügung. Dort sollte eine Mission untergebracht werden. Damit war unter Freiherr Hans zu Ungnad ein Missionswerk entstanden, für das er alles opferte, was ihm nach seiner Flucht aus der Heimat noch geblieben war.

Osteuropa war damals ganz beherrscht von der moslemischen Bedrohung. Die Türken waren weit auf den Balkan vorgestoßen. Von Kriegen und blutigen Kämpfen wollte aber jetzt der alte Offizier Freiherr Hans Ungnad nichts wissen. Er hielt sich an die biblisch-prophetische Verheißung. Darum wußte er, daß das antichristliche Reich Mohammeds allein durch das Wort Gottes geschwächt und zerstört werden kann.

Hans Ungnad war erfüllt von dem Gedanken, das Evangelium zu den osteuropäischen Völkern zu tragen. Er richtete seinen Blick bis in die Hauptstadt der Türkei und zu den slawischen Völkern Osteuropas. Dort überall sollte allein das kräftige Wort Gottes das Reich Gottes unter den dortigen Völkern aufrichten. Von Anfang an war er sich bewußt, daß die armen Pfarrherren und Priester, die sich nur von einer dürftigen Landwirtschaft ernährten, nicht genug Geld zum Kauf der christlichen Bücher haben würden. Wenn sie selbst den halben Herstellungspreis nicht aufbringen konnten, dann sollte man sie ihnen schenken.

Wie Mission getrieben werden muß, kann man bei Hans Ungnad lernen. Versperrte Türen waren ihm kein Hindernis. Ihn faszinierte der Gedanke, daß man das Evangelium auch in Sprachen übertragen könne, für die es noch kein Alphabet gab. Er half mit, glagolithische Buchstaben für die kroatische Schrift zu erfinden.

Der eigentliche Fachmann für diese praktische Durchführung war Primus Truber, ein um seines Glaubens willen aus Laibach in Slowenien vertriebener Pfarrer. Der hatte schon vor Ungnad die

enormen Möglichkeiten einer Schriftenmission für die slawischen Länder erkannt, die unter der moslemischen Besetzung litten.
Primus Truber erfand die Schreibschrift für das Slowenische. Das macht ihn bis heute zu einem Nationalheld der Slowenen. Genau so kümmerte er sich aber auch um kroatische Bibel- und Predigtübersetzungen. Er ruhte nicht, bis er die allerbesten Übersetzer für dieses Werk gefunden hatte.

Dieses ganze Missionswerk hatte darin seine Kraft, daß zwei Menschen im Team eins wurden, Primus Truber und Hans Freiherr zu Ungnad. Zwischen 1561 und 1564 verließen 24 verschiedene Buchausgaben die Uracher Druckerei, fast alle in fremden Schriftzeichen gesetzt.

Man staunt heute, wenn man die damals gedruckten Bücher anschaut, in welch wertvolle Ledereinbände diese Druckwerke gebunden wurden, obwohl viele von ihnen nur kostenlos weitergegeben werden konnten. Das Beste war gerade gut genug für das Wort Gottes.

Die Verbreitung der Bücher und Schriften war sehr gefährlich. Der Diener des Freiherrn zu Ungnad wurde deswegen in Konstantinopel verhaftet und konnte nur durch Vermittlung kaiserlicher Diplomaten freikommen. Truber klagte bitter darüber: »Die Verbreiter der Bücher werden von den Türken und Päpstlichen niedergehauen, verjagt und vertrieben.« Nur heimlich konnten die wertvollen Bibeln in die slawischen Länder gebracht werden.

Die bekannten »Ulmer Schachteln«, jene Haus- und Frachtboote auf der Donau, transportierten die »explosive« Ladung. Wenn auch im Lauf der Geschichte der Mission immer wieder solche Wege benutzt werden mußten, um das Evangelium durch die gesperrten Grenzen der Diktaturen zu bringen, so war doch der damals gewählte Schmuggelweg einzigartig. Meist wurden die Bücher nicht nur in Stoffballen, sondern raffiniert in doppelten Böden von Weinfässern versteckt. Mutige Männer »löschten« dann die »gefährliche Ladung«, das Wort Gottes, in den Empfängerländern. Tatsächlich hat dieser »Bibelwein« viele Feuer angezündet.

Nichts anderes wollten diese beiden Träger des Uracher Missionswerkes als die Evangelisierung der Völker Osteuropas. So schrieben sie einmal: »Arm ist ein Volk, wenn ihm das Evangelium vorenthalten wird!« Oder: Das Evangelium dürfe man nicht in einen unachtsamen Winkel stellen. Es müsse hell lodern, weil »der Fürst dieser Welt es mit seinem Blasebalg ausblasen will.« Denn das meinten Truber und Ungnad, wenn sie vom »Evangelium« sprachen: die befreiende Botschaft von Vergebung der Sünden und der Rechtfertigung am Kreuz.

Nur vier Jahre Zeit hatte Freiherr Hans zu Ungnad, das große Unternehmen zu leiten. Dann rief ihn Gott heim in seinen Frieden. Wie erfolgreich seine Arbeit war, können Menschen nicht ermessen. Seine Kuriere verhandelten in Prag, Wien oder Venedig. Auf dem Balkan, besonders in Siebenbürgen, erkundeten sie »sichere« Transportwege. Ungnad sprach immer wieder auch von »Moscovia«, dem Großfürstentum Moskau.

Er brachte auch eine litauische Bibel heraus. Man muß sich dabei vergegenwärtigen, daß das Land Litauen damals bis fast ans Schwarze Meer reichte und einen großen Teil der heutigen Ukraine umfaßte. Der Missionsmann Ungnad hatte entdeckt: »Der Heilige Geist wirkt in der Muttersprache.« Und weil er sein Neues Testament kannte, gehörte für ihn die Bibelübersetzung zum Vorbereiten der Wiederkunft Jesu. Er schrieb: »Jetzt wird das Häuflein aus den Völkern gesammelt werden.«

Der einst begüterte Freiherr gab sein ganzes Vermögen »bis zum letzten Rock« für dieses Werk des Reiches Gottes. Er tat es gerne.

Er bat aber auch andere evangelische Fürsten, sich an dieser Mission zu beteiligen. Der durch und durch lautere und würdige Herzog Christoph von Württemberg hielt seine schützende Hand über die Uracher Druckerei. Mission muß eine Sache aller sein!

Wenn man heute die lange Liste der Spenden liest, ist man beschämt, wie selbst kleinste Reichsstädte große Gaben sandten.

Sie standen voll dahinter. Bekannt ist aber auch noch, mit welch fadenscheinigen Argumenten sich einige evangelische Fürsten um eine Spende drückten.

Freiherr zu Ungnad konnte mit ihnen auch sehr ungnädig sprechen und sie an ihre Verantwortung vor Gott erinnern: »Das heilige Wort Gottes wird von uns genommen, wo wir uns des Lichtes des Evangeliums unwürdig erzeigen.«

Es ist verständlich, daß der in allen Türkenschlachten siegreiche österreichische Feldhauptmann auch an das türkische Volk dachte. Im Alter wollte er von Bajonetten nichts mehr wissen. Man müsse den Türken das Wort Gottes bringen, das war ihm wichtig. Schließlich sei das Wort Gottes auch stärker gewesen als der Papst. Fest stand Ungnads Entschluß, daß eine solche Türkenmission in Konstantinopel ihren Sitz haben müsse und nicht gegen die Türken, sondern für sie arbeiten solle.

Schon im Jahr 1564 starb Freiherr Hans zu Ungnad auf der strapaziösen Reise nach Prag. Er ist in der Tübinger Stiftskirche bestattet.

Noch auf dem Sterbebett bezeichnete er die Uracher Druckerei als sein einziges Erbe, das bewahrt werden müsse. Aber, wie so oft in der Geschichte des Reiches Gottes, selbst das konnte niemand fortführen. Sind es in der Missionsgeschichte eigentlich immer nur einzelne, die den Durchblick haben?

Die Uracher Druckerei ging unter, wenn auch der im Schwäbischen Kirchendienst stehende Primus Truber weitere Schriften in anderen Druckereien förderte. Die weitgespannten Missionsgedanken Ungnads blieben leider unausgeführt. Erst 160 Jahre später sollte Zinzendorf noch weiter bis sogar nach China planen. Seine ausgesandten Missionsboten kamen aber nur bis Rußland, wo ihr Weg im Leiden endete.

Erst 1813 bekam Rußland eine Bibelgesellschaft. Sie bestand nur zwölf Jahre. Dann mußte die Bibel immer vom Ausland beschafft werden. In den schweren Jahrzehnten des kommunistischen Terrors mußte man wieder die Wege des österreichischen Freiherrn wählen und Bibeln sorgfältig versteckt nach Osteuropa bringen.

Freiherr zu Ungnad hatte sich in den vier Jahren des Bestehens des Uracher Missionswerkes oft mit seinen Mitarbeitern gestritten, weil er Ruhmsucht und Herausstellen von Namen im Dienst für den Herrn nicht leiden konnte. Er wollte bei dem »von der Gnade Gottes angefangenen Werk« keinen menschlichen Ruhm dulden. Es war Gottes Sache und seine Ehre. Wahrscheinlich wurde deshalb dieses Werk auch so schnell von Menschen vergessen, obwohl doch im Licht Gottes hier wegweisend schon Weltmission in evangelischen Kirchen begonnen worden war.

## Da er keine sendende Gemeinde fand, sandte er sich selbst

# Mission – »davor behüt uns, lieber Herre Gott!«

*Justinian Freiherr von Welz – Der Teufel »Großvater der Theologen«? – Der Streit um Mission – Arbeitslose Theologen in die Mission – Die Idee einer Missionsgesellschaft – Gottes Befehl zur Mission – Keine Unterstützung – In Surinam verschollen*

Daß Mission vom Teufel sein muß, war das Urteil vieler theologischer Lehrer mitten im 17. Jahrhundert. Ihnen kam das gleich verdächtig vor, wie da ein Einzelner beharrlich für Mission kämpfte. Kein einziger wahrer Christ könne solch einen Trieb für Mission spüren, sagte der führende rechtgläubige Theologe Ursinus. Das stand für ihn unumstößlich fest.

Damit griffen sie einen Unruhestifter an, der sich weder von seinen Einsichten abbringen noch mundtot machen ließ. Justinian Freiherr von Welz war in der Tiefe seines Gewissens vom Missionsauftrag überzeugt. Er, dessen Eltern um ihres Glaubens willen aus Kärnten auswandern mußten, machte in langjähriger Stille über dem Wort Gottes Entdeckungen, von denen er nicht schweigen konnte.

In seinem dritten Buch konnte auch Justinian, wie er sich jetzt bescheiden ohne den Titel eines Baron nannte, im Jahr 1664 nach viel derbem Widerspruch nicht mehr behutsam reden. Zweifellos mußten seine Vorschläge damals wirklich unerhört neu und revolutionär gewirkt haben. Er nannte das Übel beim Namen: Der Teufel hat es den Geistlichen in den Sinn gegeben, den ausdrücklichen Missionsbefehl leichtsinnig aufzuheben. Jeder kann daraus schließen, daß sie damit siebenmal ärger handeln als ihr Großvater, der Teufel.

Die damals herrschende Zensur konnte den Druck des Buches zwar noch in Deutschland stoppen, nicht aber in Amsterdam. Auf allergröbste Weise tobte jetzt die Auseinandersetzung, ob der Missionsauftrag von Christen gefordert sei oder nicht.

Die Argumente der Gegner der von Justinian geforderten Mission lassen sich so zusammenfassen:

1. Jeder Mensch kann Gott durch seinen natürlichen Verstand erkennen.

2. Der Missionsbefehl galt nur den Aposteln, er war ihr »persönliches Privileg«.

3. Die Apostel haben den Missionsbefehl schon ausgeführt. Das Evangelium ist aller Kreatur verkündigt.

4. Die Heiden sind selbst schuld. Wegen ihres Ungehorsams haben sie das Evangelium wieder verloren, die Kinder müssen nun für die Schuld ihrer Eltern büßen.

5. In allen Erdteilen wohnen Christen. Die Heiden können, wenn sie nur wollen, das Evangelium hören.

So stand es auch im vernichtenden Gutachten der Wittenbergischen Theologischen Fakultät von 1652. Es ist erschütternd, wie extrem eine selbstgefällige evangelische Theologie entarten kann. Zwölf Jahre später wurde durch den Theologen Ursinus vor den Schriften Justinians mit den bigotten Worten gewarnt: »Davor behüt uns, lieber Herre Gott!«

Was hatte denn Justinian gefordert?

Er sah wach die Mißstände unter den damaligen Studenten der Theologie. Im Blick auf die vielen jungen Absolventen, die keine Anstellung finden konnten, schlug er vor: »Sie möchten doch, statt ihre Zeit mit unnützem Warten zuzubringen, zu den Heiden gehen und ihnen das Evangelium verkündigen.«

Dazu hatte er eine geniale Idee, die später Träger fast der gesamten Missionsarbeit werden sollte. Eine Gesellschaft gleichgesinnter Christen sollte die Missionare aussenden, nicht nur Theologen, sondern auch Juristen und Mediziner. Fromme Kaufleute sollten die Kasse verwalten und den »armen, verreisenden Studenten mit Geld oder einem Wechselbrieflein helfen«. Professoren und Pfarrer sollten die jungen Leute aussuchen, ausbilden und dann auch aussenden.

Daß Mission zu treiben sei, entnahm Justinian der Bibel, der für ihn höchsten Autorität. Niemand hat das Recht, den ausdrücklichen

Willen Gottes zu verändern. Gleichzeitig bedeutet aber auch Nachfolge Jesu zu allen Zeiten, daß man selbst missionarisch lebt und dadurch seinen Nächsten bekehrt. Mission ist aber ebenso durch die Liebe Christi geboten. Solch eine Liebe fordert, »geistlich blinde und der Hölle zueilende ungläubige Völker auf den rechten Weg zur Seligkeit zu bringen«. Auch die Missionierung der Völker Nordosteuropas im Mittelalter zeigt, daß die Mission nicht ans Ende gekommen ist. Schließlich erinnert Justinian daran, daß Mission auch im Blick auf das Weltende dringlich ist. Die Heiden, die in ihrem Unglauben verloren gehen, werden am Jüngsten Tag als Ankläger gegen die lauen Christen, die nicht missionieren wollten, auftreten.

Um seinen Planungen Nachdruck zu verleihen, wandte sich Justinian an die Vertretung der evangelischen Stände beim Reichstag zu Regensburg. Gleichzeitig hinterlegte er von seinem Vermögen die große Summe von 12 000 Reichstalern als Grundlage für die Errichtung von Missionsseminaren.

Die Auseinandersetzung wurde immer erbitterter geführt. Justinian war enttäuscht, wurde selbst von Freunden mißverstanden. Seine Missionspläne wollte und konnte er nicht aufgeben. »Er sandte sich selbst«, schrieb später der Biograph des Missionspioniers Ziegenbalg, »da er die sendenden Hände nicht fand.« Die lutherische Gemeinde in Zwolle, Niederlande, ordinierte ihn 1664 zum Missionar. Wenig später, im Jahr 1665, reiste er von Holland nach Surinam aus. Dort soll er 1668 am Fluß Serena im Alter von 47 Jahren von wilden Tieren zerrissen worden sein.

Die Gedanken Justinians blieben lebendig und führten 1701 in England zur Gründung der *Gesellschaft zur Ausbreitung des Evangeliums*.

Daß Justinian nicht allein stand, zeigt eine Predigt des Erweckungspredigers Christian Scrivers aus dem Jahr 1675: ... »Es haben leider die Christen mit großem Eifer und Einsatz, mit Handel und weiten Schiffsreisen sich bemüht, der Ungläubigen Gold, Silber und andere Schätze zu gewinnen. Wie wenig hat man sich dabei bemüht, ihnen den wahren Schatz des Evangeliums von Jesus Christus mitzuteilen. Mit ihrem Geiz und unersättlichen Streben nach Gold haben einige den Armen mit ihrer Grausamkeit und anderen Verbrechen ein Ärgernis angerichtet und sie von Christus abgeschreckt. Andere haben den christlichen Namen verleugnet, nur um ungehindert Geschäfte treiben und ihren Gewinn suchen zu können. Damit haben sie gezeigt, daß es ihnen nicht um Menschen, sondern um den Mammon geht. Nun, ihr Christen! Erwägt die Sache künftig gründlicher und betet mit mehr Nachdenken die Worte aus dem Fürbittengebet: Herr, trete Satan unter unsere Füße und sende treue Arbeiter in deine Ernte ...«

## Die von der Ausrottung bedrohten
## nordamerikanischen Rothäute

# Ein Freund der Indianer gerät zwischen
# die Fronten des Kriegs

*John Eliot entdeckt seine Aufgabe – Mißverstandene Puritaner – Christliche Siedlungen für Indianer – Gottes Wort als Lebensordnung – Bildung und berufliche Förderung – Das zerstörte Lebenswerk – Eine Spur für Nachfolger – Das Opfer David Brainerds – Die Entstehung von Missionsgesellschaften*

Maßlose Schuld haben die weißen Einwanderer Nordamerikas auf sich geladen, als sie den größten Teil der Indianer ausrotteten. Mit blutigen Kriegen, gebrochenen Verträgen, Betrügereien und Vertreibungen wurden die meisten Indianer auf grausamste Weise ausgemerzt. Dazu kamen ansteckende Krankheiten, der Ruin durch Branntwein, Ausbeutung und Lügen. Immer wieder haben einzelne Christen und Kirchen die Stimme für die leidenden Rothäute erhoben. Sie konnten aber das schreckliche Unrecht, das da an den Indianern vollzogen wurde, nicht aufhalten.

Unter den nordamerikanischen Siedlern ragt als markantes Original John Eliot heraus. Während um ihn her viele Siedler mit Fanatismus und grausamen Machtgelüsten als weiße Eroberer den Widerstand der lästigen Indianer mit dem Schwert brechen wollten, setzte sich Eliot konsequent für eine versöhnliche Friedensbotschaft ein. Noch mehr, er wollte die Indianer gewinnen.

Noch in England hatte sich Eliot bei den bibeltreuen Puritanern bekehrt. Ganz irrtümlich sehen viele bei diesen Gott treu ergebenen Menschen eine harte Gesetzlichkeit als das Wesentliche ihres Glaubens an. Vielmehr ist für die Puritaner typisch, was der an der Universität von Cambridge gründlich ausgebildete Theologe und Schulmann Eliot dort fand: Den unendlichen Reichtum der Barmherzigkeit

John Eliot

Gottes in Christus Jesus. »Der Herr sagte zu meiner toten Seele: Lebe! Und durch die Gnade Gottes lebe ich und werde ewig leben.« Weil er als Puritaner in England keine Anstellung finden konnte, ging er nach Amerika hinüber und arbeitete dort schließlich als Pastor in der Grenzsiedlung Roxbury (Massachusetts), in der Nähe Bostons.

Erst mit 40 Jahren kümmerte er sich mehr um die Indianer, die ganz in seiner Nähe lebten. Er erkannte die Notwendigkeit, ihnen das Evangelium zu predigen. Neben den vielen Aufgaben in seinem Pfarramt betrieb er diese Missionsarbeit. Wie er das überhaupt meisterte und dabei auch noch die komplizierte indianische Sprache der Pequoten, eines Stamms der Irokesen, erlernte, bleibt selbst bei seiner großen Begabung unfaßbar. Die Sprache hatte keine Schriftzeichen und bestand aus Kehlkopflauten und verschieden hohem Tonfall.

1646 hielt Eliot seine erste Predigt vor den Indianern. Es war ein Mißerfolg. Die Indianer hörten gar nicht zu und waren gelangweilt. Eliot aber gab nicht auf. Nach einem Monat kam er wieder. Jetzt stellten die Indianer Fragen nach der Predigt. Schließlich, wieder zwei Wochen später, als Eliot über die Gebote Gottes predigte, fragte ein Indianer: »Warum hat uns der weiße Mann nie früher von diesen Dingen erzählt?«

Von Anfang an nahm Eliot auch Gemeindeglieder und andere Pastoren in die Mission unter Indianern mit. Sie steckten sich gegenseitig mit der Begeisterung an, auch wenn nicht immer nur Mutmachendes erlebt wurde.

Erbarmen und Mitleid mit den Indianern erfüllte Eliot. Er
wollte Gott verherrlichen und diesen armen, von Gott verlassenen
und von den Menschen geschundenen Indianern Gottes Liebe
bezeugen.

Neben der Predigt des Evangeliums setzte Eliot ganz auf die berufliche Ausbildung der Indianer und die Gründung von christlichen
Siedlungen, in denen Gott geehrt und verherrlicht werden sollte.
»Gott in Christus Jesus sei unser Lehrer, Gesetzgeber, König und
Richter, der uns durch seine Herrschaft regiert!« Das ganze bürger-
liche Leben, auch die Arbeit, war der biblischen Ordnung unterstellt.
Die Indianer wollten selbst, daß sie durch die Bibel regiert werden
sollten. Wenn auch das ganze alltägliche Leben der Indianer grundle-
gend geändert war, konnten sie getauft werden. Erst nach fünf Jahren
wurden die ersten Indianer getauft.

Trotz heftiger Feindschaft mancher Medizinmänner und Häuptlinge entstanden nach und nach 14 »betende Indianerdörfer« mit

etwa 3600 Christen. Die Gesetze gegen das Treiben der okkulten Medizinmänner, gegen Vielweiberei, Entheiligung des Sonntags und Trunkenheit wurden entschlossen angewandt. Die Indianer lernten Ackerbau und die Bearbeitung von Holz, auch Lesen und Schreiben. In allen Wigwams wurden Hausgottesdienste gehalten.

Da brach 1675, 25 Jahre nach der Gründung der ersten christlichen Siedlung, wieder ein verheerender Krieg zwischen Rothäuten und Weißen aus. Dabei gerieten die christlichen Indianer zwischen die Fronten der Indianer und der brutalen Engländer. Die bekehrten Indianer standen, obwohl auch sie viel Unrecht erlitten hatten, loyal zu den Siedlern und halfen ihnen viel. Daß die Weißen überhaupt siegten, war der Unterstützung der christlichen Indianer zu danken. Trotzdem nahmen viele der Siedler auch an ihnen Rache, weil sie eben auch Rothäute waren. Hunderte wurden verbannt, ohne daß sie ihre Habe mitnehmen durften.

Der alte Eliot mußte diese furchtbare Zerstörung seines gesamten Lebenswerks noch mit ansehen. Die Hälfte der von ihm angelegten Dörfer wurde ausgelöscht. Eliot aber gab nicht auf:»Durch die Gnade Christi bin ich entschlossen, mit meiner Arbeit nicht aufzuhören, solange mich noch meine Füße tragen.«

Und doch war das Werk Eliots nicht einfach untergegangen. Eliot hatte erstmals die Richtung gewiesen, wie den Indianern geholfen werden könnte.

Seine indianische Grammatik, die Bibelübersetzung in einen indianischen Dialekt der Mohikaner, Hilfsbücher und Flugschriften blieben in Geltung. Von Anfang an hatte er versucht, die christlichen Indianer so weit wie möglich selbständig zu machen. Sein indianisches College wurde wegweisend. Aus ihm sind viele seiner großartigen Helfer hervorgegangen.

Auf seinem Grabstein steht sein Motto:»Gebet und Leiden im Glauben an Jesus Christus können alles vollbringen!« Das Gebet bleibt die verborgene Triebkraft der Mission.

In wunderbarer Leuchtkraft zeigte sich zuerst in der Gestalt John Eliots die Liebe einer Missionsgesinnung, die später überall in der Welt sichtbar werden sollte. Mit Eliot wurde der Missionsgedanke auch nach Europa, nach England und Deutschland getragen.

Auf einfachen Blättern wurde berichtet, was Gott dort unter den Indianern wirkte.

Und Gott rief weitere Mitarbeiter in seine große Ernte. Einer von ihnen war David Brainerd, ein Beter wie Eliot. Er wollte sein Leben ganz zur Ehre Gottes einsetzen. Auch ihm brannte die Not der Indianer auf dem Herzen.

Um ihnen ganz nahe zu sein, ließ er sich in der Wildnis nieder. Sein Lager war nur ein Strohhaufen in einer Hütte. Er ernährte sich von einfacher Mehlsuppe aus gekochtem Korn und Brot.

Um zu den Indianern zu gelangen, nahm er mühselige Reisen zu Pferd, aber auch zu Fuß auf sich. Sie führten über gefährliche Gebirgswege, auch dorthin, wo es keinen Pfad mehr gab. Dabei besaß er nur eine schwache Körperkraft.

Bei seinen vielen Reisen wurde er häufig von weißen Siedlern bekämpft und bedroht. In seinem Tagebuch schrieb er von der »langen Nacht des Weinens«. Ihm war es wichtig, dem »Pfad der Pflicht zu folgen, auch wenn er durch größte Entmutigung und Dunkelheit führt.« Viel Enttäuschung erlebte er auch bei den Indianern durch verbreitete Trunkenheit und häufiges Lügen.

Sein Leben war ein einziges Schreien zu Gott im Gebet. So abhängig fühlte er sich von Gott. Am 6. August 1745 kam es durch eine einzelne Predigt zuerst zum Wachwerden einiger Indianer, schließlich aber zur Erweckung eines ganzen Stammes.

Wenn man fragt, was aus diesem großen Einsatz geworden ist, so muß vor allem andern die bahnbrechende Wirkung für die weitere Bewegung der Weltmission genannt werden.

So erwuchs aus Eliots Wirken als wichtigste bleibende Frucht die *Gesellschaft zur Ausbreitung des Evangeliums in Neuengland.* Damit sollte die Indianermission Eliots fortgeführt werden. 50 Jahre später entstand 1698 die *Gesellschaft zur Ausbreitung christlicher Kenntnis* und 1701 dann die anglikanische *Gesellschaft zur Ausbreitung des Evangeliums in den fremden Ländern.* Ein Anfang war gemacht, der viele Hoffnungen weckte.

## Dänischer König eröffnet das neue Missionszeitalter

# Die Notlösung freier Freundeskreise bewährt sich

*Alte Kolonialmission und freie Vereine – Die Chance großer Freiwilligkeit – Einfache Verfassung – Zweimal durchs Examen gefallen – Mission als königliche Pflicht – Das neue Missionszentrum Halle – Missionare falsche Propheten? – August Hermann Francke – Missionsgesellschaften sammeln Freundeskreise*

Wie in England waren auch in Deutschland die evangelischen Kirchen nicht dazu in der Lage, ihren Missionsauftrag wahrzunehmen. Selbst als die neue Missionsbewegung sich einen Weg bahnte, konnten sie nicht einmal die wertvollen Kräfte aufnehmen und organisatorisch bündeln.

Heute muß man im Rückblick sicher auch ganz nüchtern feststellen, daß diese organisatorische Trennung ein Segen für die Mission war. Die Freiheit von der Kirche war notwendig, weil anders Mission kaum möglich geworden wäre.

Kann man sich heute überhaupt noch vorstellen, wie groß der Widerstand von Pfarrern und kirchlichen Behörden gegen Mission in manchen Teilen Deutschlands war? Es kam vor, daß Besucher von Missionsstunden mit Steinwürfen bedroht, Versammlungen verboten oder Kirchengebäude ihnen verweigert wurden.

Mit eigenen Missionsgesellschaften löste sich die Missionsbewegung von mancher Last volkskirchlichen Amtsdenkens und wurde ganz zu einer Sache der Freiwilligkeit. Das große Werk der Verbreitung des Evangeliums unter den Völkern konnte sich viel besser ohne jede theologische Bevormundung in freien Missionsgesellschaften entwickeln. In diesen von den Kirchen unabhängig organisierten Freundeskreisen konnten sich die vielen aktiven evangelischen Kräfte in ihrer Vielfalt schöpferisch frei entfalten.

Diese freien Missionsvereine brauchten keine große institutionelle Verfassung. Ein kleiner Kreis bildete den Vorstand. Dahinter standen viele treue Missionsfreunde. Obwohl sie aus ganz verschiedenen Kirchen kamen, waren sie doch im Glauben fest vereint und im Wollen der Mission ein Herz und eine Seele. Welche Kirche hätte solch eine geistliche Einheit in der Sache der Mission und im Glauben je bieten können?

Nicht zuletzt schützte gerade diese freie Organisationsform auch die neugegründeten Missionsgesellschaften vor einer modischen Anpassung an Zeitströmungen, denen die Kirchen manchmal doch sehr stark mit ihrer Theologie erlagen, und bewahrte den Reichtum des biblischen Evangeliums. Gerade dadurch wurden die freien Missionsgesellschaften wieder den Kirchen zum Segen.

Wie kam es zur Bildung eines ersten Freundeskreises für Mission in Deutschland?

Der Anstoß sollte aus Dänemark kommen, vom dortigen König Friedrich IV. Er trug als Monarch die Verantwortung für die dänische Staatskirche, aber damit auch für die dänischen Kolonien. Zu jener Zeit gehörte es ganz selbstverständlich zum Amt eines Fürsten, in der Fürsorge für seine Untertanen auch das Evangelium anzubieten und die Bevölkerung mit dem Christentum zu durchdringen.

Der dänische König Friedrich IV. hatte darüber hinaus aber auch wirklich geistliche Interessen für das Kolonialgebiet in Indien, als er Missionare für die dänische Ostindienkompanie suchte. Jahrelang hatten seine Hofprediger keine geeigneten Bewerber in Dänemark finden können, weil die theologischen Vorbehalte gegen Mission alles Interesse zerstörten. Auch die Hofprediger selbst standen mit ihrer Theologie des Zeitgeistes der Suche nach geeigneten Missionaren sehr im Wege.

Erst als der dänische König mit Dr. Lütkens einen Missionsfreund als Hofprediger berief und ihn beauftragte, Missionare für die dänischen Kolonien zu suchen, ging es vorwärts. Dr. Lütkens wandte sich, weil ja in Dänemark niemand gefunden werden konnte, an seine geistlichen Freunde in Deutschland. So erfuhr schließlich August Hermann Francke in Halle von der Suche nach Missionskräften.

Wenn es nach der lutherischen Kirche in Dänemark gegangen wäre, hätte sie auch später noch die Entsendung der ersten deutschen Missionare nach Indien völlig verhindert. Als nämlich endlich geeignete Kandidaten von Halle nach Kopenhagen gesandt werden konnten, versuchte die lutherische Kirche die Aussendung mit allen Tricks zu hintertreiben. Nicht weil sie Deutsche waren, sondern weil sie sich unerschrocken als Pietisten bekannten, sah man sie dort als Schwärmer und Abenteurer an. Zweimal ließ man sie in einem schwierigen, von den dänischen Kirchenbehörden angestrengten Examen scheitern, bis sie dann endlich erst auf ausdrückliche Anordnung des dänischen Königs ordiniert werden konnten. Allein ein königlicher Befehl konnte damals die in den Kirchen bestehende tiefgreifende Feindschaft gegen die Mission außer Kraft setzen.

Somit wurde tatsächlich die große geistliche Bewegung des Pietismus erst durch jene königliche dänische Anordnung mit der Mission verbunden. Zweifellos gab es damals im Pietismus in Halle schon manche Stimmen, die zur Bekehrung der Heiden aufriefen und die Gründung einer Missionsgesellschaft forderten. Auch August Hermann Francke selbst hatte schon früh zum Errichten von sogenannten »Pflanzgärten« aufgerufen, durch die eine erstarrte Christenheit belebt, aber auch neues geistliches Leben in anderen Nationen gepflanzt werden sollte. Den Anstoß zur wirklichen Missionsarbeit in Indien aber gab der dänische König Friedrich IV., ohne sich dabei der Tragweite seiner Entscheidung bewußt zu sein.

Es war dann das große Verdienst von August Hermann Francke, nicht nur die Missionsbewegung entscheidend zu fördern, sondern auch eine große Heimatbasis für die Mission in Halle zu schaffen. Ohne Francke wäre die dänische Mission bald wieder eingeschlafen. Francke organisierte nicht nur die finanzielle Unterstützung der Mission, sondern sorgte selbst durch viele persönliche Kontakte für betende und spendende Anteilnahme der Heimatgemeinde.

In Halle entstand auch das erste Missionslied. Bogatzky dichtete:

Wach auf, du Geist der ersten Zeugen,
die auf der Mauer als treue Wächter stehn,
die Tag und Nächte nimmer schweigen

und die getrost dem Feind entgegengehn,
ja deren Schall die ganze Welt durchdringt
und aller Völker Scharen zu dir bringt.

Das Feuer der ersten Christen sollte in der neuen Missionsbewegung wieder aufleben.

Es war orthodoxen Theologen vorbehalten, diese junge Missionsbewegung mit mancherlei an den Haaren herbeigezogenen un-
möglichen Argumenten zu bekämpfen. Noch mehr als in Dänemark
entlud sich in Deutschland eine maßlose Kritik. Die Wittenberger
theologische Fakultät hatte Missionare schon früher »falsche Propheten« genannt. Überraschend kraß war dies doch für eine Wissenschaft, die sich selbst als rechtgläubig einstufte. Selbst Erdmann Neu-
meister, der Dichter des Liedes »Jesus nimmt die Sünder an«, hielt
1722 eine polemische Predigt gegen die Dänisch-Hallesche Mission:

>»Vor Zeiten hieß es wohl: Geht hin in alle Welt;
>jetzt aber: bleib allda, wohin dich Gott bestellt!«

Francke hatte sich schon aus Vorsicht gegen die geahnte Kritik
bemüht und sorgfältig darauf geachtet, nur ausgebildete Theologen
auszusenden. Erst knapp hundert Jahre später wagte man schließlich,
einen Missionar ohne Studium von Halle auszusenden, weil die damals von rationalistischem Denken beherrschten theologischen
Fakultäten keine geeigneten Missionskandidaten mehr zur Verfügung stellen konnten. Aber nicht einmal diese von Francke geübte
Vorsicht, nur an der Universität geprüfte Theologen auszusenden,
konnte das völlige Unverständnis der Kritiker mäßigen.

Im Lauf eines Jahrhunderts wurden von Halle aus 60 Missionare ausgesandt. Darunter waren viele begabte und fähige Mitarbeiter. Den wichtigsten Anstoß gab aber die Missionsarbeit August
Hermann Franckes für den jungen 15jährigen Grafen Nikolaus Ludwig von Zinzendorf bei dessen Aufenthalt in Halle. Er sollte die Mission Gottes in neue Weiten führen.

Für die Christen in Halle war, wie bei vielen anderen geistlichen
Erweckungen, die große Sorge um alle, die das Heil in Jesus noch

nicht bewußt ergriffen haben, kennzeichnend. Plötzlich galt die bloße Mitgliedschaft in traditionellen Kirchen nicht mehr als Bergungsort. Quer durch alle evangelischen Kirchen hindurch bildete sich ohne jede Organisation eine große biblische Jesusgemeinde von Menschen, die alle persönlich das Heil ergriffen und festgemacht haben.

Hier in Halle konnte sich auch der große Eifer vieler engagierter Christen tatkräftig entfalten, die erfahrene Freude des Evangeliums weiterzutragen. Nachdem verfaßte Kirchen versagten, bot die Form der Gesellschaft eine ideale Möglichkeit für freie Freundeskreise, sich gemeinsam zu engagieren und im Gehorsam gegen das Wort Gottes sich für das große Ziel der Mission und Evangelisation einzusetzen. Die Berichte aus der Mission draußen haben das geistliche Leben auch in vielen Kirchengemeinden daheim tief befruchtet und belebt.

## Englische Wirtschaftsmächte möchten
## Weltmission verhindern

# »Aber der Herr war mit
# den Missionaren!«

*Ostindische Kompanie – Räuberische Profitsucht besetzt Kolonien –
Kraftlose Kirchen ohne Einfluß – Neues Leben der Erweckung – Das
Christentum wiederentdeckt – Mächtige Missionsbewegung – Mißstände der Kolonialverwaltung aufgedeckt – Das englische Parlament
handelt*

Nicht Missionare drangen als erste in die neu erworbenen Länder der
Kolonialmächte ein, sondern profitsüchtige, ausbeuterische Han-
delsgesellschaften. Nichts anderes, als sich in kurzer Zeit möglichst
viel Geld und noch mehr Macht anzueignen, prägte ihr Handeln.

In kurzer Zeit hatte England weite Teile der damals noch nicht
vom christlichen Glauben erreichten Welt in Besitz genommen.
Nicht nur in Nord-, sondern auch in Mittelamerika, Westafrika und
in Indien hatte England als Kolonialreich die Herrschaft übernommen. Warum aber hatten dort so lange ausschließlich die ausbeuterischen Kräfte Einfluß?

Es gab zwar in England schon am Anfang des 18. Jahrhunderts
eine Missionsbewegung. Sie war aber zu schwach, um sichtbare Veränderungen in den nichtchristlichen Ländern hervorzurufen. Schon
1701 war eine *Gesellschaft zur Ausbreitung des Evangeliums in fernen
Ländern* gegründet worden. Sie brauchte aber ihre ganze Kraft zur
Fürsorge für Anglikaner in Amerika und Westindien, die von ihrer
eigenen Kirche vernachlässigt und ohne Bischof waren. Obwohl 350
Missionare, darunter viele herausragende Mitarbeiter, ausgesandt
wurden, konnte ihr Einfluß damals nicht viel ändern. Treu und
opferbereit setzten sich Frauen und Männer, die vom Pietismus in
Halle um August Hermann Francke wichtige Anstöße erhalten hatten, für das Weitersagen des Evangeliums ein, ohne daß es große

Durchbrüche gab. Daß dennoch ihr Dienst nicht vergeblich war, mag eine kleine Spur erhellen.

Diese schwache Missionsbewegung, die dann fast erlöschte, wirkte durch Berichte auf die nachfolgende Generation. Dazu gehörte etwa der schon mit 29 Jahren verstorbene David Brainerd, der unter den Indianern Nordamerikas wirkte. Seine Biographie mit der großen Sehnsucht nach dem neuen Leben des Gehorsams, der Hingabe und des Dienstes, las dann der große Missionspionier William Carey. Aber auch der große Missionar in Neuseeland, Sam Marsden, wurde von ihr tief beeindruckt. Und nicht zuletzt der für Asien so wichtige und den weiteren Weg der Mission vorbereitende Henry Martyn las sie. Sie alle wurden durch die vorangegangene Missionsbewegung entscheidend beeinflußt.

Die kleinen und schwachen Missionskreise Englands und Schottlands konnten sich nicht richtig entfalten, weil die Kirchen in der Heimat von einer lähmenden Krise befallen waren. Großen Einfluß hatten in England damals freigeistige und unchristliche Schriften. Weite Kreise der Kirche versuchten, sich entsprechend anzupassen. Man versuchte mit gewundenen theologischen Sätzen, einen neuen Glauben zu formulieren, der Ungläubigen angeblich weniger anstößig erscheinen sollte.

Am schlimmsten wirkte sich aber eine schreckliche Verwilderung der Sitten aus, die weite Kreise der Pfarrerschaft erfaßte. Zwar wurde noch sehr hart und auch moralisch-gesetzlich gepredigt. Diese kalte Gesetzesstrenge entsprach aber nicht dem eigenen Leben. Pfarrer sorgten sich meist mehr um ihr Einkommen als um das Heil der ihnen anvertrauten Menschen. So besetzten manche mehrere Pfarrstellen als Pfründe, die sie dann von nichtsnutzigen Vertretern verwalten ließen. Einer brachte es sogar auf 17 Pfarrstellen. Nicht wenige jagten, fluchten, spielten und tranken, was das Zeug hielt. Man muß sagen, daß es oft ein Glück war, wenn die Kirchenbänke, vor denen sie predigten, leer waren. Ehebruch, Spiel, Trunkenheit und die Entheiligung des Sonntags galten trotz der gesetzlichen Predigten als ehrenwert. Auch viele der freien englischen Gemeinden lagen in einem tiefen Schlaf. Schließlich ist dies keine Frage der Organisationsform, sondern des geistlichen Lebens. Weil Jesu Worte Geist und Leben sind, kann Gottes Wort nur von denen empfangen werden, die sein Wort hören und bewahren. Ein Rechtsanwalt namens Blackstone machte sich damals die Mühe, in London von Kirche zu Kirche zu gehen. Er stellte fest: »Ich hörte nicht eine einzige Predigt, die mehr Christentum zum Inhalt gehabt hätte als die Schriften Ciceros. Es war mir unmöglich, herauszubekommen, ob der Prediger ein Anhänger des Konfuzius, Mohammeds oder von Christus ist.«

Erst die aufbrechende Erweckung um John Wesley und George Whitefield schuf neues Leben. Es war der Einfluß des deutschen Pietismus, der die Lebenskräfte des Evangeliums vermittelte.

Wesley entdeckte mit seinem strengen, sittlichen Lebensernst erst die Freude des Glaubens durch Graf Zinzendorf und seine Gemeinde in London. In einer großen Lebenskrise fand er Gewißheit und Frieden, als dort in einer Versammlung das Lutherwort des »mächtigen, tätigen, schaffensfreudigen Glaubens« gelesen wurde, der »ohne Unterlaß Gutes wirkt«. Und dann: »Glaube ist Gottes Werk, das uns neu wandelt und gebiert aus Gott!« Schon vorher auf der Schiffsreise nach Nordamerika im schweren Seesturm machten die Herrnhuter Handwerker auf ihn größten Eindruck, wie sie mitten in der schlimmsten Lebensgefahr unerschrocken und getrost ihre Lieder sangen. Diese mutige Gewißheit suchte Wesley.

Whitefield kam durch Schriften von August Hermann Francke zu einer wichtigen und festen Überzeugung.

Dieses geistliche Leben wurde der Wurzelboden für die neue Missionsbewegung. Wichtig wurde, das Heil persönlich zu ergreifen. Die Freude des Evangeliums über die Liebe Jesu und seine Rettungstat stand im Mittelpunkt des Glaubens. Herzliche Liebe zu den Brüdern, der Eifer zum Zeugnis und dann auch zur praktischen Betätigung des Glaubens, der in der Liebe wirksam werden muß, war kennzeichnend.

Die neuen geistlich wachen Missionskreise waren von Anfang an aktiv tätig im Kampf um die Abschaffung der Sklaverei. Nun mischten sie sich auch kräftig ein in die unselige Praxis der englischen Kolonialwirtschaft in Indien. Im Jahr 1783 kam es zum Konflikt mit der schon seit fast 200 Jahren tätigen, übermächtigen Ostindischen

Handelsgesellschaft. Die hatte alle Anstrengungen zur Ausbreitung des Evangeliums mit allen ihr zur Verfügung stehenden Mitteln zu verhindern versucht. Sie erklärte: »Die Aussendung der Missionare ... als das tollste, extravaganteste, kostspieligste und unverantwortlichste Projekt.« Der Plan sei »verderblich, nutzlos, unfruchtbar, gefährlich und unheilbringend«. Statt dessen unterstützte die Ostindische Kompanie das hinduistische Tempelwesen und sorgte für den Unterhalt der Tempelgebäude, Priester und Prostituierten, um dann wieder von Hindupilgern eine Steuer erheben zu können.

Noch 10 Jahre später konnte William Carey in Indien überhaupt nur bleiben, weil er eine Indigoplantage betrieb. Als aber die Ostindische Kompanie bemerkte, daß Carey missionierte, zwang sie ihn, ins dänische Serampore umzusiedeln. Jeder Versuch einer christlichen Missionsarbeit sollte im englisch kontrollierten Indien unmöglich sein.

Dahinter stand bei der Ostindischen Kompanie keine hehre Menschenfreundlichkeit den Hindus gegenüber, sondern ausschließlich uneingeschränkter Machterhalt. Die Kompanie wußte nur zu gut, daß die Mission die Ausbeutung der einheimischen Völker sehr kritisch beobachtete. Die schrecklichen Greuel und Verbrechen, die von der Ostindischen Kompanie begangen wurden, wurden schon früh aufgedeckt. Von 1783 an sprach man im englischen Parlament offen von der gewalttätigen, räuberischen und habsüchtigen Tyrannei der Ostindischen Kompanie.

Um so mehr steigerte sich die Feindschaft der Ostindischen Handelskompanie gegen die Missionare bis zur äußersten Unduldsamkeit. Maßlose Lügen gegen die Missionare wurden erfunden. Man beschuldigte sie, das Volk aufzuwiegeln.

1813 hatte dann der unermüdlich im englischen Parlament für die Befreiung der Sklaven kämpfende Wilberforce auch sein Ziel im Kampf gegen die Ostindische Kompanie erreicht. Das englische Parlament erlaubte jetzt gegen den erbitterten Widerstand der Handelskompanie endlich die Duldung der Mission in Indien.

## Die Bibel unter 330 Millionen hinduistischen Göttern

# Endlose Schwierigkeiten und unüberbrückbare Feindschaften

*Bartholomäus Ziegenbalg – Unerwünscht in Indien – Gehaßt und im Gefängnis – Sprachstudien – Studien in Naturwissenschaften und Religion – Ausbildung einheimischer Mitarbeiter – Praktische Entwicklungshilfe – Eine Gemeinde von Tamilen – Der Schatz der Mutter – Gottes Wort in der Muttersprache – Wirkungen der Missionsberichte*

»Leute wie Sie können wir nicht brauchen! Ihr hättet besser daran getan, in Berlin zu bleiben.«

Mit diesen gehässigen Worten empfing 1706 der dänische Kommandant im indischen Trankebar den 23jährigen Bartholomäus Ziegenbalg und seinen Begleiter Heinrich Plütschau. Dann lief der Kommandant davon und ließ die beiden Missionare im schwarzen Anzug und mit Perücke in der sengenden Hitze stehen.

Aber das war noch nicht alles beim unfreundlichen Empfang. Zuerst hatten sie mehrere Tage an Bord bleiben müssen, weil angeblich kein Kahn da war, um sie ans Ufer zu transportieren. Als endlich jemand von einem anderen Schiff sie an Land brachte, tobte der Kapitän und drohte Schläge an. Sie waren nicht willkommen. Daran bestand überhaupt kein Zweifel.

Als sie sich dann noch zu ihrer Verteidigung auf die Sendung durch den dänischen König beriefen, wurde der Haß noch schlimmer. Man sah in ihnen nichts anderes als gefährliche Spione.

Eine schlimme, beschwerliche Seereise von acht Monaten mit dem Segelschiff lag hinter ihnen. Das Wasser war verdorben, das Brot verschimmelt. Wenn an Bord ein Unglück passierte, gab man den beiden Missionaren die Schuld. Dazu war Ziegenbalg in unserem heutigen Sinn überhaupt nicht tropentauglich.

So begann das große Missionswerk der *Dänisch-Halleschen Mission* in Indien unter schlimmsten Bedingungen. Aber Ziegenbalg und Plütschau ließen sich nicht entmutigen. Im Gegenteil, je größer die Schwierigkeiten waren, um so mehr wuchs bei den Missionaren Glaubensmut und Geduld.

Schon in Dänemark hatten die Oberkirchenräte sie als Pietisten durchs Examen fallen lassen. Erst als der König ein nochmaliges Examen verlangte, bekamen sie ihr Zeugnis mit der Bemerkung: »Ei, wie haben die Männer sich verändert!«

Ziegenbalg und Plütschau konnten weder Dänisch, noch Portugiesisch, geschweige denn die Eingeborenensprache. Auch wußten sie nichts über Islam oder Hinduismus. Alles mußten sie sich erst mühsam aneignen. Sie lebten in allem von der Führung Gottes. Man kann sich nur wundern, wie mutig sie ihren Weg gingen.

Sie reisten durch Gebiete, in denen Pferde nicht weiterkamen. Der dänische König wollte, daß seine Missionare ausschließlich in seiner Kolonie arbeiteten. Ziegenbalg dachte aber auch an die benachbarten englischen Kolonien als Missionsfeld, die ihm aber versperrt waren.

Es war gut, nicht auf Menschen zu vertrauen. Ziegenbalg und Plütschau lernten von Anfang an, mit Gott fest zu rechnen. Sie wanderten ohne Schuhe, bis die Füße entzündet und geschwollen waren. Heidnische Priester wollten die beiden Missionare töten. Die schlimmen Schikanen des dänischen Kommandanten führten schließlich sogar zur Verhaftung von Ziegenbalg. In einer Einzelzelle der Festung, wegen der dort herrschenden Gluthitze nur »Schwitzloch« genannt, wurde er eingesperrt. Doch Ziegenbalg mit seiner angeschlagenen Gesundheit war von dem eisernen Willen besessen, um der Sache der Mission willen durchzuhalten, bis der Kommandant endlich nachgeben mußte.

Endlich nach zwei Jahren brachte ein dänisches Schiff einen Brief aus der Heimat mit der Nachricht, ein nächstes Schiff würde ihnen 2000 Taler bringen. Welch eine Freude! Sie brauchten das Geld dringend. Doch dann ist das Schiff leck geschlagen und das Geld versank im Meer. Und das alles nur, weil der Kapitän betrunken war.

In Trankebar erlernte Ziegenbalg zuerst die tamilische Sprache. Es gab noch keine Wörterbücher. Von den Leuten lernte er Wort um Wort. In wenigen Jahren stellt er ein großes Wörterbuch zusammen und schrieb eine Grammatik. Er erforschte den Hinduismus mit seinen 330 Millionen Göttern gründlich und schrieb ein Buch über die »malabrischen Götter«. Daheim verstand niemand das Werk. Erst 150 Jahre

Bartholomäus Ziegenbalg

später wurde es veröffentlicht. Ziegenbalg sammelte alles über Philosophie und Religion, Physik und Chemie, Musik und Astrologie, Kastenwesen und Sozialordnung, Arzneien und Ackerbau, Logik und Rhetorik, Metaphysik und vieles andere noch dazu. Selbst beim Essen ließ er sich aus indischen Büchern vorlesen. Dabei war er durch und durch nur Missionar, der Land und Leute kennen wollte, denen er das Evangelium verkündigte.

Er übersetzte Luthers kleinen Katechismus, einige Lieder, das Neue Testament und schließlich auch Teile des Alten Testaments. Nach sechs Jahren hatte er schon 33 Schriften in Tamil verfaßt. Daneben baute er eine Sozialarbeit auf, kümmerte sich um Hygiene.

Er baute ein Missionsseminar zur Schulung einheimischer Mitarbeiter auf, aber auch eine Schule. Früh erkannte Ziegenbalg, wie wichtig einheimische Leiter für eine Gemeinde sind.

Daneben schuf er eine Baumwollweberei, eine Druckerei und eine Papiermühle. Er gründete die erste Mädchenschule in ganz Indien. Das war damals völlig neu.

Die dänischen Kaufleute stießen sich an seinen Predigten. Sie wollten ihn nicht mehr hören. Da begann Ziegenbalg mit dem Bau einer Kirche für die Tamilen. Es war ein kleines, armseliges Kirchlein. Später baute er dann eine größere Kirche.

Nach sieben Jahre gehörten 100 Getaufte zur Gemeinde. Für jeden einzelnen Hindu war diese Entscheidung unheimlich schwer. Die Christen wurden aus ihren hinduistischen Familien verstoßen. Sie erhielten keine Arbeit mehr. Man wollte sie ermorden.

»Solange die Mission Gottes Werk ist und bleibt, so lange wird Gott auch für diese arme Mission sorgen,« schrieb damals ein mit Ziegenbalg arbeitender Missionar in Trankebar.

Als Ziegenbalg nach 13 Jahren Missionsarbeit, im Alter von erst 35 Jahren, starb, hinterließ er eine Gemeinde von 350 einheimischen Christen. »Ich kann nicht mehr sprechen!« flüsterte er, »Gott segne alles, was ich gesprochen habe!«

Was trieb Ziegenbalg zu diesem großen Werk?

Es war jetzt 30 Jahre her, daß seine Mutter gestorben war. Bartholomäus stand damals als Kind an ihrem Bett, als sie Abschied von der Familie nahm.

»Ich habe einen großen Schatz gesammelt!« sagte sie ihren Kindern. »Ihr findet ihn in der Bibel. Jede Seite habe ich mit Tränen genetzt!«

Die Liebe zur Bibel bestimmte früh das Leben des Bartholomäus Ziegenbalg. Auch weil er viel und schwer krank war, erlebte er alles tiefer als andere. Er lebte schon als Junge ganz mit der Bibel.

Im Alter von 20 Jahren führte sein Weg nach Halle zu August Hermann Francke. Nur auf dem Grund eines biblisch gefestigten Glaubens konnten die unüberbrückbaren Schwierigkeiten gemeistert und überwunden werden.

Das war auch das Ziel der gesamten Missionsarbeit Ziegenbalgs. Die religiösen indischen Völker sollten das Wort Gottes in ihrer eigenen Sprache lesen können. In kürzester Zeit leistete er unter schwierigsten Umständen Gewaltiges. »Wenn Gott nur einen Menschen aus den Heiden schenken möchte, so würde sich unsere Reise schon gelohnt haben«, sagten die beiden Missionare bei ihrer Ausreise.

Eine nicht geringe Wirkung hatten Ziegenbalgs Berichte aus der Mission von Trankebar in England. Dort wurden sie eifrig studiert.

Unzählige waren nun bereit, das angefangene Werk zu fördern und weiterzuführen. Für viele später wurde er Vorbild.

Darunter war auch die Mutter der später bekannten Erweckungsprediger John und Charles Wesley. Sie berichtet, wie das Buch von Ziegenbalg auf sie wirkte: »Tagelang konnte ich nichts anderes denken oder davon sprechen!« Unauslöschliche Eindrücke waren das ebenso für den damals elf Jahre alten John Wesley.

Aber auch in Dänemark, Holland und Deutschland weckte Ziegenbalg großes Interesse für das neue Werk der Mission. Grenzen von Kirchen und Nationen wurden einfach unwichtig.

Doch nicht allein die Not des Heidentums in Indien hat Ziegenbalg bedrückt, sondern auch die Gottlosigkeit Europas. In einem von ihm verfaßten Gebet heißt es:

»Der Herr wolle sich aber auch des allenthalben sehr verdorbenen Christentums in Europa annehmen und darin die Zahl seiner gläubigen Kinder täglich mehren, damit es zu diesen letzten Zeiten nach seiner Verheißung in der ganzen Welt licht werden möge zur Verherrlichung seines Namens und zur Ausbreitung des Reiches seines Sohnes Jesu Christi.«

Zu den großen Missionaren, die von der *Dänisch-Halleschen Mission* nach Indien ausgesandt wurden, gehörte auch der unverheiratete Christian Friedrich Schwartz. Im Jahr 1750 ausgesandt, arbeitete er 48 Jahre bis zu seinem Tod in Indien, die ersten zwölf Jahre in Trankebar.

Er war sehr sprachbegabt und konnte in mehreren Sprachen und Dialekten predigen. Er reiste entlang der Küste und gründete Gemeinden. Von Trankebar verlegte er seinen Wirkungskreis später nach Tritschinapalli und schließlich nach Tandschur. Ein weites Gebiet im Süden Indiens wurde durch seine Verkündigung beeinflußt.

Man nannte ihn »Königspriester«, weil der sterbende Radscha von Tandschur ihm so vertraute, daß er ihm sogar die Vormundschaft und die Erziehung seines Thronfolgers übertrug.

Schwartz wurde sowohl von Christen wie auch von Moslems und Hindus wegen seines vorbildlichen Lebensstils als Autorität verehrt. Immer wieder baten ihn auch moslemische und hinduistische

Fürsten um Vermittlerdienste bei ihren politischen Verhandlungen mit der britischen Regierung.

Es war tragisch, daß in diese blühende Arbeit in Indien kaum mehr Missionare aus der Heimat nachrückten. Hier zeigte sich, wie wichtig die Heimatbasis in Halle war.

In Deutschland war der Kreis der Missionsfreunde entscheidend geschwächt durch den aufkommenden Rationalismus. Die in dieser Spätzeit ausgesandten Missionare waren mit wenigen Ausnahmen für diesen Dienst untauglich. Als Rationalisten bewunderten sie zwar Jesus von Nazareth als Menschen und suchten »im besten Fall die Moral der heidnischen Dichter zu vervollkommnen«, aber sie kannten die Kraft Jesu selbst nicht mehr. Ehrlich und konsequent, wie sie waren, stellten sie den Antrag, daß Mission als »Bekehrungsanstalt« aufhören sollte.

Dadurch wurde die Mission in Indien auch finanziell immer dürftiger unterstützt. Die Missionsgemeinden in Indien gingen sowohl in ihrer inneren Lebenskraft wie auch äußerlich im Wachstum deutlich zurück. Die verbliebenen Reste wirkten in der anglikanischen Mission weiter, die nach 1813 in Indien begann, aber auch im neuen Arbeitsgebiet der Leipziger Mission.

## Zinzendorfs Aufbruch bis zu den entlegensten Völkern

# Das Martyrium der zähen mährischen Sendboten

*Der Duft der weiten Welt – Flüchtlinge als Kerntruppe – Der Neger-sklave Anton – Für verrückt erklärt – Das Sterben im mörderi-schen Klima – Gescheiterte Mission – Zinzendorf bricht nach St. Tho-mas auf – Missionare im Gefängnis – Überwundene Rassenschranken – Mut und Opferbereitschaft – Nur in gefährlichste Gebiete – Die »for-midable Karawane« – Das Bild des Gekreuzigten – Passionsweg mit Jesus*

In den pädagogischen Anstalten von August Hermann Francke fand der junge Nikolaus Ludwig Graf von Zinzendorf Aufnahme. Im Alter von 15 Jahren hörte er mit Begeisterung Berichte vom Reich Gottes. Er sprach mit Gästen aus der weiten Welt, die dort zu Besuch waren. Großen Eindruck machten auf ihn der erste Missionar in Indien, Bartholomäus Ziegenbalg, aber auch Leute, die um ihres Glaubens willen vertrieben oder gefangen waren. »Sie haben bei mir den Eifer für die Sache des Herrn mächtig gestärkt«, erzählt Zinzen-dorf. Er schloß dann mit seinem Jugendfreund Friedrich von Watte-wille einen »Bund zur Bekehrung der Heiden«.

Aus einer glühenden Liebe zu Jesus, dem er mit Leidenschaft dienen wollte, organisierte er genial lebendige Gemeinschaften als aktive Dienstgruppen. So entstand auf seinem Herrschaftssitz Ber-thelsdorf die *Brüdergemeine Herrnhut*. Dem Organisationstalent Zinzendorf war dabei klar, daß »die Sturmkolonne des Missions-heeres eine Kerntruppe sein mußte von mutiger Tatkraft und zäher Ausdauer«.

Gott führte Zinzendorf die richtigen Mitarbeiter zu. Es waren um ihres Glaubens willen vertriebene Flüchtlinge aus Mähren. Un-beugsam und hart beim Arbeiten und Ertragen von Querschlägen,

45

dabei immer bedächtig in allen Gefahren. Zusammen mit Zinzendorf hatten sie nur das eine Ziel, Menschen für Jesus zu gewinnen.

1728 kam die Brüdergemeine in Herrnhut überein, »etwas Rechtes für Gott zu wagen«. Sie mußten weitersagen, was ihnen Jesus bedeutete. Länder wie Türkei, Grönland und Labrador wurden genannt. Aber wie sollte man dorthin kommen? Es war unmöglich. »Der Herr wird Kraft dazu geben«, war des Grafen kurze Antwort.  In der Gemeinschaft der Brüder bereitete man sich intensiv schon auf den bevorstehenden Missionseinsatz vor. Ganz bewußt sandte man aber – anders als es noch in Halle geschehen war – Leute ohne Studium aus, die sich durch Demut und Treue bewährten.

Die letzte Gewißheit über die künftigen Missionsgebiete gewann Zinzendorf, als er an der Krönung des befreundeten dänischen Königs Christian VI. in Kopenhagen teilnahm. Mehrfach traf er dort den Negersklaven Anton, der erschütternd vom schrecklichen Elend der Negersklaven auf der damals zu Dänemark gehörenden Insel St. Thomas erzählte. Mit eindringlichen Worten bat er Zinzendorf, daß seine dort noch lebenden Familienmitglieder, eine Schwester und ein Bruder, unbedingt das Evangelium der Liebe Gottes hören müßten.

Die ersten Missionare, die dann 1732 nach dem in Mittelamerika gelegenen Westindien ausgesandt wurden, waren der Zimmermann

David Nitschmann und der Töpfer Leonhard Dober. Schon in Kopenhagen erklärte man sie für verrückt, als sie erzählten, sie wollten die schwarzen Sklaven bekehren. Kein Spott konnte sie aber irre machen. Als man sie fragte, wie sie denn auf der Insel St. Thomas durchkommen wollten, sagte Nitschmann: »Wir wollen als Sklaven mit den Schwarzen arbeiten.« Da wurde ihnen mitgeteilt, daß dies nicht erlaubt würde. Darauf Nitschmann: »Dann will ich mein Geld als Zimmermann verdienen!« Jetzt kam der Einwand: »Was soll dann der Töpfer Dober machen?« Darauf wieder Nitschmann: »Den werde ich schon mit durchbringen!« Das machte auf die Kritiker starken Eindruck: »So kommt ihr miteinander durch die ganze Welt!«

Vierzehn Männer und vier Frauen trafen im Juni 1734 auf St. Thomas ein. Nach zweieinhalb Monaten, drei von ihnen waren inzwischen schon gestorben, fuhren sie auf die Insel St. Croix im karibischen Westindien weiter. Sie hatten nur Zelte und wurden während heftiger Regenfälle schwer von der Malaria heimgesucht. Von den 18 Ausgereisten waren nach einem halben Jahr nur noch neun am Leben. Es war typisch für die unerschütterliche Missionshaltung nicht nur Zinzendorfs, sondern der ganzen Herrnhuter Brüdergemeine, daß auf die Todesnachricht hin alle jenes Lied sangen, das der Graf spontan gedichtet hatte:

Es wurden zehn dahingesät,
als wären sie verloren.
Auf ihren Beeten aber steht:
Das ist die Saat der Mohren!

Bald darauf wurde eine neue Gruppe ausgesandt, denen es auch nicht besser erging. Nur acht von 29 Missionsleuten sahen die Heimat wieder. Der Versuch, auf St. Croix eine Arbeit zu beginnen, scheiterte.

Die Arbeit auf der Insel St. Thomas aber ging weiter. Als 1738 die Nachricht nach Herrnhut kam, daß alle Missionsmitarbeiter Zinzendorfs auf St. Thomas verhaftet worden seien, machte sich der Graf selbst auf die beschwerliche Schiffsreise. Das war ein großes

Wagnis und sehr gefährlich. Zweifellos wollte Zinzendorf mit dieser Reise auch eine lähmende Angst bekämpfen, die sich breitmachte. So konnte er sagen: »Ein Diener Jesu Christi muß nicht darum sterben, weil er an einem ungesunden Ort lebt, sondern er geht zu seiner Ruhe ein, wenn des Herrn Stunde dazu schlägt.«

Kurz bevor Zinzendorf das Schiff bestieg, starb sein fünfjähriges Töchterchen Anna Theresia. Er konnte aber nicht mehr benachrichtigt werden. Die einsame Gräfin litt schwer an diesem Verlust.

Vor der Abreise hatte sich Zinzendorf als gewandter Jurist die königlichen Vollmachten in Dänemark besorgt, mit denen er die Übergriffe der weißen Siedler gegen seine Missionare beenden konnte.

Unterwegs fragte auf dem Schiff einer seiner Begleiter besorgt: »Was machen wir, wenn die Brüder nicht mehr am Leben sind?« Einer der mährischen Missionare entgegnete: »Nun, dann sind wir da!« Zinzendorf lachte stolz und sagte: *»Gens aeterna* – ein unvergängliches Geschlecht – diese Mähren!«

Sie landeten im berüchtigten »Totenloch« auf St. Thomas, mitten in der Regenzeit. Furchtbar war das Schicksal der aus Afrika eingeführten Sklaven. Sie wurden brutal mit Terror eingeschüchtert. Selbst Ehen unter Schwarzen waren nicht erlaubt. Die schwarzen Frauen sollten eben freie Beute für die Weißen sein. So entstanden die Mulatten als Mischlinge, die ebenso von den stolzen Schwarzen verachtet wurden. Einer der Missionare schrieb nach Hause: »Die Sklaverei in Westindien ist ein so unmenschlich Ding, daß einem die Haare zu Berge stehen.«

Die Missionare auf St. Thomas waren schon drei Monate im Gefängnis, als Zinzendorf ankam. Unter ihnen war auch die kluge Mulattin Rebekka, die Braut eines Missionars. Eine solche Eheschließung bedeutete aber für die kolonialistischen Weißen auf der Insel, die jede Ehe über Rassengrenzen hinweg verboten hatten, eine unerhörte Herausforderung.

Nachdem Zinzendorf rasch durch eine geschickte juristische Klärung dargelegt hatte, daß er recht und die anderen unrecht hatten, wurden die Gefangenen freigelassen. Ohne Scheu vor dem dänischen Offizier, der dabeistand, gab Zinzendorf der Mulattin einen ritterlichen Handkuß. So erhaben war er über das Denken der Zeit damals.

Die Reisen der Missionare waren ein mutiges Wagnis. Weder stand Geld zur Verfügung, noch konnten die Sendboten besonders für ihre Aufgabe vorbereitet werden. Als man den Herrnhuter Johann Sörensen fragte, ob er bereit sei, als Missionar ins kalte Labrador zu gehen, sagte er nur: »Ja, morgen, wenn man mir nur ein paar Schuhe gibt!«

Der körperlich schwache und sehr gebrechliche Schneider Gottlieb Israel aus Sachsen wurde nach St. Thomas geschickt, wo er lange einen wichtigen Dienst tat. Bei einer Reise zerschellte ihr Schiff. Die Mannschaft flüchtete zuerst mit den Rettungsbooten und ließ Israel und seinen Bruder Feder zusammen mit Negersklaven auf dem Wrack zurück. Schließlich gelang es ihnen, sich aus der gefährlichen Lage auf das Riff zu retten. Von dort versuchten sie, über Felsbrocken ans Land zu kommen. Da – plötzlich ein Schrei – und Feder rutschte aus und fiel ins Meer. Im Nu schleuderte die Brandung seinen Leib mit großer Gewalt gegen die Felsen. Er war sofort tot.

»Was hast du gemacht, als du deinen Bruder so schrecklich umkommen gesehen hast?« wurde Gottlieb Israel später gefragt. Dann erzählte er, daß er – gesungen habe. Es waren die Streiterlieder Zinzendorfs:

Wo seid ihr, ihr Mauerzerbrecher, wo sieht man euch?
Die Felsen, die Löcher, die Inseln der Heiden,
die tobenden Wellen
sind eure von Alters bestimmten Stellen.

Es war dann auch dieser kranke und schwache Schneidergeselle Gottlieb Israel, der durch seine Predigten auf der Insel St. Thomas ganz besonders die Schwarzen ansprach. In großen Scharen drängten sie zur Taufe.

Immer nur in die schwierigsten Gebiete und an die gefährlichsten Plätze sahen sich die Missionsboten der Herrnhuter gerufen. In den ersten Jahren wurden Mitarbeiter zu den Samojeden im Herzen

Rußlands und zu den Lappen in Skandinavien gesandt, aber auch nach Persien und China, Grönland und Labrador, Ceylon und Ostindien, Konstantinopel und Walachei, ins Baltikum, in den Kaukasus und nach Ägypten, ins »Todesland« unter den Buschnegern in Surinam, zu den Indianern in Nordamerika, an die Küste von Guinea in Afrika und ans Kap in Südafrika.

In nur 20 Jahren hatte die winzig kleine Brüdergemeine mehr Missionare in die Welt entsandt als alle evangelischen Kirchen weltweit zusammen in zwei Jahrhunderten.

Auf Zinzendorfs Grabstein steht: »Er war gesetzt, Frucht zu bringen und eine Frucht, die da bleibe.«

Sterbend erinnerte er seine Freunde noch daran, wie er anfangs nur daran dachte, einige wenige aus den Völkern gleichsam als Prototypen dem Heiland zuzuführen. »Habt ihr gedacht, daß der Heiland so viel tun würde?« fragte er sie. Und dann rief er in seinem unverwechselbar höfischen Sprachstil: »Welch formidable Karawane steht schon ums Lamm herum aus unserer Ökonomie!«

Die Gemeinschaft der Brüdergemeine hat sich selbst mit dem ganzen Opfer ihres Lebens in diesen Missionsdienst eingebracht. Oft aber haben die Verantwortlichen dieser Kirche im Rückblick festgestellt, daß sie selbst viel mehr durch diese Missionsarbeit empfangen haben, als sie dort an großen Opfern investierten.

Der Schlüssel zum Verständnis des Ludwig Nikolaus Graf von Zinzendorf liegt in jenem denkwürdigen Besuch in der Düsseldorfer Gemäldegalerie am 22. Mai 1719. Wenige Tage vor seinem 19. Geburtstag stand der junge Reichsgraf auf seiner Kavaliersreise vor dem Bild des dornengekrönten Jesus. Ihn traf die Unterschrift: »Das tat ich für dich, was tust du für mich?«

Er schrieb darauf in sein Tagebuch: »Mir schoß das Blut, daß ich hier auch nicht viel würde antworten können, und bat meinen Heiland, mich in die Gemeinschaft seines Leidens mit Gewalt zu reißen, wenn mein Sinn nicht hinein wollte.«

Gemeinschaft mit der Passion Jesu haben, wurde nun das einzige Lebensziel eines jungen, hochintelligenten Mannes aus höchsten Adelskreisen. Dabei war ihm ganz selbstverständlich bewußt, daß man solch eine Nachfolge Jesu nie billiger wählen kann als in der ganzen, ungeteilten Hingabe des Lebens. Wer Jesu Zeuge in dieser Welt sein will, trägt mit an dem Haß, der seinem Herrn und Meister gilt.

Ganz absichtlich übernahm Zinzendorf mit dem Siegel der alten böhmisch-mährischen Brüderkirche auch die lateinische Umschrift:

*Vicit agnus noster, eum sequamur* – Unser Lamm hat gesiegt, laßt uns ihm nachfolgen!

## Trostlose Einsamkeit mitten im nördlichen Eis und Schnee

# Fast Ehekrach wegen Eskimos auf Grönland

*Hans Egede auf den Inseln der Lofoten – Missionar wider Willen – Zwischen Eisberge eingequetscht – Schwieriges Überleben – Dämonischer Aberglauben der Eskimos – Pestepidemie – Der Tod der Ehefrau – Übersetzung des Neuen Testaments – Herrnhuter Missionsstation – Der erste Eskimo wird getauft*

Sechs Jahre lang sperrte sich Gertrud, die Ehefrau des Pfarrers Hans Egede, in dem kleinen Dorf Vaagen auf den Inseln der dänischen Lofoten gegen die Pläne ihres Mannes. Mit 21 Jahren schon hatte er das Pfarramt in dem Fischerdorf übernommen. Dann aber hatte er in einer Schrift einen Plan zur Missionierung der Grönländer entworfen. Das war damals ein revolutionär neuer Gedanke. Es war auch für Egede weder Lust noch Neigung, sondern schlicht Gehorsam gegen den Befehl Jesu. Er hoffe sogar, von »seinen Versuchungen und törichten Grillen befreit zu sein«. Die innere Unruhe aber über die nötige Aufgabe der Mission trieb ihn weiter. Dann schließlich gab auch die Mutter von vier Kindern nach und wurde seine beste Mitkämpferin, hingebungsvoll und einsatzbereit.

1722 reisten sie nach Grönland aus. Der dänische König hatte von den Plänen Egedes erfahren und ihn finanziell unterstützt. Jedes Jahr sollte ihn ein Schiff mit Lebensmitteln versorgen. Unklar blieb, ob das wegen der schlechten See überhaupt möglich sein würde.

Die Tücken begannen, als das kleine Schiff »Hoffnung« die Küste Grönlands fast erreicht hatte. Riesige Eisberge quetschten das Schiff ein und konnten es jeden Augenblick wie eine Nußschale zerbrechen. Der Kapitän fürchtete schon das Schlimmste. Der 35jährige Hans Egede blickte auf seine Frau und die vier Kinder. Noch mehr als die Sorge um seine Lieben bewegte ihn jetzt der Auftrag, den er ausführen mußte. »Herr, laß mich in Grönland dein Evangelium predigen!«

Noch einen Tag und eine Nacht harrten sie im Eis aus, dann trieben die mächtigen Eisberge auseinander und eine Fahrrinne öffnete sich.

Wie schwierig damals die Bedingungen zum Überleben auf dieser größten Insel der Welt waren, kann man sich kaum vorstellen. Nirgendwo ist die Einsamkeit so schwer zu ertragen wie hier. Die Eskimos lebten in großem Schmutz, merkwürdig stumpf und arm. Der Geruch der Tranlampen und der Uringefäße, in die Häute zum Gerben eingelegt wurden, war für Fremde schwer zu ertragen.

Übernachtet wurde in niederen, aus Steinen aufgeschichteten Höhlen. Die ganze Eskimofamilie, oft zehn oder zwanzig Personen, schliefen nackt darin, mit Tran eingerieben. Egede war stundenlang mit ihnen zusammen und ging auch mit auf die Jagd, um so ihre Sprache zu erlernen.

Neben den unwirtlichen Wetterbedingungen litten die Missionare an den Tücken der schwierigen Eskimosprache mit ihren nicht endenden Wörtern, die sich auch kaum zur Wiedergabe des Evangeliums eigneten.

Wie eine undurchdringliche Mauer erlebten sie die Macht des dämonischen Aberglaubens mit Zauberern und schrecklichen Ritualen.

Wahrsager bestimmten das Leben der Eskimos. Besonders erschütterte Egede, wie sie die Kranken und Alten oft elend umkommen ließen.

Ganz schwierig wurde es, als sich Vertreter einer dänischen Handelskompanie auf Grönland niederließen. Ihr schlechtes Vorbild wirkte verheerend auf die Eskimos. Die Kaufleute lebten liederlich und anstößig.

Hinzu kamen schlimme Finanznöte. Der König stellte seine Hilfe ein und forderte Egede auf, wieder in die Heimat zurückzukehren. Jetzt zeigte sich, daß bei den Grönländern doch das Eis gebrochen war. Ein Eskimo kam mit seinen Söhnen: »Wir wollen, daß du bleibst. Wenn der König kein Geld mehr schickt, dann bleibst du bei uns und ernährst dich von Walfisch, Rentier, Vögeln und Eiern. Wir

haben genug und geben dir gerne davon ab.« Egede war beeindruckt. Er blieb.

Erst nach elf Jahren, während einer furchtbaren Pest-Epidemie, kam dann der Durchbruch. Einige Grönländer brachten die Blattern von Kopenhagen mit. Ungeheuer schnell verbreitete sich die Epidemie über die Insel. Als erster starb ein junger Grönländer, den Egede schon als Katechet ausgebildet hatte.

Die Eskimos aber spürten die Liebe der beiden Missionsleute, die sich rührend in der Fürsorge für die Kranken verzehrten.

Tausende starben. Von mehr als 300 Familien waren gerade noch drei übrig geblieben.

Egede schrieb in sein Tagebuch:

»Wie unbegreiflich ist doch des Höchsten Rat und Weg. Er beraubt uns ganz der Mittel, die wir nach unserer menschlichen Einsicht am meisten zur Ausbreitung seiner Ehre brauchen müßten. Lehre uns, Gott, daß wir uns darin ergeben und lauter und einfältig uns deiner wunderlichen und doch seligmachenden Führung und Leitung anbefehlen.«

Auch seine Frau wurde krank und erholte sich nie mehr ganz. Die Grönländer dankten ihr für ihre außergewöhnliche Freundlichkeit, für ihre Speisungen im Hunger. »Du hast unsere Toten begraben, die sonst von Hunden, Füchsen oder Wölfen gefressen worden wären.« Und dann dankten sie für ihr Erzählen von Gott. »Jetzt können wir mit Freuden sterben in der Erwartung des ewigen Lebens.« Nach zehn Jahren fast hoffnungslosen Kampfes auf Grönland starb Gertrud Egede. Noch fünf Jahre arbeitete Egede allein weiter. Es war eine große Hilfe für ihn, als 1734 sein Sohn Paul aus Dänemark als Missionshelfer zurückkam. Er sprach die Eskimosprache viel besser, als es der Vater konnte. Es kam zu einem ersten Aufbruch unter den Eskimos. War das wirklich echt? Viele wollten jetzt getauft werden.

Doch nur schwer verständlich ist das Evangelium für die Eskimos. Einen guten Hirten kennen sie nicht, weil es bei ihnen weder Schafe noch Ackerbau gibt. Die Hölle fürchten sie nicht, weil in ihrer Kälte Feuer etwas Herrliches ist. Es wärmt so schön! Vom Himmel wollen sie nichts wissen, weil es dort keine Rentiere oder Seehunde gibt.

Paul Egede, der Sohn, übersetzte das ganze Neue Testament, verfaßte eine Grammatik. 1736 kehrte Vater Egede nach Kopenhagen zurück und übernahm die Leitung eines Missionsseminars.

Er schrieb in sein Tagebuch, daß er Grönland als ein gebrochener Mann verlasse. Es gelang ihm in 15 Jahren nicht, eine Gemeinde zu gründen.

Seine letzte Predigt hielt er über das Prophetenwort Jesaja 49, 4: »Ich aber dachte, ich arbeitete vergeblich und verzehrte meine Kraft umsonst und unnütz, wiewohl mein Recht bei dem Herrn und mein Lohn bei meinem Gott ist.«

Fern von Grönland, in der Brüdergemeine Zinzendorfs im sächsischen Herrnhut, war mit großer Anteilnahme die Mission Egedes unter den Eskimos verfolgt worden. Zu seiner Hilfe entsandte der Graf zuerst die Vettern Matthäus und Christian Stach, begleitet vom Zimmermann Christian David.

In Kopenhagen brauchten diese Missionare erst noch die Genehmigung des dänischen Missionskollegiums, unter deren Verantwortung Egede arbeitete. Von Anfang an betrachtete man die schlichten deutschen Handwerker mit großem Mißtrauen. Wenn schon der begabte und gelehrte Egede in zehn Jahren so wenig erreichte, was wollten dann diese Laien? Der König, der sich die Boten Herrnhuts selbst ansah, war von dem Glaubenszeugnis der Männer tief beeindruckt. So kamen sie im Mai 1733 nach Grönland.

»Was wir gesucht haben, das finden wir da«, schrieben die Missionare, »nämlich Heiden, die von Gott nichts wissen, sich auch um nichts bekümmern, als wie sie viel Seehund, Fisch und Rentier fangen.«

Sie erkannten sofort alle Schwierigkeiten, von der Sprache angefangen, über die Lebensart der Eskimos bis hin zu Egede, der als enger orthodoxer Theologe bei den Herrnhutern eine falsche Lehre fürchtete. Das führte schließlich dazu, daß sie eine eigene Siedlung »Neuherrnhut« gründeten.

Wenige Jahre später, 1738, wurde der erste Grönländer, »und zwar ein ganz unbekannter wilder aus dem Süden der Insel, der noch nie ein Wort von Gott gehört hatte, durch die Lehre von Jesu Leiden gründlich erweckt«. Johann Beck, ein Herrnhuter Missionar, las dem Eskimo Kajarnak vom Gebetskampf Jesu in Gethsemane vor. Der sagte plötzlich: »Wie war das? Sag mir das noch einmal, denn ich möchte auch gerne selig werden!« Immer wieder hat man in der Mission die Erfahrung gemacht, daß die Liebe Jesu es ist, die entscheidend Menschen zur Bekehrung bewegt.

Im darauffolgenden Jahr an Ostern wurde Kajarnak getauft und dann Samuel genannt. Das Eis auf Grönland war gebrochen. Bald entstanden überall auf der Insel neue Gemeinden. Trotz der großen Kälte starb erst 1763 ein erster Missionar der Herrnhuter, während in Westindien, wo man fast zu gleicher Zeit mit der Mission begonnen hatte, schon 60 europäische Missionare gestorben waren.

Heute hat Grönland, die größte Insel der Welt, in jedem Ort eine christliche Kirche. Viel vom geistlichen Leben ist aber erstarrt. Wie nötig wäre heute der aufrüttelnde Dienst eines Egede, Beck oder Stach!

## Mission als »unverbesserliche Phantasterei« bekämpft

# »Nicht Schuhmacher, nur Flickschuster!«

*William Carey – Die Landkarte in der Werkstatt – »Ein miserabler Enthusiast!« – Gründung einer baptistischen Mission – In Indien unerwünscht – Familiennöte – Sprachgenie – Der erste Hindu wird getauft – Produktionen der Druckerei in 40 Sprachen – Professor der bengalischen Sprache – Botanischer Garten – Der einzige Trost im Sterben – Hindugreuel hören auf*

Der Schuhflicker William Carey hatte sich in seiner Werkstatt eine selbstgemalte Landkarte aufgehängt. Am liebsten wollte er auf der Insel Tahiti im Pazifik wirken. Die bunten Berichte der Reisen des Kapitäns Cook bewegten ihn. Er war umgetrieben von dem Gedanken, daß Millionen Menschen ohne Jesus verloren waren.

Carey stammte aus einer armen Familie. In jeder freien Minute aber saß er über seinen Büchern, oft bis in die Nacht hinein. Schon bald beherrschte er mit seiner außergewöhnlichen Begabung fünf Sprachen: Latein, Griechisch, Hebräisch, Französisch und Holländisch.

Mit 18 Jahren war er Baptist geworden, mit 24 Jahren Prediger einer kleinen Gemeinde. Nun rang er 1786 auf einer Konferenz der Baptistenprediger in der englischen Stadt Leicester mit seinen Gesinnungsgenossen. Die glaubten nämlich, die Bekehrung der Heidenvölker sei allein Gottes eigenes Werk zu seiner Zeit. Menschen könnten nichts dazu beitragen, es zu beschleunigen.

Careys Argumentation war einfach: »Ob nicht der den Aposteln gegebene Befehl, alle Völker in aller Welt zu lehren, auch verpflichtend für uns angesehen werden müsse, da ihm doch eine große Verheißung folge.«

Der Vorsitzende des Predigerkonvents griff Carey an: »Sie sind ein miserabler Enthusiast, daß Sie eine solche Frage überhaupt stellen!« Er meinte, nichts könne geschehen, bevor sich nicht wieder ein neues Pfingsten mit einer neuen Wunder- und Sprachengabe ereigne. Carey ließ sich nicht einschüchtern. Entschieden und begeistert schrieb er die Schrift »Eine Untersuchung der Verpflichtung der Christen, Mittel und Wege für die Bekehrung der Heiden zu finden.« Sein Freund, ebenfalls Pastor der Baptisten, Andrew Fuller, unterstützte ihn: »Es bringt großen Schaden, wenn wir versäumen, den Befehl des Herrn zu erfüllen.«

Zum Druck seiner Schrift, die zur Mission aufrief, fehlte Carey das Geld. Es sollte sechs Jahre dauern, bis sie endlich vervielfältigt werden konnte.

Er mahnt darin, das Königreich Christi bis an die Enden der Erde zu proklamieren. Für ihn ist es nicht wichtig, wie lange Gott noch Zeit braucht, um seinen Plan zu erfüllen. Es ist »die Sache wert, uns mit ganzer Kraft einzusetzen, um dieses Anliegen und das Reich Christi zu fördern.«

Im Mai 1792 predigte er über das Wort aus dem Jesajabuch: »Mache den Raum deines Zeltes weit und breite aus die Decken deiner Wohnung; spare nicht! Spann deine Seile lang und stecke deine Pflöcke fest! Denn du wirst dich ausbreiten zur Rechten und zur Linken, und deine Nachkommen werden Völker beerben und verwüstete Städte neu bewohnen.« Darin entwickelte er seine großen Ziele: »Unternimm große Dinge für Gott; erwarte große Dinge von Gott!«

Das Echo war groß, nicht nur in der baptistischen Kirche, sondern auch in anderen Gruppen. Vier Monate später, am 2. Oktober 1792, wurde eine besondere baptistische Missionsgesellschaft gegründet. Ohne eine solche eigenständige, von der Kirche unabhängige Missionsvereinigung wäre auch bei den Baptisten Weltmission so nicht möglich gewesen. So hat sich auch im Raum der Freikirchen die Form einer von der Kirche unabhängigen Missionsgesellschaft bestens bewährt. Ob Carey anders je hätte ausreisen können?

So aber reiste Carey mit seiner Familie schon im Juni 1793 als erster Missionar aus – aber nicht nach Tahiti, sondern nach Indien.

Die Ausreise wurde zum Fiasko. Die englische Ostindische Handelskompanie wollte absolut keine Missionare haben. War es die Angst, Missionare könnten ihre Herrschaft ins Wanken bringen, oder fühlten die in Indien lebenden Engländer sich in ihrem offensichtlich unmoralischen Lebensstil von den Missionaren bedroht? Jedenfalls setzte sich die Ostindische Handelskompanie für die Hindus ein und behandelte die Familie Carey als illegale Einwanderer.

»Man kann vielleicht mit einer Pistole in ein Pulverfaß schießen, ohne daß es explodiert«, sagte der Gouverneur zu Carey, »aber kein verständiger Mann sollte wagen, was Sie wollen.«

So blieb Carey nur die Arbeit als Hilfsarbeiter auf einem sumpfigen Reisfeld. Ein mitleidiger Inder versorgte ihn mit Essen.

Nach sechs Monaten fand er eine Indigoplantage. Er wurde als Vorarbeiter eingesetzt. Seine Frau wurde schwermütig, später dann geisteskrank. Die Ehe bereitete ihm viel Not. Er hatte einst als Schuhmacher die Schwägerin seines Meisters geheiratet.

Niemand kümmerte sich um die Kinder, die als unerzogene Gassenjungen heranwuchsen. Sein Kind Peter starb fünfjährig an der Ruhr. William Carey selbst war damals schwer krank. Nie gab er auf. Er schrieb: »Welch ein Vorrecht ist es, einen Gott zu haben!«

Carey erwarb sich Kenntnisse in der Bengali-Sprache. Es war seine Überzeugung: »Es braucht keine außerordentlichen Talente, um in einem Jahr – höchstens zwei Jahren – die Sprache jeden beliebigen Volks der Erde zu lernen.« Er schaffte dann in fünf Jahren ein Manuskript mit der Übersetzung des Neuen Testaments in Bengali. Aber auch das entpuppte sich als Mißerfolg. Niemand hatte ihn angeleitet. Seine Übersetzung war leider unverständlich. Mit unsagbarer Geduld begann Carey nochmals von vorne.

1799, sechs Jahre nach seiner Ausreise, kam eine weitere Gruppe von Missionaren. Joshua Marshmann, von Beruf Armenschullehrer, und William Ward, ein gelernter Schriftsetzer, bewogen Carey, in die winzige dänische Kolonie Serampore in der Nähe von Kalkutta überzusiedeln. Dort unter der dänischen Verwaltung herrschte keine solche Feindschaft gegen die Mission wie in der englischen Handelskompanie.

Nun kam es bald zu einem entscheidenden Durchbruch. William Ward war zu dem Tischler Krishna Pal gerufen worden, um dessen verletzten Arm medizinisch zu versorgen. Dabei sprachen sie über den Glauben an Jesus. Es folgten viele Gespräche auch mit

William Carey. Am 22. Dezember 1800 verließen Krishna Pal und sein Bruder ihre Kaste und speisten mit den Missionaren. »Mit diesem Schritt«, schrieb William Ward, »ist Hindus die Türe für den Glauben geöffnet und die Kette der Kaste gebrochen.«

Diese Entscheidung von Krishna Pal löste große Unruhe in der Bevölkerung von Serampore aus, so daß die Missionare vom Militär geschützt werden mußten. Wegen der schlimmen Unruhen hatten nun der Bruder von Krishna Pal und die Ehefrauen der beiden am Ende dann doch keinen Mut, sich taufen zu lassen. Sie fürchteten sich vor diesem Schritt, weil sie dadurch aus ihren Familien ausgestoßen und von allen sozialen Bindungen abgeschnitten worden wären. Krishna aber wurde in einer großen Gemeinde getauft und sechs Jahre später als Evangelist ordiniert. Er wirkte zwanzig Jahre lang voll Mut und Hingabe auch in großer Gefahr. Seine Schwägerin war die erste Frau in Serampore, die sich als Hindu taufen ließ.

Gewaltiges wurde dort in Serampore geleistet. Innerhalb von 30 Jahren wurden sechs Bibelübersetzungen abgeschlossen, unter anderem in Bengali, Sanskrit und Marathi. Dazu kamen 23 Übersetzungen des Neuen Testaments sowie Bibelteile in zehn weiteren Sprachen. Der Mitarbeiter Marshmann übersetzte das Neue Testament ins Chinesische. In 40 asiatischen Sprachen wurde das Wort Gottes gedruckt.

Gründlich widmete sich das Missionsteam Studien über indische Kultur. Carey verfaßte eine Grammatik für Sanskrit, daneben auch Wörterbücher, und übersetzte indische Schriften ins Englische. Ward verfaßte ein umfangreiches Buch über indische Gebräuche. Die Bücher wurden in einer eigenen Druckerei auf Papier gedruckt, das aus eigener Papiermühle stammte.

Carey wurde zum Professor der bengalischen Sprache an der Fort-William-Hochschule in Kalkutta berufen. Mit dem dort bezahlten Gehalt konnte er seine literarischen Arbeiten finanzieren. Ein wichtiger Schritt vorwärts war die Errichtung eines Kollegs für junge einheimische Prediger 1819 in Serampore, einer heute weit anerkannten Universität.

In Verbindung mit den Forschungen in 30 Sprachen wurden Missionare nach Bengalen, Assam, Orissa, Birma und Java gesandt.

Carey hörte zufällig einmal, wie ein General sich an der Festtafel des englischen Generalgouverneurs erkundigte, ob der Missionsmann wirklich Schuhmacher gewesen sei. »Nein, nicht Schuhmacher, bloß Schuhflicker!« sagte Carey.

Schon einst in der englischen Schuhflickerwerkstatt Careys waren die schönen Blumensträuße aufgefallen. Carey war neben allen anderen Diensten ein leidenschaftlicher Gärtner. Große Mühe verwandte er auf seinen botanischen Garten, der als erster in Nordindien internationales Ansehen erlangen sollte. So bewegte es ihn noch auf seinem Sterbebett, ob sein Kollege Marshmann nach seinem Tod die Kühe auch nicht in den von ihm so liebevoll gepflegten Garten lasse. Der antwortete aber seelenruhig, daß die Pflege des Gartens, an dem Carey solche Freude hatte, auch ihm eine heilige Pflicht sei. Am 9. Juni 1834 starb William Carey.

Einer der letzten Besucher an seinem Sterbebett, der junge schottische Missionar Alexander Duff, rühmte die großen Leistungen Careys. Da richtete sich dieser noch einmal auf und sagte: »Sie haben so viel von Dr. Carey geredet. Wenn ich hinweggenommen bin, bitte reden Sie dann nur von Dr. Careys Heiland!«

Auf seinem Grabstein steht: Ein Wurm, ganz elend, hilflos, arm – fall ich in dein Erbarmen. So hatte er es selbst bestimmt.

Drei Jahre später war auch Marshmann gestorben.

Über 40 Jahre hatte das »Nest der geweihten Schuhflicker« dem hinduistischen Widerstand getrotzt. Je mehr ihr Einfluß wuchs, um so erbitterter wurden sie bekämpft und behindert. Es gab viele böse Verleumdungen gegen ihre Arbeit. Finanzielle Nöte und ein schlimmer Feuerbrand belasteten schwer. Wertvolle Manuskripte, darunter ein mehrsprachiges Lexikon, Grammatikbände und mehrere Bibelübersetzungen fielen dem Feuer zum Opfer. Zu diesem schlimmen Unglück kamen Zerwürfnisse mit der Heimatleitung der Mission.

Viele Bekehrungen erfolgten erst nach dem Tod der Missionare. Bis nach Benares in Nordindien, Burma und Ceylon reicht ihre Spur. Einen seiner Söhne sandte Carey als Missionar auf die Insel Ambon, die heute zu Indonesien gehört.

Jetzt erst wurde offenbar, wie tief die Wirkungen des Evangeliums in das Leben des indischen Volks hineinreichten. Man nahm sich der Aussätzigen an. Krankenhäuser entstanden. Die schrecklichen Kinderopfer bei den großen Jahresfesten hörten auf. Babies waren an »heiliger Stelle« bei der Flußeinmündung zum See in Gango-Sangor den Krokodilen vorgeworfen worden.

Auch das Verbrennen der Witwen bei lebendigem Leib konnte gestoppt werden. Es war eine grausame Sitte. Allein im Umkreis von Kalkutta waren pro Jahr 300 – 400 Witwen verbrannt worden. Hochzeitlich geschmückt wurden sie in feierlicher Prozession zu einem Scheiterhaufen geführt. Die Hölzer waren mit wohlriechenden Harzen bestrichen, auf denen der verstorbene Ehemann lag. Nun mußte die Witwe fest auf das Gesicht des Toten blicken, während ein Brahmane Abschnitte aus der Weda vorlas. Dann zündete der älteste Sohn mit einer Fackel den Holzstoß an. Musik und Trommelwirbel übertönten die Schmerzensschreie der sterbenden Witwe. Dann brach das Volk in ein Jubelgeschrei aus.

Mit dem Tod Careys war ein Abschnitt einer großen Missionsepoche in Indien erreicht. Man zählte damals in ganz Indien mit 150 Millionen Menschen 339 Missionare aus 19 Missionsgesellschaften – eine lächerlich kleine Zahl, um das riesige Land mit dem Evangelium zu durchdringen.

Carey hatte ungeduldig immer weitergedrängt. Alles Erreichte war ihm noch viel zu wenig. Darum arbeitete er auch an der Ausbildung indischer Mitarbeiter. Ein wichtiger Schritt in diese Richtung war 1819 die Gründung einer Theologischen Hochschule in Serampore, einer heute weit anerkannten Universität.

Unermüdlich wollte er das Evangelium in eine noch völlig unerreichte Welt tragen: »Afrika ist nicht weit von England«, schrieb er in einem Brief. »Madagaskar nur ein wenig weiter. Südamerika und die zahlreichen und großen Inseln im Indischen und Chinesischen Meer, so hoffe ich, werden nicht vergessen. Ein weites Feld tut sich auf in allen Richtungen.«

## Das Volk der Karen in Birma entdeckt das Evangelium

# Mit einem mehrfachen Mörder fing alles an

*Adoniram Judson – Ein sterbender Student im Gasthaus – Keine Einreise nach Indien – Nach Birma geführt – Das Unglück der Familie Carey – Die Bibel ins Birmesische übersetzt – 21 Monate im Gefängnis angekettet – Das Volk der Karen – Die Bekehrung Ko Tha Byus – In Erwartung des Evangeliums – Evangelisierend bis ins entfernteste Dorf – Neue Sitten – Bekehrungen auch in Rangun – Verfolgung – Im indischen Ozean bestattet*

Im 20. Jahrhundert war das südostasiatische Birma, das sich jetzt Myanmar nennt, jahrzehntelang durch eine korrupte und diktatorische Militärherrschaft geprägt. Ein kompromißlos harter Sozialismus zerrüttete das Land und bedrängte auch die Christen. Nur wenig bekannt sind sie. Wer weiß schon, daß hier der bevölkerungsreiche Minderheitenstamm der Karen mit etwa 40 Prozent seiner Bewohner im christlichen Glauben lebt? Fast die Hälfte der Christen in Birma gehört zum Stamm der Karen. Wie kam es dazu?

Nie hatte Adoniram Judson das Ziel gehabt, als Missionar nach Birma zu gehen. Als Pfarrerssohn 1788 geboren, entwickelte er sich in seiner Schulzeit rasch zu einem liberalen Skeptiker.

Als Student auf einer Reise unterwegs in den USA wachte Adoniram Judson nachts in einem Gasthaus auf. Durch die Wand hörte er im Nebenzimmer einen Mann seufzen und stöhnen, dann Schritte und lautes Reden. Am nächsten Morgen erkundigte er sich beim Wirt, was da losgewesen war. Der entschuldigte sich: »Es tut mir leid, daß Sie dadurch gestört wurden. Der Mann ist heute nacht gestorben.« »Kennen Sie ihn?« fragte Judson den Wirt. »Ja!«, sagte der, »es war ein junger Student mit dem Namen ... «

63

Judson war tief erschüttert und betroffen. Der Verstorbene war sein alter Jugendfreund. Noch als Schüler hatten sie miteinander über den Glauben gespottet und gehöhnt.

In großer innerer Unruhe trat Judson in das Andover-Bibelseminar ein. Dort erst fand er zum Glauben und sah sich zum Missionsdienst gerufen.

Bald nach seiner Heirat mit Anna Hasseltine brach das Paar nach Indien auf, zuerst zu William Carey im dänischen Serampore. Adoniram und Anna waren das erste amerikanische Missionsehepaar, das nach Asien ging. In der englischen Kolonie Indien gab es dann Schwierigkeiten.

Die englischen Geschäftsleute der Ostindischen Kompanie kämpften unerbittlich gegen jegliche Missionsarbeit. Die Polizei wollte Judsons mit einem im Hafen ankernden Boot wieder zurückschicken. Nur wenige Tage konnten sie sich in Kalkutta aufhalten, dann wurden sie mit dem Schiff, mit dem sie herkamen, wieder abgeschoben. Über die Insel Mauritius vor der Ostküste Afrikas erreichten sie schließlich am 13. Juli 1813 Rangun.

Ohne allen Zweifel war Andoniram Judson nach Indien ausgesandt worden. Nun landete er ausgerechnet in Birma, dem Land, mit dem er sich am wenigsten befreunden und als Ort seines Dienstes annehmen konnte. Doch gerade so führte Gott durch Hindernisse und Widerstände hindurch. So muß man es rückblickend sehen.

Dort in der Hauptstadt Birmas war durch Felix Carey, einem Sohn des Missionspioniers William Carey, schon 1807 der Anfang der Mission gemacht worden. Die Evangelien waren übersetzt, eine birmesische Grammatik herausgegeben, und – weil Mission immer auch praktische Liebestätigkeit enthält – die Kuhpockenimpfung eingeführt worden.

Der König von Birma schenkte Carey sein Vertrauen und lud ihn an seinen Hof nach Awa ein. Unterwegs auf der Reise dorthin sank bei einem heftigen Sturm das Schiff, auf dem sich Felix Carey und seine Familie aufhielten, in den Fluten des Flusses Irawadi. Seine Frau und seine beiden Kinder ertranken. Außerdem verlor er seine ganze Druckausrüstung und seine Medizin, auf die der König so viel

Hoffnung gesetzt hatte. Felix Carey selbst konnte sich schwimmend ans Ufer retten. Er setzte seine Reise nach Awa fort. Der König schickte ihn als seinen Botschafter nach Kalkutta. Vater William Carey war entsetzt. Wie kann sein Sohn so tief »herabsinken«, vom Missionar zum diplomatischen Gesandten?

Nun trat Adoniram Judson mit seiner Frau Anna in die Lücke, die Felix Carey hinterließ. Mit Judson begann die eigentliche Mission in Birma.

Die sehr schwierige Sprache konnte er sich mit Hilfe von Aufzeichnungen und einer Grammatik früherer Missionare erarbeiten. Wie mühsam das war, beschreibt er: »Wenn wir Buchstaben und Wörter vorfinden, die nicht die geringste Ähnlichkeit mit irgendeiner uns bekannten Sprache haben, so ist dies eine harte Arbeit. Diese Wörter werden nicht wie die Schriften des Westens durch Zwischenräume, Punkte und große Buchstaben getrennt, sondern fließen zu einer endlosen Reihe ineinander. Auch haben wir keinen Dolmetscher und kein Wörterbuch!«

Leider aber hatte das Ehepaar Judson mit der eigentlichen Missionsarbeit unter Birmesen wenig Erfolg. Nach jahrelanger Arbeit war noch kein einziger Christ geworden. Die Birmesen waren verschlossen. Dann starb auch noch das Kind der Familie Judson, ein acht Monate alter Sohn. Frau Judson erkrankte schwer an einer Tropenkrankheit. Dennoch wollten sie weiter ausharren.

Judson begann mit der Bibelübersetzung. Am 26. Januar 1820 konnten sie dem König Birmas in einer Audienz im prächtigen Thronsaal eine in Gold gebundene Bibel und ein Traktat überreichen. Der König warf die Geschenke verächtlich zur Seite. Der Minister neben ihm rief: »Seine Majestät braucht diese Bücher nicht!« So waren sie entlassen.

Voller Angst und Sorge kehrten sie nach Rangun zurück. Werden nun alle Inder, die als Brahmanen zum christlichen Glauben übergetreten waren, mit dem Tod bestraft? Zu ihrer Überraschung fanden sie bei ihrer Rückkehr die kleine Schar der Gläubigen unerschrocken. Sie hatten mehr Mut als die Judsons selbst. Sie waren durch die harte Rede des Königs ganz verzagt gewesen. Doch jetzt setzten sie ungehindert ihre Predigttätigkeit fort.

Da brach der Krieg Englands gegen Birma aus. Kaum war die englische Flotte vor Rangun erschienen, wurden alle Engländer als Geiseln in Haft genommen. Auch Familie Judson wurde in den »Todeskeller« gesperrt. 21 Monate lang hielt man sie aneinandergekettet bei ekligem Ungeziefer in einem verfallenen Gebäude.

Frau Judson gebar in dieser schweren Zeit ein Mädchen, das sie ein »Kind des Jammers, getauft in Tränen« nannte. Das kleine Kind wurde zu allem hin noch pockenkrank. Barmherzige birmesische Frauen nahmen sich des Kindes an, weil die Mutter selbst fieberkrank und abgemagert dalag. Sie schreibt später: »Ich fühlte in dieser großen Not den Wert des Gebets. Ich konnte, da ich immer lag, nichts für meinen Mann tun. Ich konnte nur den mächtigen Herrn anrufen, der gesagt hatte: Rufe mich an in der Not, so will ich dich erretten, und du sollst mich preisen! Der Herr ließ mich kräftig in dieser Zeit die Erfüllung seines Versprechens fühlen, so daß ich ganz ruhig und überzeugt wurde.«

Immer schwebte die Drohung über ihnen, daß sie im Fall des siegreichen Vordringens der Engländer getötet würden.

Da geschah überraschend eine Wende. Als Friedensvermittler mit den Engländern holte man Judsons plötzlich aus dem Gefängnis. Endlich waren sie frei. Die Kraft aber von Anna Hasseltine Judson, der 36jährigen Ehefrau des Missionars, war gebrochen. Noch im gleichen Jahr 1826 starb sie, ohne daß ihr Mann bei ihr sein konnte, sechs Monate später auch ihr Kind.

Ganz anders als es Missionare planen können, erreichte das Evangelium das Volk der Karen. Die Missionare nahmen den mit 30 Dialekten sprechenden Volksstamm zuerst nicht besonders wichtig. Sie meinten, es gehörten nur einige tausend Menschen dazu. Später schätzten sie die Karen auf 30 000 Menschen, obwohl es damals schon fast eine Million waren. Viel Frucht war aus der Missionsarbeit dort nicht zu erwarten, weil die Karen meistens von einem gebrannten alkoholischen Reisgetränk beduselt waren, das sie bezeichnenderweise Todestrank nannten.

Die Tür zu den Karen wurde durch einen ganz rauhen, ungehobelten und schwierigen Menschen geöffnet. Er hieß Ko Tha Byu und war ein Räuber und Mörder. Er sagte von sich selbst, er hätte

30 Menschen umgebracht. Durch die Kriegswirren kam er in die Nähe der Missionare und fühlte sich von ihnen eigentümlich angezogen. Judson kaufte Ko Tha Byu, der damals noch leibeigener Sklave war, frei. Weil der aber Judson nicht verlassen wollte, gab er ihn seinen Mitarbeitern als Helfer.

Innerhalb eines Jahres vollzog sich ein durchgreifender Wechsel. Zwar hatte Ko Tha Byu sein Leben lang an seinem leidenschaftlichen Temperament zu tragen. Echt aber war sein Wunsch einer umfassenden Veränderung. Er saugte das Evangelium von der Liebe Jesu auf wie ein trockener Schwamm. In einer andauernden Buße bereute er seine schlimme Wesensart und bat Gott um Erneuerung.

Am 16. Mai 1826 wurde Ko Tha Byu getauft. Drei Karen aus den nahen Bergen waren dabei. Die drängten Ko Tha Byu sofort dazu, als Bibellehrer in die Dörfer zu ihnen zu kommen. Damit begann die denkwürdige Mission unter den Karen. Der ehemalige Räuber und Mörder zog unermüdlich durchs Gebirge in alle Richtungen bis nach Siam. Niemand konnte damals ahnen, was aus dem Unternehmen werden sollte.

Daß das Evangelium unter diesem verachteten Stamm so gewaltig einschlug, war auf merkwürdige und geheimnisvolle Weise schon vorbereitet worden. In ihrer von Aberglauben und Dämonenfurcht geprägten Religion lebten die Karen in der mythischen Erwartung des Befreiers, eines weißen Mannes aus dem Westen, der mit dem Buch auf weißen Schwingen kommen und ihnen den Weg zu Gott (Yweh) und zum Leben weisen würde. Sie wußten von der Schöpfung und kannten die Geschichte vom Sündenfall.

Jetzt, als Ko Tha Byu predigte, kamen sie in großen, endlosen Scharen. Darunter waren birmesische Krieger, wilde Häuptlinge, abergläubische, von Furcht erfüllte Menschen, Heimatlose und ehemalige Sklaven. Alle ihre Hoffnungen und Träume waren erfüllt, als ihnen gepredigt wurde, daß Jesus den Zorn Gottes gnädig aufgehalten hat. Ko Tha Byu zog rastlos predigend weiter. Die Taufe sollten die Missionare vollziehen.

Einer der ersten amerikanischen Missionare, Boardman, nutzte die offenen Türen. Über Abgründe, Felsenklippen, gefährliche Bergwände, durch tiefe Schluchten, oft schwimmend Flüsse überquerend, legte er weite Wege zurück. Nur mit eingeborenen Pfadfindern konnte man den Weg gehen. Wilde Tiere, Insekten und Gewürm drohten überall in der Wildnis.

Schon nach drei Jahren starb Missionar Boardman. Er war unterwegs zur Taufe von 34 Karen. Als er auf der weiten Reise nach drei Tagen endlich ans Ziel kam, war er schon krank und körperlich sehr geschwächt. Er konnte den Taufwilligen vom Krankenlager noch zurufen: »Irdische Lehrer erkranken und sterben. Nur Gott bleibt ewig derselbe. Liebt Jesus von ganzem Herzen und ihr werdet auf ewig gerettet sein!«

Im Boot liegend, das den todkranken Missionar zurückbringen sollte, starb er. Die ganze Nacht standen die Karen weinend um den Toten. Seine Witwe leitete noch drei Jahre lang eine Schule. Dann wurde sie mit Judson vermählt.

Ein Jahr später konnte ein anderer Missionar mitteilen: »Ich berichte euch nicht länger von den Greueln des Heidentums. Der Götzendienst ist von den Ufern des Flusses verschwunden. Vor mir liegen lauter Äcker und Gärten, die Christen angebaut haben. Vor drei Jahren, als Missionar Boardman dieses Volk besuchte, lebten sie mit Dämonen und praktizierten finstere und unheimliche Dinge. Aber durch das Evangelium ist durch die Kraft des Heiligen Geistes alles neu geworden.«

Die einst so trägen und im Rausch dahindämmernden Stammesleute erwachten zu reger Lebendigkeit. Dorf um Dorf wurde davon ergriffen. Alle wollten das Evangelium hören und Jesus als ihrem Herrn dienen. Sie kümmerten sich auf einmal um Kranke und Leidende. Sie bauten Schulen und betreuten in ihrer Fürsorge Notleidende, selbst wenn sie viele Tagereisen weit entfernt wohnten. Ein alter Häuptling konnte nicht sterben, weil er gerne noch seinen Bruder zum Glauben geführt hätte. So ließ er sich eine Tagereise weit von seinem Enkel tragen und erlebte dort, daß auch sein Bruder Christ geworden war.

Schon zwei Jahre nach dem Einzug des Evangeliums unter den Karen betrieben Missionare eine Druckerpresse. Die Karen, die bisher Analphabeten gewesen waren, lernten Lesen und Schreiben. Traktate wurden hergestellt. Vier Jahre später erschien die birmesische Bibelübersetzung von Judson. Neun Jahre später wurde das Neue Testament gedruckt, einige Jahre später die ganze Bibel in der Sprache der Karen. Durch die vielen verbreiteten Schriften vernahmen immer mehr Menschen das Evangelium.

Die ganze weite Evangelisationsarbeit wurde durch Ko Tha Byu entscheidend vorwärtsgetrieben, obwohl er selbst durch seine Wesensart schwere und harte Kämpfe mit sich zu bestehen hatte. Oft zog er sich zu stundenlangem Gebet zurück, wenn wieder Reste seines alten heidnischen Wesens durchbrachen. Sonst war Ko Tha Byu Tag und Nacht beschäftigt, das Wort des Lebens vorzulesen und es für das Volk auszulegen. Die ganze Bevölkerung wurde durch diesen Evangelisten wachgerüttelt. Er gönnte sich kaum Zeit zum Ausruhen.

Wohl nie hat ein Einzelner so viele Menschen zu Jesus führen können wie er. Sein Lieblingsthema beim Predigen war: »Jesus, der Gekreuzigte«. Wohin man ihn auch schickte, trotz der schwierigsten Hindernisse bewährte er sich.

Ko Tha Byu zog nach Rangun, der Hauptstadt Birmas. Unermüdlich wanderte er durch die Dörfer der Karen in der Umgebung. Das Evangelium traf direkt in das Gewissen der Menschen. In großen Scharen suchten sie das Missionshaus in Rangun auf, das oft regelrecht belagert war von vielen Menschen.

Auffallend waren auch hier die plötzlichen klaren Bekehrungen. Die Karen brachen mit dem dämonischen Götzendienst. Sie lösten sich völlig vom Branntwein. Sie vertieften sich in die christliche Lehre. 1833 konnten die ersten vier Karen in Rangun getauft werden. Sie waren zum Martyrium bereit und erklärten öffentlich: »Wenn der Gouverneur befiehlt, man solle unsere Köpfe abschneiden, so mag er es tun. Wir glauben an den Herrn Jesus. Tötet man uns, so werden wir zu ihm gehen. Und wir werden glücklich bei ihm sein!«

Tatsächlich brach zwei Jahre später eine schlimme Christenverfolgung aus. Wen man ergreifen konnte, der wurde verhaftet und gefoltert. Ihr Besitz wurde weggenommen. Ganze Familien wurden verhaftet. Die Männer wurden ausgepeitscht, die Frauen paarweise aneinandergefesselt. Im Gefängnis litten sie schweren Hunger, bis sie das große Lösegeld bezahlen konnten, das oft ihre ganze Habe verschlang. Keiner sagte dem Glauben ab.

Trotzdem führten die einheimischen Evangelisten ihre Predigt-
dienste in den abgelegenen Dörfern weiter. Ganze Familien ließen
sich taufen und waren bereit, sich selbst um Christi willen zu opfern.
Bis in die entlegenen Dörfer drang die Christenverfolgung. In der
Hauptstadt Rangun wurde der Druck so heftig, daß sich die Missionare 1838 ganz zurückziehen mußten. Man sah in ihnen politische
Revolutionäre. Die einheimischen Evangelisten aber wirkten auch
während der Verfolgung in der Stadt Rangun weiter.

1840 starb Ko Tha Byu in seiner Heimatprovinz Arakan. Trotz
schwerer Gichterkrankung predigte er bis kurz vor seinem Tod mit
einer Fülle von Gedanken, die in einem merkwürdigen Gegensatz zu
seinem sonstigen sehr begrenzten Denken stand. In wenigen Jahren
hatte er sich ganz verausgabt und seine Kraft verzehrt in rastlosem
Wirken.

Das Evangelium unter den Karen lief weiter. Wer zum Glauben
kam, wurde sofort selbst Missionar und trug das Evangelium weiter.
In fünf Jahren waren trotz schwerer Verfolgung 3000 Menschen
getauft worden.

Die Priester der Buddhisten konnten das Rätsel nicht begreifen.
Jahrhundertelang hatten sie sich bemüht, die Karen zu Buddhisten zu
machen – vergeblich. Nun gelang es den christlichen Missionaren in
wenigen Jahrzehnten, die Karen für Jesus zu gewinnen.

Einige der amerikanischen Missionare erkrankten und starben.
Andere verloren Frau und Kinder. Die buddhistischen Priester tri-
umphierten. 1847 traf Judson noch einmal in Rangun ein, um die
Christen zu stärken. Er freute sich an dem, was Gott unter den Karen
wirkte, auch wenn er selbst seine Hauptarbeit ganz auf die Birmesen
mit buddhistischem Hintergrund konzentrierte.

Judson ging immer klar und zielbewußt seinen Weg. Er hielt
nichts von westlicher Kultur, die manche in Birma einführen wollten.
Auf keinen Fall sollten Birmesen in Seminaren nach westlichem Stil
ausgebildet werden. Auch wenn ihm die großen Schwierigkeiten wohl
bewußt waren, denen Buddhisten bei einem Übertritt zum christlichen Glauben gegenüberstanden, so gab er nie die Hoffnung auf, daß
auf den Hügeln Birmas, die jetzt noch von den Türmen der Pagoden
übersät sind, eines Tages auch christliche Kirchen gebaut würden.

Adoniram Judson erlebte den Höhepunkt der Leiden nicht mehr, von denen dann ein einheimischer Prediger, aber auch sein Neffe und sein Sohn, vielfach betroffen waren. Wenig später drangen die Engländer in Birma ein.

Adoniram Judson starb am 12. April 1850 auf einer Seereise, zu der ihm die Ärzte geraten hatten. Sein Leichnam wurde im indischen Ozean versenkt. Einst hatte Judson Gott gebeten, so lange leben zu dürfen, bis hundert bekehrte Birmesen da wären und die Bibel in ihre Sprache übersetzt sei. Wieviel Größeres hat er, der Meister der birmesischen Sprache, in großer Kraft und Frische wirken und erleben können in den fast vierzig Jahren seines Dienstes. 30 000 Menschen gehörten bei seinem Tod zur Gemeinde Jesu in Birma. Das waren prozentual viel mehr als in Indien.

Seit der schweren Gefängniszeit hatte sich Judson nie mehr ganz von seinen Leiden erholt. Oft litt er unter Depressionen. Trotzdem arbeitete er unermüdlich weiter.

Als er in den USA einmal nach den Aussichten für das Evangelium in Asien gefragt wurde, sagte er: »Die Zukunft ist ebenso strahlend wie die Verheißungen Gottes!«

Heute sind viele der 2,6 Millionen Karen bekennende Christen. Seit Jahrzehnten arbeiten keine ausländischen Missionare mehr unter ihnen. Das Wachstum der Gemeinden geht stetig weiter wie auch in den Stämmen der Lisu, Kachin, Mara, Rawang und Lahu, obwohl sie unter der korrupten marxistischen Militärregierung schweren Druck aushalten müssen. Das Evangelium hat Wurzel im Volk gefaßt wie an wenig anderen Stellen der Welt.

# Ein Kopf aus Eisen und Nerven aus Stahl

*Chinesische Mauer – Ausländer wie im Käfig – Kaum Kontakte erlaubt – Robert Morrison – Das Verbotene gewagt – Sieben Monate unterwegs – Heimlich versteckt – Unter Lebensgefahr – Die erste chinesische Bibel – Verbotene Drucke – Die ersten Taufen – Einsam am Grab der Frau – Eine chinesische Gemeinde unter chinesischer Leitung*

Zu Beginn des 19. Jahrhunderts erregte das riesige chinesische Reich das Interesse der reichen westlichen Nationen, die Handel treiben wollten.

Portugiesen, Holländer und Engländer drängten sich und wollten als erste Geschäfte machen. Die riesige chinesische Mauer war nur das sichtbare Zeichen jener damals herrschenden nationalen Abgrenzung. Je zudringlicher die ausländischen Handelsleute waren, desto verschlossener zeigten sich die Regierenden in China. Herablassend ließ schließlich der chinesische Kaiser mitteilen, er würde auf die flehentlichen Bitten hin gestatten, daß auch die Ausländer das Notwendigste vom Überfluß Chinas kaufen dürften, ob das nun Tee, Seide oder sonstige Gewürze sein sollten.

Unter entwürdigenden Umständen ließ man nun die Ausländer ins sonst hermetisch abgeschlossene Land. Nur außerhalb der Stadt Kanton durften sie in einem Sperrgebiet am Fluß insgesamt 13 Handelshäuser unterhalten. Allein ein kleiner Hof 100 x 50 Meter war für Spaziergänge freigegeben. Gehen konnte man dort aber kaum, da noch viele chinesische Händler und Neugierige sich auf dem engen Platz drängten. Nur einmal im Monat durften die Ausländer in Gruppen von acht oder sechzehn Personen einen Ausflug in die nahen Blumengärten unternehmen.

Wohnen durften sie in ihren Geschäftsräumen am Fluß bei Kanton nicht. Immer wieder mußten sie zurück zu ihren Familien

Robert Morrison lernt nachts heimlich die chinesische Sprache

nach Macao. Ein chinesischer Hausvogt war über die Dienerschaft im Haus der Ausländer gesetzt. So konnte alles genau kontrolliert und ausspioniert werden. Ebenso war genau geregelt, welche Chinesen überhaupt Handel mit den Ausländern treiben durften. Nur solche bekamen eine Lizenz, die sich durch Bürgschaften vorher genau zur Einhaltung der Vorschriften verpflichtet hatten.

Selbst die ausländischen Konsuln durften nicht direkt mit der chinesischen Regierung in Verbindung treten. Wollten sie eine Mitteilung übergeben, so mußte das durch die Hände dieser chinesischen Geschäftsleute geschehen. Briefe wurden nicht angenommen. China den Chinesen!

Bekanntlich ist das Erlernen der chinesischen Sprache eine schwierige Sache. Man sagt oft, man brauche dazu die Geduld Hiobs und das Alter Methusalems. Zu allem hin war es damals Ausländern durch Gesetz strengstens verboten, die chinesische Sprache zu erlernen.

Man kann den Glaubensmut nur ahnen, der damals in der *Londoner Missionsgesellschaft* herrschte. Wohlinformiert über alle chinesischen Gesetze entsandte sie 1807 unter diesen schwierigen Umständen den 25jährigen Robert Morrison als Missionar nach China. Er sollte nun ausgerechnet die Bibel in das noch völlig unbekannte Chinesisch übersetzen, obwohl doch schon das Erlernen der Sprache mit der Todesstrafe bedroht wurde. Solch eine Tätigkeit konnte den chinesischen Behörden nicht verborgen bleiben.

Robert Morrison war ein Sprachgenie. Mit Recht hat man ihn als einen Mann mit einem Kopf aus Eisen und Nerven von Stahl bezeichnet.

Er stammte aus ärmlichen Verhältnissen in England. Während seiner Schreinerlehre, in der er 12 bis 14 Stunden täglich arbeiten mußte, lernte er nebenbei Latein, Griechisch und Hebräisch.

Damals las er auch einen Missionsbericht von William Carey in Indien, der ihn tief traf. Es war die Zeit neu erwachten geistlichen Lebens. Morrison stellte Gott sein Leben zur Verfügung. So betete er, Gott möge ihn ausgerechnet dort gebrauchen, wo die Schwierigkeiten am größten und nach menschlichem Ermessen am unüberwindlichsten seien.

Die Mission finanzierte ihm dann das Studium der Theologie und der Medizin. Schon während dieses Studiums begann er, die vielen tausend Schriftzeichen der chinesischen Sprache zu erlernen. Im Britischen Museum entdeckte er ein chinesisches Manuskript und entzifferte es. Es waren Teile des Neuen Testaments, die einst von katholischen Jesuitenmissionaren niedergeschrieben worden waren.

Schon die Ausreise Morrisons nach Kanton war schwierig, um nicht zu sagen: unmöglich. Kein englisches Schiff wollte einen Missionar nach China mitnehmen, weil die Kapitäne den Konflikt mit den Behörden fürchteten. So reiste Morrison über Amerika. Seiner Schwester schrieb er beim Abschied: »Hoffentlich stellt mich der Herr auf einen Posten, wo er mich zu reichem Segen werden läßt für viele Menschen!«

Auf dem Weg von Amerika nach China verspottete ein Geschäftsmann den Missionar: »Glauben Sie vielleicht, Sie würden auf die Religion des großen chinesischen Reiches einen Eindruck machen?« Morrison verneinte: »Nein, aber ich glaube, Gott wird es tun!«

Die gefährliche Seereise, bei der Amerika umsegelt wurde, dauerte 119 Tage, bis schließlich Morrison nach Macao eingeschmuggelt werden konnte. Insgesamt war Morrison sieben Monate unterwegs, bis er in Kanton ankam. Alle waren gegen ihn. Die Geschäftsleute der Ostindischen Kompanie, die damals ein Handelsmonopol hatten, wollten ihn sofort wieder zurückschicken. Sie sahen ihre Handelsinteressen durch die Verkündigung des Evangeliums gefährdet und fürchteten um das gute Einvernehmen mit den chinesischen Behörden.

In aller Stille mietete Morrison ein Warenlager in einem Keller. Dort saß er mit einer Lampe und studierte chinesische Schriftzeichen, von denen es insgesamt 40 000 gibt.

Erst nach langem Suchen konnte er zwei Chinesen gewinnen, die bereit waren, ihm die chinesische Sprache beizubringen, was bei Todesstrafe verboten war. Die Aussprache der Worte muß besonders sorgfältig erlernt werden, denn dasselbe Wort kann, je nach Tonlage, entweder Mutter, Pferd, Hanf oder schimpfen bedeuten. Einer dieser Sprachlehrer trug immer Gift bei sich, um sich rasch das Leben nehmen zu können, wenn er entdeckt werden sollte.

Nach zwei Jahren lernte er seine Frau kennen, die Tochter eines englischen Kaufmanns. Gleichzeitig erhielt er eine Anstellung als Dolmetscher bei einer englischen Firma. Dieser Auftrag, der ihn allein schon ganz in Beschlag nahm, sicherte ihm das Recht, in Macao zu wohnen und Kanton wenigstens besuchen zu können.

Schon 1810, nach drei Jahren, hatte Morrison die Übersetzung der Apostelgeschichte abgeschlossen. Wie aber sollte jetzt der chinesische Bibelteil gedruckt werden? Die Chinesen benützten damals für Drucke keine einzelnen Schriftzeichen, sondern schnitzten die Vorlage einer ganzen Seite. Wie sollte er jemand finden, der bei der hohen angedrohten Strafe dieses Buch drucken würde? Als er schließlich einen gewinnen konnte, druckte er das Buch mit einem falschen Titelblatt, um vor der Entdeckung durch die Polizei geschützt zu sein.

Kurz darauf zerfraßen Termiten einen ganzen Teil der wertvollen Druckplatten. Erst viel später konnten dann Druckmaschinen aus Europa mit metallenen Typen eingeführt werden.

Sobald sich Morrison in der fremden Sprache verständigen konnte, lud er nachts Chinesen in seine Wohnung zu einem heimlichen Hauskreis ein. Sonntags predigte er chinesisch hinter verschlossenen Türen. Es war seine größte Sehnsucht, Chinesen für Jesus zu gewinnen und zum Glauben zu führen. Wie schwer litt er daran, daß er nicht ein einziges Mal frei in China herumreisen durfte. Nur einmal konnte er mit einer englischen Delegation Peking besuchen.

Bei der Taufe des ersten Chinesen wünschte Morrison: »Möge er doch die Erstlingsfrucht einer großen Ernte von Millionen von Chinesen sein, die zum Glauben kommen und dem künftigen Zorn Gottes entrinnen!« Nach 25 Jahren Missionstätigkeit konnten erst zehn Chinesen getauft werden.

Morrison selbst meinte, es brauche 100 Jahre, bis 1000 Chinesen getauft werden könnten. Wie hat er sich da getäuscht! Einhundert Jahre später sollte die Zahl der Christen in China fünfhundertmal größer sein.

1813 schloß Morrison die Übersetzung des Neuen Testaments ab, 1823 die der gesamten chinesischen Bibel. Neben seiner hauptberuflichen Tätigkeit als Übersetzer und Dolmetscher der englischen Handelsfirma gab er ein großes sechsbändiges Wörterbuch mit 4500 Seiten und noch weitere Schriften wie eine Grammatik heraus.

Schwer fiel es Morrison, die engen Grenzen seiner Arbeit anzunehmen. Das Predigen war ihm verboten worden. Doch er hielt sich nicht daran.

Er litt auch darunter, daß er schon wenige Jahre nach seiner Heirat seine Frau mit den beiden kleinen Kindern nach England schicken mußte. Seine Frau war gesundheitlich stark angeschlagen. Es dauerte sechs Jahre, bis er sie wiedersehen sollte. An einen regelmäßigen Heimataufenthalt war damals bei den gefährlichen Schiffsreisen kaum zu denken.

Zur Unterstützung der Arbeit Morrisons kamen schon 1813 die schottischen Pfarrleute Milne. Die Enttäuschung war groß, daß sowohl die portugiesischen wie auch die chinesischen Behörden keine Aufenthaltsgenehmigung gaben. So mußten sie weiterreisen nach Malakka, wo sie unter Auslandschinesen arbeiteten.

Schwer traf es Morrison, als seine Frau nur wenige Monate nach ihrer Rückkehr nach Macao an Cholera starb. Sein bester Helfer, der schottische Missionar Milne, starb ein Jahr später. Morrison arbeitete weiter bis zum letzten Tag seines Lebens. Er übertrug Lieder ins Chinesische, übersetzte den schottischen Katechismus und schrieb viele Traktate. Im Jahr 1817 wurde ihm der Ehrendoktor der Universität Glasgow verliehen.

Oft könnte man bei den großen Leistungen übersehen, wie schwer auch solche mutigen und einsatzfreudigen Männer unter ihrer Einsamkeit und der angeschlagenen Gesundheit litten. Ihr Glaube aber an die Zusagen Jesu war so stark, daß sie unüberwindlich wurden.

In einem Brief schrieb Morrison: »Ich habe oft darüber geweint, daß ich nun so einsam und verlassen zurückgeblieben bin. Alle, die ich liebhatte, sind mir genommen worden. Die Heiden um mich herum sind unfreundlich und ohne Mitgefühl für Fremde, wie es den Sitten ihres Landes entspricht. Ich schrecke davor nicht zurück, aber die Einsamkeit, in der ich mich befinde, ist kein wünschenswerter Zustand.«

In dem Brief kann man auch erkennen, wie er gegen die Resignation ankämpfte: »O wäre doch mein Herz mehr auf die himmlischen Dinge gerichtet!« Und: »Ich will nicht klagen. Wieviel Grund habe ich doch, dankbar zu sein. Gott bewahre mich davor, ihm gegenüber undankbar zu werden!«

Als Morrison 1834 im Alter von 52 Jahren in Macao »sanft in Jesus« heimging, hatte die kleine zehnköpfige Gemeinde in Kanton schon einen treuen chinesischen Leiter. Ljang-Afa kam in Malakka in der dortigen Missionsdruckerei durch den schottischen Missionar Milne zum Glauben und wurde dort getauft. Ihn hatte das Wort von der Vergebung der Sünden tief getroffen. Als stolzer Chinese erkannte er seine Schuld vor Gott und begriff, daß nur die Sühne Jesu ihn retten konnte.

Ljang-Afa ging wieder zurück in sein Heimatdorf in China. Wegen der Verkündigung des Evangeliums landete er im Gefängnis, wurde mit 50 Bambushieben gefoltert und mußte eine große Geldstrafe bezahlen. Doch er blieb im Glauben treu und führte in Kanton die kleine einheimische Gemeinde weiter.

## Das Neue Testament ins Arabische, Persische und Urdu übersetzt

# Mit nur 31 Jahren die ganze Lebenskraft verzehrt

*Henry Martyn – Glänzende Karriere aufgegeben – Schwachen Körper abgehärtet – Militärischer Kaplan in Indien – Mission unter Hindus und Moslems – Liebeskummer – Tuberkulose – Religionsgespräche in Persien – Tod auf der Reise in Kleinasien*

Eine glänzende Karriere stand vor dem zwanzigjährigen Studenten Henry Martyn, als er an der berühmten Universität von Cambridge in England seine mathematischen Studien mit höchsten Auszeichnungen abschloß.

Doch der junge Mann hatte andere Ziele. Schuld daran war seine älteste Schwester. Die Berichte von kühnen Missionspionieren unter den Indianern Amerikas oder in Indien hatten sie begeistert. Sie und ein Pfarrer, der als Seelsorger großen Einfluß auf Henry Martyn hatte, erwärmten ihn für die große Aufgabe der Weltmission.

So überlegen Henry Martyn in seinem Denken war, so schwach war aber seine Gesundheit. Er ahnte, welch ein Risiko eine Arbeit in den Tropen mit sich bringen würde. So trainierte er seinen Leib in einem eisig kalten Zimmer und nahm sein Frühstück nur stehend ein, um ganz hart gegen sich und alle weichen Empfindungen zu sein.

Der Tod seines Vaters bedeutete einen tiefen Einschnitt im Leben des jungen Mannes. Ihm hatte er viel zu verdanken. Nun mußte er sein ganzes Vertrauen im Glauben auf Jesus Christus setzen. In aller Frühe las er stundenlang in der Bibel und betete kniend vor seinem Herrn. Er suchte sein Glück ganz in der Übereinstimmung mit dem Willen Gottes.

Wenn Henry Martyn betete, »keinen eigenen Willen zu haben«, so tauchte als große Anfechtung das Bild einer Frau auf, die er heiß liebte und verehrte. Lydia hieß sie und war sechs Jahre älter als er, eine Schwester seiner Schwägerin. Er wollte sein Glück allein in Gott finden, konnte aber diese Jugendliebe nicht vergessen. So mächtig seine Gefühle auch waren, so klar war es ihm, daß eine Ehe ihn angesichts des harten Missionslebens unerträglich binden und von seinem Dienst für Gott abhalten würde. »Mache mich bereit, dir, Herr, zu dienen!« betete Henry Martyn, »wie du es befiehlst!« Damit brach er die Beziehung ab und reiste 1805 auf einer gefahrvollen neunmonatigen Schiffsreise nach Indien aus.

Die einzige Chance, Mission zu treiben, eröffnete sich damals nur als hauptamtlicher Pfarrer für Beamte und Soldaten der Ostindischen Kompanie. In einem uralten Freibrief von vor über 100 Jahren war solch eine kirchliche Versorgung geregelt worden. Wie solche Pastoren ihren Dienst ausübten, kümmerte lange Zeit eigentlich niemand. Da soll es welche gegeben haben, die nicht einmal eine Bibel hatten. Erst als englische Truppen in den Dienst der Ostindischen Kompanie traten, konnten die Bischöfe auf die Berufung dieser Kapläne Einfluß nehmen. Zugleich mit dem nun erwachenden geistlichen Leben in England drängten nun viele gläubige Leute darauf hin, daß bei der Besetzung dieser Posten wirklich gläubige und missionarische Kapläne berufen wurden.

So kam Henry Martyn als Feldkaplan der Ostindischen Gesellschaft nach Kalkutta. Für ihn war hier die Verbreitung des Evangeliums unter Hindus und Moslems die Hauptsache. Dafür blieb neben seinem Beruf jedoch nur wenig Zeit. Mit großer Energie lernte er in kurzer Zeit Urdu, die in Nordindien von den Moslems gebrauchte Sprache. Schon 1810 konnte das Neue Testament in Hindustani in den Druck gehen. Dann begann er neben seinem Beruf her auch mit dem Studium der persischen und arabischen Sprache und übersetzte das Neue Testament in diese Sprachen.

Dabei half ihm seine gute Ausbildung an der Universität. Während andere Missionare sich erst alles Wissen mit großem Fleiß im Selbststudium aneignen mußten, konnte Martyn jetzt auf seine philologischen Kenntnisse zurückgreifen. Dadurch vermied er manches Laienhafte, das sich sonst immer wieder einschlich. Das trieb ihn jetzt bei der Arbeit an.

Das sengend heiße Klima im Innern Indiens setzte der schwachen Gesundheit Henry Martyns hart zu. Er wurde krank. Längere Zeit wohnte er in einer verlassenen Pagode, bedrückt von der unheimlichen hinduistischen Götterwelt. Die ständige Arbeit am Wort Gottes half ihm viel über manche Tiefen der Krankheit hinweg und tröstete ihn.

Bei einer Straßenpredigt von Henry Martyn in Kanpur blieb Scheich Salih stehen, um sich den Spaß anzusehen. Das Wort der Predigt traf ihn. Ein Jahr später wurde er getauft und nannte sich dann Abdul Messih. Er wurde ein bei Moslems, Hindus und Christen hochgeschätzter Prediger, der auch bei der Gründung der evangelischen Gemeinde in Agra beim berühmten Grabmal des Tadsch Mahal entscheidend mitwirkte.

Tief erschütterten Henry Martyn aber die Todesnachrichten seiner beiden geliebten Schwestern. Freunde rieten ihm schließlich, doch noch einmal an Lydia zu schreiben und sie um die Heirat zu bitten. Er rang sich dazu durch. Doch jetzt sagte Lydia nein. Das war ein schwerer Schlag.

Henry Martyn schrieb in sein Tagebuch: »Wenn nun auch der letzte Wunsch meines Lebens unerfüllt bleibt ... möchte ich nun alles vergessen außer Gott. Bei dir, Herr, ist keine Enttäuschung. Niemals werde ich bedauern können, dich zu sehr geliebt zu haben.« Das Wort aus Psalm 37 tröstete ihn: »Habe deine Lust an dem Herrn; der wird dir geben, was dein Herz wünscht!«

Fünf Jahre hatte Henry Martyn unermüdlich gearbeitet. Neben seinem Militärpfarramt und seinen Sprachstudien gründete er mehrere Schulen. Durch Krankheit war sein Körper schwer geschwächt. Die Ärzte stellten eine fortgeschrittene Tuberkulose fest. Ein Urlaub in der englischen Heimat sollte ihm neue Kraft geben.

Er wählte für die Heimreise den beschwerlichen Landweg, um in der persischen Stadt Schiras mit Moslemführern Religionsgespräche zu führen und gleichzeitig seine Übersetzung des persischen Neuen Testament zu überprüfen. Ein Exemplar wollte er dem Perserkönig Schah Ali Schah Kajir persönlich überreichen. Er mußte es dann aber durch einen Boten übergeben lassen. Es war ihm eine große Freude, unterwegs einen Moslem, der Christ geworden war, zu taufen.

Dann reiste er weiter. Er kam aber nur noch bis in die Türkei. Sein letzter Tagebucheintrag ist vom 6. Oktober 1812 in der Stadt Tokat:

»Da keine Pferde zu bekommen waren, hatte ich eine unerwartete Ruhepause. Ich saß in einem Obstgarten und dachte ... Wann wird diese Zeit der Ewigkeit weichen? Wann werden der neue Himmel und die neue Erde erscheinen, wo Gerechtigkeit wohnt? Dort wird gar nichts Unreines hineinkommen, nichts von der Bosheit, die Menschen schlechter gemacht hat als die wilden Tiere; – nichts von Verkommenheit, die den Jammer des Sterbens nur vergrößert, wird da jemals mehr zu hören sein.«

Zehn Tage später starb Henry Martyn in der Einsamkeit und Fremde, wo er, wie er in seinem Tagebuch schrieb, »Trost und Frieden in seinem Gott fand, der sein Gefährte, Freund und Tröster in der Einsamkeit« war. Ob er im Alter von 31 Jahren an dem Fieber starb, das er schon lange in sich trug, oder an der Pest, die eben in der türkischen Stadt Tokat wütete, wissen wir nicht. Armenische Christen haben ihm den letzten Liebesdienst erwiesen und den unbekannten Reisenden beerdigt.

In den sechs Jahren seiner Missionstätigkeit hat er das große Werk der Übersetzung des Neuen Testaments in drei ganz verschiedene Sprachen vollendet. 60 bis 70 Hindus taufte er. Daß er viele Moslems zum Glauben an Jesus Christus führte, soll nicht nur am Rande Erwähnung finden. Das war Henry Martyns Leidenschaft: »Ich will alle meine Kräfte ganz verzehren für Gott!« Und: »Wenn ich auch nie einen Einheimischen bekehren sollte, so möchte ich doch durch meine Ausdauer und meine Geduld nach mir kommende Missionare ermutigen.« Sein Leben war nicht vergeblich.

### Ein Sproß aus einer alten böhmischen Flüchtlingsfamilie

# Ein verlachter Pfarrer gründete allein das erste Missionsseminar

*Johannes Jänicke – Auf dem zweiten Bildungsweg – An der Bethle-hemskirche in Berlin – Bluthusten – Spott wegen Treue zur Bibel – Eng-lische Mission sucht deutsche Kandidaten – Seminarlehrer neben dem Pfarramt her – Finanzkrise – Königliches Stipendium – 80 Missionare in aller Welt*

Wie die Geschichte einer Familie junge Menschen prägen kann, zeigt das Beispiel der böhmischen Flüchtlingsfamilie Jenjk. Zuerst war sie mit anderen in die Herrschaft der Großmutter Zinzendorfs, der hochgestellten Katharina Freifrau von Gersdorf, nach Großhenners-dorf geflohen. Dann erlaubte der preußische König Friedrich-Wil-helm I. die Übersiedlung der Böhmen nach Berlin. Vater Jenjk war Webermeister.

Der Sohn Johannes erlernte zunächst den Beruf des Vaters. Auch im Glauben ging er ganz in den Fußstapfen des Vaters. Nur den Namen änderte er und paßte ihn seiner neuen deutschen Heimat an. Johannes Jänicke nannte er sich später.

Eine Predigt traf ihn tief. Es sei schon Sünde, Jesus nicht über alles zu lieben. Er wollte ganz bis in die Tiefe seines Herzens seinem Herrn gehören.

Zuerst lebte Johannes in Münsterberg in Schlesien, in einer böh-mischen Gemeinde, wo er als Weber arbeitete. Der dortige Pfarrer hat ihn stark in der Ausbildung gefördert. Eigentlich hätte er dann in dieser Gemeinde als Schulmeister tätig sein sollen. Am Ende reichten aber die finanziellen Verhältnisse der Gemeinde nicht, das Gehalt aufzubringen.

Johannes Jänicke betrachtete es deshalb als eine besondere Führung Gottes, daß er dann Schulmeister der kleinen böhmischen

Gemeinde in Dresden wurde. Nebenher konnte er auch mit Hausunterricht Geld verdienen. Das ermöglichte ihm das Studium der Theologie.

Später sah er auch darin die Hand Gottes, nicht bei den rationalistischen Theologen in Halle studieren zu müssen, sondern bei den biblisch tief gegründeten lutherischen Professoren in Dresden.

Am 21. April 1777 hatte er sein Unversitätsstudium abgeschlossen. Es folgten zwei Jahre Dienst in der Brüdergemeine in der Gemeinde Barby, wo er von dem einflußreichen Bischof Spangenberg wichtige Anregungen für die Mission erhielt.

1779 kam Johannes Jänicke als zweiter Pfarrer der böhmischen Gemeinde nach Berlin und Rixdorf. Kurz darauf, 1792, wurde er dann einziger Pfarrer dieser Gemeinde an der Bethlehemskirche.

In dem damals fast ganz vom Vernunftglauben und der Bibelkritik geprägten Berlin fiel Johannes Jänicke mit seinem Bibelglauben völlig aus dem Rahmen und mußte wie ein Exot aus einer anderen Welt wirken.

In diesen Jahren war Europa aufgewühlt durch die Gedanken der Französischen Revolution. Unter dem Jubel des Volkes war in Paris Gott abgeschafft worden. Ein neues Lebensgefühl der Freiheit wurde entdeckt. In diesen Tagen war Jänickes Motto: »Der Same ist das Wort, die Speise ist das Wort, das Schwert ist das Wort.« Es war das in der Bibel offenbarte Wort Gottes.

Man kann sich nur wundern, daß Johannes Jänicke überhaupt 80 Jahre alt wurde, obwohl er seit dem 18. Lebensjahr Blut hustete. »Die Kraft des Herrn schützte mich sichtbar«, sagte er oft. Solange er predigte, war der Bluthusten jedesmal weg. »Den hat er sich weggebetet!« sagten die Leute.

Jänicke führte zusätzlich zu seinen Diensten eine Frühpredigt ein, dazu am Montagabend eine Wiederholungspredigt, die von den Zuhörern als das Gewaltigste empfunden wurde.

Beim Reden berührte er seelsorgerlich das Herz und das Gemüt. Er wollte keinen trockenen Kanzelvortrag halten. Sünde und Gnade waren die Angelpunkte seiner Predigt. Dabei wollte er sich nie von oben herab über die anderen stellen. Vielmehr mahnte er wie ein Vater seine Kinder.

Am wichtigsten war ihm, die Schönheit Jesu seinen Zuhörern zu zeigen: »Hier ist das Leben, sonst nichts als der Tod!«

Kein Weg war ihm zu weit zum Gehen, kein Wetter zu schlecht, keine Treppe zu steil, kein Dachstüblein zu eng.

Einmal wurde er mitten im Winter, bei Schnee und Eis, zu einem Kranken gerufen. Der Weg war weit, über eine halbe Stunde. Doch als er ankam, empfingen ihn junge Kerle mit höhnendem Gelächter. Sie belustigte es, wie der treue Seelsorger auf ihren Streich hereingefallen war.

Jänicke wurde von vielen Leuten in Berlin als bibeltreuer Mann verspottet und verlacht. Das fröhliche und unbekümmerte Zeugnis reizte zur überheblichen Ablehnung. Es kam sogar zu Störungen der Predigt und zu Zwischenrufen.

Jänicke gründete auch die preußische Hauptbibelgesellschaft und einen Traktatverein.

Da stand plötzlich eine ganz neue Aufgabe vor Jänicke. Es begann ganz unscheinbar. Sein Bruder, der in Leipzig studierte, wurde vom wohlhabenden Oberforstmeister Herr von Schirnding angesprochen: »Die Engländer haben bei mir angefragt, ob ich keinen geeigneten jungen Mann wüßte, der dem Missionar Schwartz in Indien helfen könnte. Sie haben wohl Geld zur Mission, aber keine Leute.«

Dieser Bruder nun ließ sich als Missionar nach Indien senden. Damit war auch die Brücke von der Mission zu Johannes Jänicke in Berlin geschlagen. Weil die 1795 gegründete *London Missionary Society* in England keine geeigneten Missionskandidaten finden konnte, schlug von Schirnding, der deutsche Vertreter dieser englischen Mission, die Gründung einer deutschen Missionsschule vor. Er selbst wollte sein Vermögen großzügig zur Verfügung stellen, damit das Reich Gottes in aller Welt ausgebreitet werden könnte. Für jeden jungen Mann, der in die Mission ging, war er bereit, die beachtliche Summe von 1200 Talern zu zahlen.

Am 1. Februar 1800 eröffnete Johannes Jänicke seine Missionsschule mit sieben Studenten. Er betreute den ganzen Unterricht neben seinen sonstigen Aufgaben selbst. Auch hier wollte er die künftigen Missionare nur in die Bibel einführen. »Es ist an der Bibel genug. Die Missionare sollen den Heiden die Bibel bringen, sonst nichts.«

Der Schock kam bald. Der Förderer Oberforstrat von Schirnding verlor ausgerechnet im ersten Jahr der Missionsschule sein ganzes Vermögen. Er konnte nun nicht mehr finanziell helfen. Wie sollte es nun mit dem Seminar weitergehen?

»Unser Herr wird zu meiner Glaubensstärkung die nötigen Scherflein beizubringen wissen«, schrieb Jänicke. Öffentliche Werbung um Geld war ihm völlig zuwider. So blieb seine Arbeit selbst in Berlin fast unbekannt.

Mit einem Kassenbestand von 47 Talern beschloß man, wie einst A. H. Francke mit seinem Waisenhaus in Halle, das Werk fortzusetzen. Dann fanden sich auch ohne Komitee und ohne gedruckte Bittbriefe treue Helfer aus seiner böhmischen Gemeinde, die das wichtige Werk unterstützten. Überraschend kam auch Hilfe von Missionsfreunden aus der Schweiz, dem Elsaß und Württemberg. Dazu kamen Gaben von der Christentumsgesellschaft. Sogar aus England kam schon 1802 finanzielle Unterstützung. Dort hatte sich neben der Londoner Mission noch eine eigene *Church Missionary Society* gebildet. Sie nahm zwei Studenten aus dem Seminar als Missionare an.

Schon als Missionare aus dem Seminar Jänickes in aller Welt arbeiteten, wußte man darüber in der Öffentlichkeit Berlins nichts davon. Der preußische König erfuhr erst 1820 etwas von diesem wichtigen Werk durch einen Brief aus Indien. Bereitwillig stellte der König ein Stipendium zur Ausbildung eines Missionars zur Verfügung. In den Genuß sollte dann Karl Gützlaff kommen, der spätere Pionier der China-Mission.

80 Missionare sind aus diesem kleinen Seminar hervorgegangen, die man überall auf dem Missionsfeld als besonders befähigte Mitarbeiter wiederfand. Erst nach dem Tod Jänickes wurde das Werk als *Berliner Missionsgesellschaft* anerkannt. Wegen Streitigkeiten mußte aber das Seminar im Jahr 1849 auf Befehl des preußischen Ministeriums geschlossen werden.

## Aus der Hölle der Sklavenschiffe befreit

# »Sie fangen an, sich als Menschen zu fühlen«

*Der Kampf von Granville Sharp – »Der Neger ist frei!« – Das Elend des Sklavenhandels – Wilberforce: »Wie Löffel« zusammengepfercht – Das Fiasko der westafrikanischen Freistatt – Der Hilfsverein gibt nicht auf – 200 Völker mit 150 Sprachen – Veränderte Menschen – Afrikanischer Missionsverein – Bernhard Jansens Werk – Enttäuschung und Versagen – Das Opfer des eigenen Lebens*

Der junge Granville Sharp arbeitete als Schreiber in einem Büro in London. Eine Menge solcher Leute brauchte man damals in den Verwaltungen, bevor die simple und langweilige Arbeit durch eine neue Technik der Büromaschinen erleichtert wurde.

Dieser Sharp traf an einer Straßenecke in London auf einen kranken und hilflosen Schwarzen. Er lief nicht vorbei. Er sah nicht weg. Hautnah erlebte er ein solches Lebensschicksal mit. Rührend kümmerte er sich um den Kranken und versorgte ihn.

Kaum war der Schwarze durch die Bemühung des Bruders Sharps, eines Arztes, wieder gesund geworden, wollte ihn sein früherer Herr wieder »in Besitz nehmen«. Vorher hatte er ihn wegen seiner Krankheit davongejagt. Das kann doch nicht wahr sein, dachte Sharp.

Er studierte jetzt die englischen Gesetze genauer. 1772 führte er einen Prozeß gegen einen Kapitän, der – ganz gesetzwidrig – einen Schwarzen in Ketten hielt. Granville Sharp, der es durch Weiterstudium vom Schreiber bis zum Rechtsanwalt gebracht hatte, vertrat die Meinung, daß nach dem englischen Gesetz ein Eigentumsrecht auf Menschen unmöglich sei. Das Gericht urteilte: »Der Neger ist frei.« Fortan war klargestellt, daß es in England keine Sklaverei geben konnte. Aber wohin sollten sich die plötzlich freigewordenen Sklaven wenden, wenn sie keine Arbeit fanden und wieder heimkehren wollten?

87

Sklaventransport in Westafrika

Mit einem kleinen privaten Hilfsverein *Afrikanische Gesellschaft* begann alles. Man schrieb das Jahr 1787. In London hatten edle Menschenfreunde die Idee, an der Westküste Afrikas auf wenig bewohntem Land eine Siedlung befreiter Sklaven ins Leben zu rufen. Es waren alles evangelikale Christen, die aus der Erweckungsbewegung kamen und sich aktiv für die Rechte der Schwarzen einsetzten. Granville Sharp war auch hier der unermüdlich Tätige. Das Gebiet, das ausgewählt wurde, nannten portugiesische Seefahrer Sierra Leone, was soviel wie Löwengebirge bedeutet. Dorthin wollten sie 400 freigewordene Sklaven aus England bringen, die nach ihrer Befreiung verarmt und unversorgt in Scharen in den Großstädten lebten.

Die englische Regierung übernahm den kostenlosen Transport. Lebensmittel für die Reise, die fast acht Monate dauern konnte, wurden gestiftet.

Die gutgemeinte Aktion entpuppte sich als Fehlschlag. Daran schuld scheinen besonders jene 60 Weiße gewesen zu sein, die von der englischen Regierung mit aufs Schiff verfrachtet wurden. Diese prägten die schlechte Stimmung. Ansteckende Krankheiten ließen schon auf der Überfahrt 84 Passagiere sterben. Als sie endlich ankamen, war gerade Regenzeit. Weitere wurden krank und starben. In den ersten Wochen überlebte gerade die Hälfte der Siedler.

Diese hatten keinen Mut, das von einem Häuptling gekaufte Land aufzubauen. Die mitgebrachte wertvolle Ausrüstung verkauften sie und vertranken den Erlös. Nur wenige bauten Hütten. Andere versuchten, durch Raubzüge zu überleben. Da wurde es einem Häuptling in der Nähe zu bunt. Kurzerhand brannte er die wenigen Häuser der Siedlung nieder. Der Rest der Bewohner flüchtete zu einem anderen Häuptling in der Nähe.

Das Projekt schien gescheitert zu sein. Ausgerechnet im Jahr 1789, in dem im Britischen Unterhaus in London der bekannte Parlamentarier William Wilberforce in einer dreieinhalbstündigen Rede das furchtbare Elend der Sklaverei anprangerte.

Doch dann wurde – nach diesen Rückschlägen – der große Traum eines eigenen Landes der Freiheit für ehemalige Sklaven wahr.

Man muß sich zunächst noch einmal das ganze schreckliche Elend des Sklavenhandels vergegenwärtigen. Da transportierten Schiffe von Liverpool innerhalb von 20 Jahren 300 000 Sklaven nach Westindien und verdienten allein am Verkauf der Sklaven mindestens 30 Prozent netto. Millionen von Sklaven wurden allein mit englischen Schiffen nach Amerika gebracht. Ein Drittel der Sklaven kam nach Brasilien. An der 450 Kilometer langen Goldküste von Westafrika standen 43 Forts, die als Umschlagplätze für den Sklavenhandel dienten.

Nun hat man entschuldigend immer wieder darauf verwiesen, die Sklaverei sei ja seit Urzeiten in Afrika und anderen Teilen der Welt praktiziert worden. Allerdings war dies eine ganz andere Sklaverei als später und viel begrenzter. Wenn ein Afrikaner sich an der Volksgemeinschaft vergangen hatte, wurde er bestraft, indem er als Sklave auf Zeit, also nicht für immer, verurteilt wurde. Man hatte ja in Afrika keine Gefängnisse. Er blieb auch innerhalb des ihm vertrauten Kontinents und der afrikanischen Lebensgewohnheiten.

Die »totale Sklaverei« begann im 11. Jahrhundert im moslemischen Nordafrika. Jetzt wurden über die großen Handelsrouten Sklaven in die Türkei oder in den vorderen Orient lebenslänglich verkauft. Sie wurden aus ihrer Heimat herausgerissen und es blieb keine Hoffnung, daß sie je wieder frei werden könnten.

Es waren portugiesische Händler und Entdecker, die etwa in der Mitte des 15. Jahrhunderts ihre ersten Sklaven von den moslemischen Händlern an der Küste Senegals und Mauretaniens abkauften. Um diese Zeit aber gab es in Europa noch kein Interesse an Sklaven. Darum waren es nur vereinzelte Geschäfte.

Als aber am Ende des 16. Jahrhunderts die Portugiesen und Spanier in ihren überseeischen Kolonialbesitzungen ihre Plantagen aufbauten, brauchten sie eine Unmenge Arbeiter. Nun griff man auf die Sklaven zurück.

Rasch wuchs die Zahl der von Afrika nach Übersee gebrachten Sklaven. Im 16. Jahrhundert hatten Europäer in Afrika noch hauptsächlich mit Elfenbein und Gold gehandelt. Im 17. und 18. Jahrhundert bekam der Sklavenhandel eine ganz entscheidende Bedeutung. Auch Engländer und Franzosen bauten ihre Farmen für Baumwolle und Tabak in Amerika auf und holten sich für die Arbeit dort Sklaven.

Afrikanische Häuptlinge und Könige im Landesinnern beteiligten sich am schmutzigen Geschäft und nahmen den Weißen einen schwierigen Teil der Arbeit ab. Sie veranstalteten Sklavenjagden, raubten in blutigen Kriegen ihre Beute und brachten die Kriegsgefangenen an die Küste. Mit dem damit verdienten Geld bauten sie große Königreiche auf und machten damit auch das ganze Landesinnere instabil und gefährlich. Die Asante, Oyo und Dahomeer wurden durch ihre Greuel berüchtigt. Immer mehr wuchs die Nachfrage

Sklavenzug

nach Sklaven. So drang der Sklavenhandel immer tiefer ins Innere Afrikas vor. Afrikanische Häuptlinge verkauften schließlich ihre eigenen Leute, nur um Gewehre und vor allem den unheilvollen Branntwein von europäischen Händlern kaufen zu können.

Wie Vieh wurden die bedauernswerten Opfer an der Küste zusammengetrieben. Dann wurden Schwache und Unbrauchbare ausgesondert. Da man sie oft nicht einfach freilassen wollte, wurden sie manchmal erschlagen, oder man ließ sie eingesperrt verhungern.

Hinter ihnen lag der Schrecken der nächtlichen Überfälle der Händler auf das Dorf. Häuser wurden niedergebrannt. Unzählige wurden getötet, andere geraubt und gefesselt zur Küste geführt. Kleine Kinder wurden vor ihren Augen ermordet. Schwache und Kranke mußten auf dem grausamen Marsch an die Küste sterbend zurückgelassen werden. Familien wurden auseinandergerissen. Nach ihrer Ankunft in Westindien oder Brasilien wurden sie nackt verkauft. 30 bis 40 Prozent starben in der Zeit des »Eingewöhnens«, wie man die ersten Monate mit einem 14stündigen Arbeitstag eines Sklaven nannte.

Im Lauf des 18. Jahrhunderts stiegen die Preise für Sklaven auf das Dreifache an. Für 240 Meter Baumwollstoff konnte man einen tadellosen männlichen Sklaven kaufen. Bis heute sind die Ladelisten der Sklavenschiffe und die Preislisten der Händler erhalten. Manchmal starben während des Transports auf dem Meer bis zu 40 Prozent der

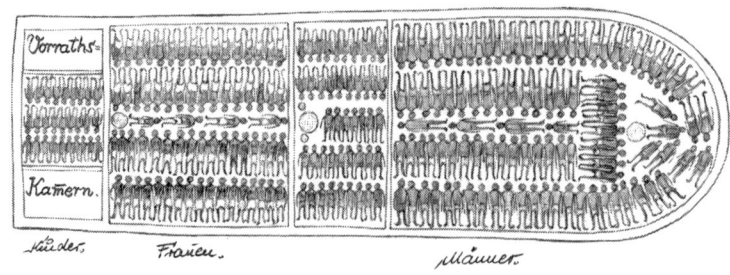

Inneres eines Sklavenschiffs

Sklaven. Das war für die Händler und Schiffseigner nicht weiter schlimm, weil sie beim Sklavenhandel riesige Gewinne erzielten. Neben der schrecklichen Platznot auf den Schiffen litten die Sklaven unvorstellbar an der Seekrankheit, am Hunger und einer furchtbaren Angst vor der unheimlichen Zukunft.

William Wilberforce hielt im englischen Parlament ein großes Plakat mit dem Bild eines Schiffs hoch. Dort wurden die Sklaven in Verschlägen eingesperrt, die so hoch wie ein Küchentisch waren. Nicht einmal sitzen konnte man da. Auf den blanken Bohlen lagen sie, an Händen und Füßen aneinander gekettet. Weil die Schiffe mit 300 bis 600 Sklaven meist überladen waren, blieben ihnen nur 25 Zentimeter statt der eigentlich vorgesehenen 40 Zentimeter in der Breite. »Wie Löffel« sind sie nebeneinander ausgelegt, sagte Wilberforce dem schockiert zuhörenden Parlament. Viele blieben zeitlebens krumm und steif von dem engen Gefängnis, in das sie eingepfercht waren. Oft lagen sie wochenlang in ihrem Kot. Mindestens jeder Zehnte starb bei der Überfahrt.

Es ist kennzeichnend für den kleinen Hilfsverein in London, daß er nicht auf die noch Jahre sich hinziehende Abschaffung der Sklaverei durch das englische Parlament wartete, sondern selbst handelte. Auch die Nachrichten über die gescheiterten Siedlungspläne an der Westküste Afrikas ließen sie nicht resignieren. Ausdauernd machten sie weiter, auch wenn es sie besonders hart traf, daß einige der Siedler sich selbst wieder am Sklavenhandel beteiligten.

Schon 1791 brachten insgesamt 17 Schiffe mehr als 1100 freigelassene Sklaven aus Nordamerika, Neuschottland und den Bahamas nach Sierra Leone. Wieder rissen Krankheit und Hunger breite Lükken in die Gruppe der schwarzen Siedler. Zusammen mit 54 Siedlern, die noch von den ersten Pionieren vorgefunden wurden, entstand nun eine blühende Stadt mit dem Namen Freetown, Freistatt.

Nicht lange dauerte der friedliche Aufbau. Nach drei Jahren wurde die Siedlung von einem französischen Schiffsgeschwader überfallen, geplündert und niedergebrannt. Unzählige starben.

Auch jetzt gab in London die kleine Sierra-Leone-Gesellschaft nicht auf, obwohl sie doch schon Millionen in dieses Projekt gesteckt hatte. Zwei Schiffe mit Hilfsgütern wurden ausgesandt. Wenige Jahre später zählte die Stadt trotz Überfällen von Sklavenhändlern, trotz Seuchen und Hunger wieder 300 Häuser.

Das Jahr 1808 machte dann sichtbar, wie die Aktion des kleinen Londoner Privatvereins große Bedeutung gewinnen sollte. Mit der Abschaffung der Sklaverei durch das englische Parlament im Jahr 1807 wurde nun das erste Sklavenschiff aufgebracht und nach Freetown überführt. In den nächsten Jahren wurden weitere 73 Sklavenschiffe nach Sierra Leone gebracht und über 10 000 Schwarzen die Freiheit geschenkt.

Der Arzt Clarke berichtete: »Viele sind so abgemagert, daß nur die über die Knochen gespannte Haut noch da ist. Jedes Gefühl ist in tiefster Schwermut oder in wilder Raserei untergegangen. Diese hohlen, oft funkelnden, meist aber erstorbenen Augen. Diese Gestalten ohne irgendeine Schwellung. Diese Geschwüre, die langen, mageren Finger mit den klauenartigen Nägeln. Der gräßliche Schmutz – es ist ein furchtbarer Anblick!«

Diese eben befreiten Sklaven wurden nun in Sierra Leone angesiedelt. Land wurde ihnen zugewiesen. Sie wurden mit allem Nötigen ausgestattet. Helfer unterwiesen sie im Ackerbau. Überall entstanden in den Dörfern Schulen. Schon 40 Jahre später zählte man im ganzen Land unter den 50 000 befreiten Sklaven 200 verschiedene Volksstämme mit über 150 Sprachen neben vielen Dialekten. In der Tat ein babylonisches Sprachengewirr! Sie kamen aus den verschiedensten Ländern Afrikas bis hin nach Senegal und Angola.

Aus einem Dorf in der Nähe Freetowns liegt uns ein Bericht des Leiters der englischen Kirchenmission aus dem Jahr 1816 vor. Daß ein Zusammenleben fast unmöglich war, wird schnell verständlich, wenn man hört, daß allein in diesem Dorf 1100 befreite Sklaven aus 22 verschiedenen Völkern zusammenwohnten. Es gab keine gemeinsame Sprache. Die Ehe wurde mit Füßen getreten. Jeder stand dem andern feindselig gegenüber. Keiner wollte die Felder anbauen, weil er fürchtete, die Früchte würden am Ende doch nur gestohlen. Ein merkwürdiges Gemisch afrikanischen Aberglaubens beherrschte die Menschen. Was sie brauchten, stahlen sie. Hühner aßen sie am liebsten roh. Die meisten wollten lieber im Wald als in Häusern leben. Schlimm muß der Anblick der schmutzigen Menschen gewesen sein, von denen viele bis auf die Knochen abgemagert waren.

In kürzester Zeit wandelte sich das Bild dann. Eine völlige Veränderung war mit diesen Menschen vorgegangen. Die Häuser waren gepflegt und von Obstgärten und gut angebauten Feldern umgeben. Zerstrittene Familien versöhnten sich. Die Schulen waren gut besucht von Kindern und Erwachsenen.

Ein Oberrichter stellte offiziell fest, wie die Entwicklung in den letzten zehn Jahren verlaufen war. Die Bevölkerung wuchs auf das Vierfache durch Tausende von befreiten Negersklaven, die meist sehr roh waren. Dennoch stieg die Zahl der Verbrechen nicht an, sondern sank auf nur noch 15 Prozent. Der Oberrichter fügte hinzu: »Auf den Stationen der Missionare ist überhaupt kein Verbrechen mehr geschehen.«

Die ersten Missionare in Sierra Leone waren befreite schwarze Sklaven. Schon im Jahr 1792 waren 1196 Negersklaven aus Neuschottland vor der kanadischen Küste nach Sierra Leone gebracht worden. Manche unter ihnen waren Baptisten, andere Methodisten. Eine ganze Reihe von ihnen war tief im biblisch-erwecklichen Glauben geprägt durch die Arbeit von Selina Hastings, der Gräfin von Huntingdon, die in England und Amerika viel Einfluß ausübte.

Diese Schwarzen, nicht die später eintreffenden Missionare, bauten die ersten Kirchen in den Siedlungen von Freetown und evangelisierten die Dörfer. Die befreiten Sklaven waren viel offener für die Aufnahme des Evangeliums als die afrikanische Stammesbevölkerung, die meist noch tief im Aberglauben und in der animistischen Religion verwurzelt war.

Unter diesen Stammesleuten im Innern wollten die ersten aus Deutschland ausgesandten Missionare arbeiten. Aber weil sie keine Frucht bei ihrer Arbeit sahen, wandten sie sich schließlich den Kolonien der befreiten Sklaven zu.

Die trostlosen Lebensumstände dieser ehemaligen Sklaven wurden am meisten durch Bernhard Jansen verändert, der als Abenteurer nach England gekommen, dort in die Fremdenlegion eingetreten und später wieder desertiert war. Als Fabrikarbeiter fand er zum lebendigen Glauben. Wegen seiner geringen Bildung ließ man ihn nicht Theologie studieren, sondern bildete ihn als Grundschullehrer aus.

Dieser für seine Aufgabe überhaupt nicht ausgebildete, eigentlich auch unbegabte Mann hat als Missionar und Seelsorger so einschneidend das Leben im Ort Regentstown sowohl im Glauben wie auch kulturell verändert. Warum gerade er?

Daß er kein gutes Englisch sprach, brachte ihn den früheren Sklaven nur näher. Da die selbst nur wenige Wörter und Ausdrucksformen benutzten, konnte er einfach und unkompliziert mit ihnen reden. Mehr als andere konnte er sich aber in das Denken und Empfinden dieser Menschen hineinversetzen.

»Ich hatte viel von dem Elend der Heiden gehört«, berichtet Missionar Jansen, »aber von solch einem kläglichen Zustand und so grausamer Behandlung, wie diese armen Geschöpfe von den Sklavenhändlern, deren Schiffen sie entrissen waren, erduldet hatten, hatte ich keine Vorstellung ... Ich war oft versucht, meine Arbeit bei allem doch für vergeblich zu halten, solange ich keinen Beweis einer gründlichen Bekehrung zu Gott wahrnahm.« Den entscheidenden Neuanfang erkannte Jansen da, wo überhaupt ein Gefühl der Sünde, »des Streits zwischen Gut und Böse, mit Klagen über innere Verdorbenheit anfing«.

Zu den großen Wirkungen, die Jansen hervorrufen konnte, gehört auch die Gründung eines afrikanischen Missionsvereins. Die ehemaligen Sklaven, die Christen geworden waren, legten große Opfergaben zusammen, damit das Evangelium zu den Stämmen im Landesinnern getragen werden konnte.

Ein Schwarzer rief zur Unterstützung auf: »Meine Landsleute liegen in Finsternis und beten ihre eigenen Götter an. Denkt, wir treffen uns einst am großen Gerichtstag. Wie würde uns zumute sein, wenn unsere Landsleute uns sagten: Du hast mich zur Hölle gehen sehen und hast es mir nicht gesagt. Versucht das Beste zu tun, betet und gebt eure Gaben freudig her. O wie dank ich's dem Herrn Jesus, daß er mich errettet hat. Darum will ich tun, was ich kann, um seinem Herzen Freude zu bereiten.«

Ein Gemeindeglied beschrieb, was ihm jetzt das Evangelium bedeutet: »Ich bin wie ein Hund, der seinem Herrn davongeht und überall herumläuft. Er findet kein Haus, keinen Ort zu wohnen. Er wird hungrig. So finde ich keinen Frieden, wenn ich dem Herrn Jesus entlaufe. Überall habe ich Angst. Ich muß umkehren. Jesus gibt mir Ruhe.«

Unbeschreibliche Szenen spielten sich ab, wenn dann wieder gepeinigte Schwarze von einem Sklavenschiff befreit werden konnten. Jansen holte sie an der Küste ab. Als er mit den Sklaven an der Siedlung ankam, zogen die Leute ihnen jubelnd entgegen. Die Kranken und Schwachen wurden auf dem Rücken getragen. Manche fanden Freunde und Verwandte wieder, die sie schon lange tot geglaubt hatten. Viele weinten.

Nur sieben Jahre konnte Bernhard Jansen in den Dörfern der befreiten Sklaven wirken. Zuerst mußte er seine Frau krank nach England zurückschicken. Um sie noch einmal zu sehen, wollte er selbst 1823 nach England reisen, starb aber unterwegs auf dem Schiff.

Die Geschichte der christlichen Mission kann nicht durch leuchtende Einzelgestalten das Versagen und die Fehler anderer überdecken. Es ist viel gesündigt worden – auch durch gläubige Menschen. Und in allem wurde auch die Ohnmacht und Hilflosigkeit aller noch so gut gemeinten menschlichen Aktionen erschütternd deutlich.

So mischte sich der erste von den Baptisten ausgesandte Missionar in Streitigkeiten der Schwarzen und mußte vom Gouverneur ausgewiesen werden. Sein Begleiter vertrug das Klima nicht und mußte schon nach wenigen Monaten wieder zurück nach England.

Die nächste Gruppe von Missionaren kam von den Methodisten. Sie zerstritten sich schon auf dem Schiff heftig und kehrten schließlich unverrichteter Dinge wieder nach England zurück. Nicht anders erging es einem von verschiedenen Missionsgesellschaften zusammengestellten Team von sechs Missionaren. Auch sie zerstritten sich über theologische Fragen. Kein Wunder, daß sie keine Frucht hinterließen. Ein anderer wurde von Räubern ermordet.

Von den ersten fünfzehn Missionaren am Rio Pongas erlagen sieben dem ungesunden Klima. Andere kehrten krank in die Heimat zurück. Einer gab seinen Missionsdienst auf und wurde ausgerechnet Sklavenhändler. Ein anderer kehrte nach England zurück und sagte sich vom christlichen Glauben los.

Als die ersten Missionare der Basler Mission 1823 in Sierra Leone ankamen, starben allein innerhalb von acht Monaten insgesamt zwölf Mitarbeiter am Gelbfieber. Vier Jahre später arbeiteten in der ganzen Kolonie nur noch zwei Europäer, alle andern waren gestorben.

Bezeichnend für die Haltung der Missionare ist ein Brief, den Nylander schrieb. Er war in dem 1800 von Pastor Jänicke gegründeten Missionsseminar in Berlin zum Missionsdienst ausgebildet worden. Nun bat er seine Missionsleitung brieflich: »Es geht ein Gerücht, man wolle Afrika wegen der vielen Todesfälle aufgeben. Lassen Sie sich nicht entmutigen. Wir schlagen die Schlachten des Herrn und siegen selbst im Fallen.«

Der Leiter der Mission konnte dann an eine befreundete Mission in England melden: »Jeder unserer Brüder macht sich bereit, hervorzutreten und sich dem Herrn als Opfer darzubieten.«

Bei der englischen Kirchenmission starben innerhalb von 19 Jahren von den 89 ausgesandten Europäern 54 am Klima, 31 schon im ersten Jahr ihres Aufenthaltes in Afrika. Von den 38 Frauen waren 22 gestorben.

Diese aufopfernde Liebe machte einen tiefen Eindruck auf die Afrikaner. Einer im afrikanischen Dorf Kent sagte zu seinem Missionar: »Massa, lange bleiben! Weißer Mann nicht Tod fürchten, wie schwarz. Wenn er sehen Gefahr, er kann nicht gehen. Aber Weißer, er kommen, er sterben, andere wieder kommen. Weißer Mann uns Schwarze zu viel lieben!«

## Im Todesland der Goldküste

# Missionare sterben nicht am Klima, sondern am Willen Gottes

*Grab des weißen Mannes – Der traurige Rekord von Missionsgräbern –*
*Andreas Riis auf den Bergen – »Wer meldet sich freiwillig?« – Nicht*
*Paraderosse, sondern Zugpferde! – Die Schulen der Handwerker*

»Todesland« nannte man im 19. Jahrhundert die weite, heiße Ebene der Goldküste, heute Republik Ghana.

»Grab des weißen Mannes«, auch diese Bezeichnung war typisch. Über 140 Jahre lang war kein dänischer Gouverneur lebend aus dem Kastell Christiansborg zurückgekehrt, das den Handel und den Schiffahrtsweg militärisch sicherte.

Jahrhundertelang lagen hier die Umschlagplätze für Tausch- und Sklavenhandel, seitdem 1562 das erste Schiff mit Sklaven von Westafrika nach Westindien fuhr. Später wurden dann jährlich zwischen 60 000 und 100 000 Sklaven gegen europäische Handelsgüter wie Branntwein, Messer, Kupfer, Flinten und Schießpulver eingetauscht. Zum Schutz der 43 Handelskolonien an der 450 Kilometer langen Goldküste waren dort 25 Festungsforts von europäischen Kolonialmächten errichtet worden. So war nicht der im Boden enthaltene Goldstaub, der diesem Land den Namen gab, das, was die meisten Händler anzog, sondern das Elend des Sklavenhandels.

1737 landeten hier die ersten Missionsboten der Herrnhuter Brüdergemeine. Ihr Leiter, Nikolaus Ludwig Graf Zinzendorf, hatte in Kopenhagen einen Mulatten, Sohn einer afrikanischen Häuptlingstochter, kennengelernt, der aus der Goldküste stammte und nun in Europa handwerkliche Ausbildung erhalten sollte. Zinzendorf und andere Herrnhuter Missionare wagten an der Goldküste die Gründung einer Gemeinde und den Aufbau von Schulen. Die ersten vier Missionare starben schon nach einem Monat am Fieber. Obwohl immer weitere Mitarbeiter nachrückten und in die Lücke traten, mußte man das Unternehmen nach 35 Jahren abbrechen. Alle Missionare, insgesamt elf Männer und eine Frau, waren nach kurzer Zeit am mörderischen Klima gestorben, ohne wirklich sichtbare Frucht gewirkt zu haben.

In dem ungesunden Klima starben auch noch fünfzig Jahre später die ersten acht der von der Mission aus Basel ausgesandten Mitarbeiter. In den ersten 25 Jahren ihres Bestehens verlor die englische *Church Missionary Society* in Westafrika allein 109 Missionare. Nirgends auf der Welt gibt es so viele Missionsgräber wie in Westafrika.

In großer Eile kritzelte 1831 Missionar Philipp Henke an der Goldküste einen kurzen Abschiedsgruß auf einen Brief, den das auslaufende Segelschiff auf seiner monatelangen Reise nach Europa mitnehmen sollte. Sein Herz war schwer. Er sehnte sich danach, seine Freunde noch einmal in dieser Welt zu sehen: »Und wenn nicht, so entschlafe ich in festem Glauben!« Innerhalb von drei Wochen waren seine drei Begleiter vom Fieber hinweggerafft worden, zwei sogar an einem Tag.

»Ich sehne mich nach nichts mehr als nach Brüdern!« schrieb er nach Hause. Der Brief kam nie an, weil das Schiff mit der Post unterging. Erst fast ein Jahr später kam die Nachricht des einsamen Henke über Sierra Leone nach Basel.

Doch dann starb auch Henke. Wer ihn beerdigte, wissen wir nicht. Unter heftigen Fieberanfällen, ausgezehrt von Krankheiten, arbeitete er. Er spürte, wie kurz die Zeit war, die ihm zum Wirken blieb.

Noch bevor die Todesnachricht vom letzten Missionsboten Basel erreicht hatte, wurden dort drei weitere Mitarbeiter ausgesandt. Nur einer von ihnen überlebte die ersten Monate. Andreas Riis hieß der zähe Schleswiger, der oft vom Fieber hart gepackt und geschüttelt wurde. Er war der geborene Pionier. Ohne Schutz gegen Malaria und andere Tropenkrankheiten durchwanderte er die halbe Goldküste.

Er erkannte rasch, daß die Europäer aus der ungesunden Tiefebene hinauf in die frischere Luft der Berge müßten. Dort gründete er dann auch die erste Station. Jetzt konnten seine Braut und zwei Gehilfen nachkommen. Aber auch die zwei Männer starben ein Jahr darauf.

Immer wieder gab es Stimmen, die der Mission den Rat gaben, man sollte doch dieses gefährliche Gebiet aufgeben. Das Komitee gab aber nicht nach.

Als wieder einmal neue Kandidaten gesucht wurden, die in den fast sicheren Tod gehen sollten, wurden die Studenten im Missionsseminar gefragt: »Wer meldet sich freiwillig?« Keine Hand rührte sich. Dann wurde auf den Rat eines Studenten gefragt: »Wer ist bereit, sich nach der Goldküste aussenden zu lassen?« Jetzt erhoben alle die Hand.

Nicht wagemutig wollten diese jungen Männer sein, sondern gehorsam Gottes Weisung ohne Zögern folgen.

Überhaupt nicht an ihr Sterben dachten auch jene Missionare, als sie dort an Land gingen. Sie waren viel mehr bedrückt von der dumpfen Dämonenfurcht, die auf diesen Menschen lastete. Was bedeutete es für diese mutigen Missionare, als der erste Fetischpriester an der Goldküste vom Evangelium erfaßt und umgewandelt wurde.

Einer der Leiter der Mission in Basel sagte damals das Wort: »Ein Missionar stirbt nicht am Klima, sondern am Willen Gottes.«

In welchem Geist damals Missionare vorbereitet wurden, macht ein Brief deutlich, den der 30jährige schwäbische Erweckungsprediger Ludwig Hofacker kurz vor seinem Tod an Missionskandidaten in Basel im Jahr 1828 schrieb:

»Werdet in eurem Missionsdienst keine Herren und Herrlein! Werdet vielmehr Knechte; denn auch Christus wurde hier ein Knecht. Ich weiß, ihr habt Versuchung, Herren zu werden. O nur keine Herren! Das steht jedermann übel an, besonders aber einem Knecht Jesu Christi. Spaltet Holz! Fegt aus! Wascht einander die Füße! Wer's am besten kann, der ist der Größte. Ihr seid keine Studenten, sondern arme, einfältige Brüder, die durch Einfalt und Glauben siegen müssen. Lernt unbedingten Gehorsam gegenüber euren Oberen, soweit es mit Gottes Gebot übereinstimmt! Richtet nicht über sie, sondern denkt, ihr seid viel zu gering, sie zu beurteilen! Wißt, daß der Heiland keine Weltstudenten brauchen kann, sondern Tagelöhner, Knechte, Lastträger, die aber ihn liebhaben. Leute, die schwitzen, frieren und hungern und sich eine Lust daraus machen, um seinetwillen. Es geht in den Feldzug, da kann man keine Leute gebrauchen, die Kleider schonen. Ihr seid keine Paraderosse, sondern sollt Zugpferde werden!«

Später konnte man vielerorts an der Westküste Afrikas, im Innern Guineas bis tief nach Zentralafrika hinein, jene schwarzen Schreiner, Schmiede, Sattler, Schlosser und Zimmerleute finden, die in den neugeschaffenen Handwerkerschulen der Mission ausgebildet worden waren.

Ein Reisender auf einem Kongo-Dampfer fragte einmal einen schwarzen Schiffsmechaniker, woher er denn sein völlig zerlesenes Neues Testament hätte, das auf seinem Schraubstock lag. Der erzählte ihm, wie er dies einst von Missionaren in der Werkstatt an der Goldküste erhalten habe. Ihm konnte die Verantwortung für den ganzen Betrieb des Schiffs anvertraut werden. Aus dem Glauben heraus wurden Menschen zum wirksamen Handeln befähigt.

## Schatten über dem alten Königreich der Asante

# Sind Missionare schuld am Kolonialkrieg?

*Unterstützten Missionare die Kolonialregierung? – Spannungen zwischen afrikanischen Völkern – Ramseyers fünfjährige Gefangenschaft – Menschenopfer und Sklavenhandel – Der Königstuhl der Asante – Johannes Zimmermann, Freund Afrikas – Überraschend genesen – Das schwarze Kätherle – Kakaoplantagen – Johann Gottlieb Christaller – Ohne Medikament todkrank*

Wen bedrückt es nicht, wenn auch die Arbeit der Mission in unheilvolle kriegerische Auseinandersetzungen hineingerissen wurde?

Zu den häufig erwähnten Beispielen gehört der Asante-Aufstand an der Goldküste. Oft wird im Blick auf die blutigen Kämpfe die Meinung vertreten, als ob Missionare »Helfer der kolonialen Unterdrückung« gewesen seien, ja »Teilhaber und Nutznießer der Kolonisation«. Ob man wirklich so einfach Schuld zuweisen kann?

In einem kritischen Buch über »Christliche Mission und Kolonisation« wird behauptet: »Es waren hauptsächlich Schweizer der Basler Mission, die England mehrfach aufforderten, die Goldküste zu besetzen und die Asante zu unterwerfen.« Sie hätten »ausnahmsweise« nicht in eigenem nationalen Interesse gehandelt.

Solche Vorwürfe sind nicht neu. Man sieht sich damit auch in der Mission konfrontiert. Schon im letzten Jahrhundert wurde in der Londoner »Pall Mall Gazette« die englische Regierung angegriffen, das »fleißige Volk« der Asante unterjocht zu haben.

Mit solchen massiven Schuldzuweisungen muß man sich auseinandersetzen. Es ist aber merkwürdig und fällt auf, wenn bei solchen Anklagen nicht eine einzige Ursache dieses schlimmen Krieges auch nur am Rande erwähnt wird. Was war Vorwand für den Krieg, was war Anlaß und was löste ihn wirklich aus?

Sklavenfang

Es kann wohl von niemand bestritten werden, daß es große Machtgelüste des englischen Imperialismus gab. Was waren aber die konkreten Anlässe, die zum Eingreifen der englischen Kolonialtruppen an der Goldküste führten? Trieb ausgerechnet die christliche Mission den englischen Kolonialismus in den Krieg? Oder bot die Mission nur einen Anlaß, der politisch geschickt genutzt wurde?

Zunächst muß festgehalten werden, daß nicht die Mission diesen Konflikt im Hinterland der Goldküste auslöste. Vielmehr herrschten dort schon lange schwere Kämpfe unter den afrikanischen Stämmen. Im Jahr 1869 trafen zwei extrem kriegerische Mächte im Hinterland der Goldküste aufeinander. Es kam zu einer gefährlichen Spannung. Die Asante, die ursprünglich anderen Völkern tributpflichtig waren, hatten sich schon am Anfang des 18. Jahrhunderts davon befreien und ihre Herrschaft durch blutige Feldzüge ausweiten können. Ein 1831 geschlossener Friede hielt nicht lange. Die Asante wollten jetzt ihre Macht ausbreiten und fielen nun mit ihren entschlossenen Kämpfern in die Länder am Voltafluß ein. Eine wichtige und nicht zu unterschätzende Rolle spielte dabei der Sklavenhandel, der bei den Asante bedenkenlos betrieben wurde.

Ganz am Rand dieses Krieges gerieten plötzlich zwei deutsche Missionarsfamilien völlig ungewollt in diesen Konflikt, der eigentlich zwischen verschiedenen afrikanischen Völkern tobte und von den Engländern klug ausgenutzt wurde.

Die Missionsstation, auf der die Familien Ramseyer und Kühne wohnten, wurde überfallen. Nachdem die Asante die Häuser geplündert hatten, wurden die Europäer auf einem schrecklichen siebenmonatigen Marsch in feuchtheißer Hitze nach Kumasi geschleppt. Die Füße waren wund. Sie litten Hunger und Durst und wurden wie Sklaven behandelt, nachts auch gefesselt. Weil ihr neun Monate altes Kind in der Hitze nicht mehr mit Milch versorgt werden konnte, starb es unterwegs.

In Kumasi wurde ihnen erlaubt, wenigstens in einem alten Missionshaus zu leben, wenn auch als gedemütigte Gefangene. Sie waren bedrückt durch die ungewisse Zukunft, den Anblick der halb verhungerten Kriegsgefangenen der Asante und die blutigen Hinrichtungen von Sklaven und Kriegsgefangenen in grausamen Opferfesten.

England griff erst ein, als die Asante in einem neuen Kriegszug bis an die Küste in die Nähe der englischen Forts vorrückten und viele Dörfer niederbrannten. Endlich, nach fünf Jahren Gefangenschaft, wurden Ramseyers und Kühnes befreit. Mit den Truppen rückte der Kriegsberichterstatter Henry Stanley ein, jener Journalist und Afrikaforscher, der schon Livingstone kurz vor dessen Tod am Tanganjikasee aufgespürt hatte. Er schrieb über einen der befreiten Missionare: »Der arme Mann ist in solch erbärmlichem Gesundheitszustand, daß ich nicht das Herz hatte, ihn einem längeren Interview auszusetzen.«

Noch immer nicht war das Asanteland für die Mission offen. Erst 22 Jahre später, im Jahr 1896, nach einem erneuten Konflikt, rückten endgültig die Engländer kampflos in Kumasi ein. Man beseitigte die Fetischbäume, unter denen unzählige Menschen umgebracht worden waren. Man war entsetzt, als man den Haufen Menschenknochen am Apete Seni, dem Ort der Aasgeier, in der Nähe des Marktplatzes fand.

Jetzt erst entstanden überall im Land Missionsstationen. Die ersten Christen wurden schon im Advent desselben Jahres getauft.

Da verletzte vier Jahre später ein neuer englischer Gouverneur das Ehrgefühl der Asante auf brutale Weise. Er verlangte die Herausgabe des alten Königstuhls der Asante, den »Goldenen Stuhl«. Die Asanter konnten ihn auf gar keinen Fall herausgeben, weil dies eine Sache ihres innersten Stolzes berührte. Der englische Gouverneur wollte zeigen, wer Herr im Hause Afrikas war, und ließ den Stuhl mit Gewalt holen. Dies war der Anfang eines neuen, blutigen Aufstandes. Die Straßen zur Küste wurden blockiert. Die englischen Truppen blieben im Fort von Kumasi eingeschlossen. Jetzt wurden auch wieder die Missionare als Randfiguren des Konflikts in die Auseinandersetzungen hineingezogen.

Weil kaum Proviant da war, beschloß man einen kühnen Ausbruch. 25 Tage lang kämpften sich die Missionare durch Sümpfe und Dschungel. Sie waren naß und hungrig. Der todkranke Missionar Weller mußte wie die halbseitig gelähmte Frau Ramseyer dabei noch getragen werden, immer dicht verfolgt von den Aufständischen. Weller starb unterwegs.

Erst im Jahr 1908 konnte die neue Kirche in Kumasi eingeweiht werden. Sie wurde auf der ehemaligen Schädelstätte, dem blutigen Hinrichtungsplatz, errichtet.

Mit den schrecklichen Kämpfen gegen die Asante ist allerdings nur ein Teil der Arbeit der Mission an der Goldküste geschildert. Auch hier wurde der entscheidende Kampf nicht mit Waffen ausgefochten, sondern mit der Predigt des Evangeliums, dem Wort Gottes.

Es war »nicht zuletzt den missionarischen Bemühungen« zu verdanken, stellt ein Kenner Afrikas fest, daß 1957 Ghana als erstes Land des tropischen Afrikas eine selbständige Nation wurde. Anders als heute Kritiker der Mission meinen, hat in der Republik Ghana jedenfalls die Erinnerung an Missionar Ramseyer einen Ehrenplatz. Selbst im Land der Asante, in Kumasi, stößt man heute mitten im Zentrum immer wieder auf seinen Namen.

In großer Liebe und dankbarer Verehrung zollen heute viele Ghanesen dem Missionar Johannes Zimmermann aus Gerlingen bei Stuttgart Anerkennung und Respekt. Er, den man den »Freund Afrikas« nannte, ist bis heute, über 120 Jahre nach seinem Tod, noch in lebendiger Erinnerung.

Er war ein wunderlicher Mann, ein Original. Mit einem farbigen Flanellhemd und kurzen Pumphosen, mit Kniestrümpfen und einer Strohkappe, fiel er überall auf.

1850, kaum im Land, befiel ihn das schreckliche Küstenfieber. Hinzu kam noch eine Krankheit, die in diesem Jahr besonders viele Europäer, aber auch Afrikaner, sterben ließ – die Tropenruhr. Neun Monate kämpfte Zimmermann gegen die furchtbaren Krankheiten, die ihn immer schwächer werden ließen.

»Ein baldiger Tod oder schleunige Heimreise sind – menschlich gesprochen – die beiden Wege, von denen ich einen gehen muß«, schrieb Zimmermann an die Missionsleitung in Basel. »Ich sterbe gern hier, wenn es Gottes Wille ist. Aber alle erfahrenen Männer raten zu schleuniger Heimreise. Was soll ich tun?«

Dann fügte er noch die Bitte an: »Lassen Sie die Lücken, welche Krankheit und Tod hier machen, nicht leer, sondern füllen Sie diese – wenn es möglich ist – immer doppelt aus. Der Sieg muß doch endlich kommen.«

Damals herrschten strenge Sitten für Missionare. Er mußte auch in Lebensgefahr auf die Genehmigung der Missionsleitung für die Erlaubnis zur Heimreise warten. So blieb Zimmermann nichts anderes übrig, als zu warten.

Während die Missionsleitung wegen der monatelangen Beförderungszeiten für Briefe Zimmermann schon längst gestorben wähnte, war dieser ganz unerwartet völlig gesund geworden. Er ist so wunder-

bar genesen, daß er 22 Jahre lang ununterbrochen in Afrika – ohne je einen Heimaturlaub zu machen – arbeiten konnte.

Schon bald darauf meldete er dann der erstaunten Missionsleitung in Basel, er würde eine Schwarze heiraten. Zu allem hin handelte es sich noch um die geschiedene Frau eines gescheiterten westindischen Predigers, dessen Ehe von der einheimischen Kirchenleitung aufgelöst werden mußte.

»Ich habe Afrika sehr lieb!« schrieb er an die Heimatleitung. Deshalb hat er sich dann auch gleichsam mit Afrika verheiratet,

»seine bürgerlichen Verhältnisse in der Heimat als aufgelöst betrachtet und sich als definitiv in Afrika stationiert angesehen«. Es war eine gute Ehe, und sie hat 25 Jahre bis zum Tod gehalten. Zimmermann hat sein »Kätherle« immer sehr hoch geachtet. Sie half ihm auch durch ihre Kenntnis, tiefer ins afrikanische Wesen einzudringen.

In wenigen Jahren hatte er die Ga-Sprache so erfaßt, daß er mit der Übersetzung der Bibel beginnen konnte. Weiter übersetzte er in die Adangme-Sprache und schrieb Grammatiken und Wörterbücher. Er hat die Bibel nicht nur übersetzt, sondern gleichzeitig auch in der Denkwelt der Afrikaner erklärt.

Zimmermann war seiner Zeit voraus. Als er erstmals an die Goldküste kam, hatte er in seinem Reisegepäck einen Pflug und Gerät zur Holzbearbeitung dabei. Er wollte in Afrika Kolonisten ansiedeln. Er, der Landwirt war, wollte die Landwirtschaft ausbauen. In der Arbeit auf dem Feld lag für ihn der Segen Gottes und die Grundlage für gute Sitten, Gemeinschaft und Lebensordnung. Daran, daß diese Pläne scheiterten, war wie so oft an der Goldküste das Fieber schuld. Der wichtigste der dafür vorgesehenen Mitarbeiter starb. Dann untersagte die Missionsleitung alle weiteren Bemühungen.

Um die Entwicklung des Landes haben sich die Missionare große Verdienste erworben. In unermüdlichen Versuchen mit landwirtschaftlichen Projekten waren Fachleute von Anfang an in der Mission tätig. Sie waren es auch, die erstmals das schwarze »Gold«, den Kakao, ins Land brachten, der am Ende des 19. Jahrhunderts zur wichtigsten Quelle des Reichtums des Landes werden sollte. Sie ließen sich vom anfänglichen Mißerfolg nicht entmutigen und kämpften beharrlich gegen die tückischen Schädlinge. Außerdem begannen die Landwirtschaftsmissionare mit dem Anbau von Reis, Kaffee und Kautschuk.

Eine lange Stafette von Missionaren arbeitete über Generationen hinweg Hand in Hand. Dazu gehören der außerordentlich sprachbegabte, bescheidene Missionar Johann Gottlieb Christaller, der trotz seiner stark geschwächten Gesundheit die Bibel in die Tschi-Sprache übersetzte und auch die Arbeiten von Zimmermann vollendete.

Unermüdlich unterwegs war auch Andreas Bauer. Er kam wenige Jahre nach dem Niederschlagen des Asante-Aufstands an die

Goldküste. Mit einem grenzenlosen Eifer hielt er unentwegt und überall in den bisher unerreichten Dörfern im Asantegebiet seine Straßenpredigten. Manchmal kam er in einer Woche auf 40 Veranstaltungen. »Die Türen sind weit offen. Hätten wir doch genügend Arbeiter!« schrieb er nach Hause. »Bis ins Hinterland könnte man vordringen.«

Da befiel ihn auf einer langen Predigtreise das schreckliche Fieber, das schon so viele Missionare hingerafft hatte. Mit letzter Kraft schrieb er an seine Frau:

»Das Schwarzwasserfieber hat mich gepackt. Ich liege hier im Lehrerhaus. Bitte sende sofort Stärkungsmittel und das Medikament, das mir beim letzten Anfall so gut geholfen hat.«

Der Bote lief. Das Medikament wurde in großer Eile hergebracht. Doch jede Hilfe kam zu spät. Wenige Stunden bevor das Medikament eintraf, war Andreas Bauer heimgegangen.

Dieses Sterben muß auch für viele Afrikaner einen unauslöschlichen Eindruck hinterlassen haben. Ein damals noch im alten Geisterglauben verhafteter Afrikaner sagte: »Heute seid ihr Weißen in große Trauer gekommen – und wir Schwarzen auch!«

Ein anderer schrieb: Andreas Bauer starb »unbesiegt, vom Siegen ermüdet mitten im Busch ins Grab«.

Eindrücklicher haben die Missionare nicht zeigen können, daß allein Liebe für die Asante sie trieb. Nicht herrschen wollten sie, sondern dienen. Das Opfer des eigenen Lebens war nicht vergeblich.

### Erfroren und verhungert am »äußersten Meer«

# Wie Charles Darwin sich öffentlich als Missionsfreund bekannte

*»Eine äußerst tierische Rasse« – Die Pescherähs auf Feuerland – Allen Gardiner – Zum ewigen Leben bestimmt – Boote im Sturm zerschellt – Alle Missionare umgekommen! – Erste Anfänge auf Falkland – Indianer bekommen Hoffnung – Arbeit nicht vergeblich – Das Ehrenmitglied*

Der englische Marineoffzier Allen Gardiner lernte 1822 als Seemann auf einer weltweiten Schiffsreise die Ureinwohner der unwirtlich kalten Insel Feuerland kennen. Ihn erschütterten die unwürdigen Lebensumstände dieser indianischen Ureinwohner, die hier an der südlichsten Spitze von Südamerika zwischen Gletschern und bis zu 2000 Meter hohen Bergen kümmerlich vom Fischfang lebten.

Der Naturforscher Charles Darwin hatte einst bei einem Besuch auf Feuerland jene kleinen Gruppen von Menschen gesehen, bei denen fast kein kulturelles Leben zu beobachten war. Nur Seehundfelle trugen sie zum Schutz gegen Kälte und kannten nur das Feuer. Darwin meinte zuerst, als er die Menschen reden hörte, ihre Sprache könne kaum als menschlich bezeichnet werden. Darum nannte Darwin das Volk »eine scheue und äußerst tierische Rasse, keiner Veredelung fähig«.

Die Jahreszeiten Frühling, Sommer, Herbst ereignen sich in der kurzen Zeit der beiden Monate Dezember und Januar. Dann bricht wieder in den zerrissenen Gebirgsschluchten für zehn Monate der eisige Winter mit heulenden Schneestürmen und tosenden Wellen an.

Gardiner hatte eine leidenschaftliche Liebe zu den Pescherähs, den Indianern auf Feuerland. Er schrieb in sein Tagebuch: »Ich möchte ein bescheidenes Werkzeug in deiner Hand werden, die Seelen dieser Menschen zu retten. Ohne dich kann ich nichts tun, aber mit dir vermag ich alles auszurichten. Lenke meine Schritte und zeige mir den Pfad, den ich gehen soll.«

Erst nach 22 Jahren konnte Gardiner dann endlich 1844 in England seine Mission für Feuerland und Patagonien gründen. Vorher arbeitete er, nachdem er 25 Jahre als Marinesoldat zur See gefahren war und mit 40 Jahren aus der Armee entlassen wurde, als Missionar unter den Zulus in Südafrika und in Neuguinea.

Zuerst begann er im kalten und öden Patagonien am Südrand von Argentinien. Er versuchte, die wilden Reiterstämme der hochgewachsenen Tehuetschen, die von der Jagd leben, mit dem Evangelium zu erreichen. Diese Menschen waren sehr verschlossen. Großen Einfluß hatte bei ihnen der Zauberarzt, der den bösen Geist versöhnen oder verjagen soll.

Dann wandte Gardiner sich armen und aussterbenden Pescherähs auf Feuerland zu. Zwei Expeditionen nach Feuerland scheiterten. Die Europäer waren den Strapazen nicht gewachsen. Das Klima setzte ihnen zu sehr zu. Auch stahlen die Einwohner alles. Der Plan, eine Siedlung zu beginnen, mußte aufgegeben werden.

Zu einer dritten Expedition wollte niemand mehr Geld geben. Da bot eine Frau 1000 Pfund. Damit konnte zwar nicht die Expedition im gewünschten Umfang ausgerüstet werden, aber zum Beschaffen von zwei größeren und zwei kleineren Booten reichte es.

Er fand auch sechs Männer, die ihn begleiten wollten. Einer war schon bei einer früheren Reise dabei. Er sagte: »Mit Kapitän Gardiner fühlt man den Himmel auf Erden, denn er ist ein Mann des Gebets.«

Anfang Dezember 1850 landeten sie auf der Insel Pikton. Gardiner schrieb wenige Wochen später: »Wenn wir die elenden Eingeborenen ansehen und bedenken, daß sie wie wir zum ewigen Leben bestimmt sind, so lieben wir sie von Herzen. Wir sind dann bereit, auch Opfer zu bringen, um ihnen das Evangelium in ihrer Sprache zu verkündigen.«

Das Opfer sollte von ihnen in der ganzen Härte und Bitterkeit gefordert werden. Ein Teil der Lebensmittel wurde gestohlen, anderes verdarb. Die Boote zerschellten im Sturm. Das erwartete Versorgungsschiff nach sechs Monaten blieb aus. Einer nach dem anderen wurde von Skorbut befallen und starb vor Erschöpfung.

In seinem Tagebuch hielt Gardiner fest, wie seine besten Freunde starben. Immer wieder aber schrieb Gardiner von dem Frieden, den Gott für diese Indianer bereit hat. Er trug in sein Tagebuch unermüdlich Fürbitten für Feuerland ein. Er ließ nicht davon ab, auf den Knien für diese trostlose Insel zu beten, die völlig unzugänglich war.

Da liest man in einer Niederschrift: »Arm und schwach wie wir sind, ist unser Boot ein Haus Gottes für unsere Seelen, denn wir fühlen und wissen, daß Gott hier ist. Ob ich wache oder schlafe, ich bin unbeschreiblich glücklich.«

In den letzten Eintragungen gibt er seinem noch jungen Sohn Ratschläge und legt ihm Südamerika an sein Herz. Neun Jahre später sollte dann dieser junge Mann als Missionar in Chile arbeiten.

Dann schreibt Allen Gardiner die letzten Zeilen am 6. September 1851:

»Noch eine kurze Zeit und dann bin ich in der Schar der Gemeinde, die das Lob Christi in Ewigkeit singt. Ich fühle weder Hunger noch Durst, obwohl ich fünf Tage ohne Nahrung bin. O diese wunderbare Liebe zu mir armen, sündigen Menschen!«

Das sehnlich erwartete Schiff kam erst am 26. September 1851 an – 20 Tage zu spät.

Jetzt, nach dem Tod von Allen Gardiner, wollten die englischen Missionsfreunde das angefangene Werk erst recht nicht aufgeben.

Eine neue Missionsexpedition mit neun Mann brach mit dem Missionsschiff »Allen Gardiner« auf. Auf Keppel, einer der Falklandinseln, wurde eine Station gegründet. Junge Männer aus den rohen Feuerländern wurden dorthin gebracht, um im christlichen Glauben unterrichtet zu werden.

Die Spannungen aber mit den Bewohnern Feuerlands hielten an. Noch im Jahr 1860 wurde auf der Insel die gesamte Schiffsmannschaft einer Missionsexpedition verräterisch überfallen und niedergemacht. Allein der Koch überlebte.

Trotz all dieser furchtbaren Rückschläge waren die Opfer und die große Arbeit nicht vergeblich. 1872 konnten 36 Feuerländer getauft werden. Mitten in den von entsetzlichen Stürmen heimgesuchten Gebieten am Kap Hoorn entstanden Missionsstationen. Die ganz vom Aussterben bedrohten Indianerstämme bekamen neue Hoffnung.

Es war dann der Bericht von der Taufe der Bewohner von Tierra del Fuego in Ushuwia 1872, die den berühmten Naturforscher Charles Darwin tief beeindruckte. Er, der einst von diesen Menschen gesagt hatte, sie seien keiner »Veredelung« fähig, bekannte sich jetzt öffentlich als Freund der Mission und schrieb an die *Südamerikanische Missionsgesellschaft:*

»Der Erfolg Ihrer Mission ist ganz wunderbar und beglückt mich, der ich immer ihre schlimmste Niederlage vorausgesagt habe. Ich würde stolz sein, wenn Ihr Komitee mir die Ehre antäte, mich zu einem Ehrenmitglied Ihrer Missionsgesellschaft zu machen.«

# »Egal, ob mich Wilde oder Würmer fressen!«

*Entmutigt auf Tahiti – John Williams drängt weiter – 25 000 Inseln im Pazifik – Ratten verhindern Beten – Dörfer verwandelt – Tot auf Eromanga – Japaner töteten noch mehr Missionare – Einheimische Evangelisten – John Patons Kampf gegen Greuel – Nähe Jesu macht mutig – Wo war die angeblich »unberührte Südsee«? – Die Veränderung der Maori – Charles Darwins Anerkennung*

Erst Ende des 18. Jahrhunderts entdeckte Kapitän Cook paradiesische Inseln mit faszinierender Flora im Pazifik und beschrieb sie in einem aufsehenerregenden Buch. Strahlend blauer Himmel und wehende Palmen, in denen bunte Papageien sitzen. In den Korallen tummeln sich bunte Fische im klaren Wasser. Aber Cook berichtete auch, daß die Bewohner grausame Kannibalen seien.

Daß Cook den braunen jungen Mann namens Omai von der Insel Raiata in Polynesien mitgebracht hatte, weckte große Aufmerksamkeit. Das Interesse der Missionsfreunde an diesen unzähligen exotischen Inseln des Pazifiks war erwacht.

Der gerade 20 Jahre alte John Williams fuhr mit seiner eben geheirateten Frau Mary mit dem Segler »Harriett« nach Australien. »Ihr sollt nicht weinen, wie die, die keine Hoffnung haben«, schrieb er seinen Lieben im Abschiedsbrief. Auf dem Schiff reiste bis Südafrika auch Robert Moffat mit, der Missionspionier der Betschuanen.

Von Australien ging dann die einjährige Hochzeitsreise weiter nach Tahiti. Williams war nicht der erste Missionar dort. Schon vor 20 Jahren waren die ersten 30 Missionare zu den fernen Inseln aufgebrochen. Alles war aber ganz anders, als sie es gehört hatten. So waren sechs Jahre später nur noch wenige übriggeblieben. Alle anderen waren entmutigt nach Australien weitergereist, nach England

geflohen oder ermordet worden. 14 Jahre sollte es dauern, bis der erste der Ureinwohner getauft werden konnte.

Erst mit John Williams begann eine breit angelegte und erfolgreiche Missionsarbeit in der Südsee. Er war von Haus aus Schmied und mit 18 Jahren zufällig in eine Kirche gegangen. »An diesem Tag wurden meine Augen aufgetan!« schrieb er später.

Zuerst fuhr Williams zur Insel Eimeo. Dort gab es schon eine Gemeinde mit 800 Gottesdienstteilnehmern. Darum hielt er sich nicht lange auf, sondern drängte weiter zu den vielen Inseln, die das Evangelium von Jesus noch nicht vernehmen konnten. Er konnte sich nicht mit »den engen Grenzen eines einzigen Riffs« zufrieden geben, wo es doch im Pazifik 25 000 Inseln gibt.

Williams ließ ein Boot bauen und segelte nach Raiatea, einer der Gesellschaftsinseln, und konnte dort 1820 siebzig Eingeborene taufen. Das Evangelium veränderte rasch das Leben auf der Insel. Seit Monaten hatte keine Mutter mehr ihr Kind getötet. Es gab keine blutigen Kämpfe mehr. Keine Gefangenen wurden mehr abgeschlachtet. In einer Schule lernte man Lesen und Schreiben. Williams lehrte die Leute auch Gartenarbeiten, Umgang mit Holz und das Schmieden. Die Gemeinde wuchs rasch auf 1000 Mitglieder.

Auf der südwestlich gelegenen Insel Raratonga, die zu den Hervey-Inseln gehörte, baute Williams, als er freundlich aufgenommen wurde, eine 200 Meter lange Kirche.

Es gab dort auf der Insel so viele Ratten, daß sogar Beten fast unmöglich war, weil sie auch dann über die am Boden knienden Menschen kletterten. Sie fraßen alles Eßbare und nisteten mit Vorliebe in den Betten. Williams löste das Problem, indem er Katzen auf die Insel brachte, die Ratten jagten. Auch züchtete er Schweine und Ziegen, damit die Bewohner nicht mehr auf Rattenfleisch angewiesen waren. Schon immer war praktische Entwicklungshilfe in der Mission eng mit der Evangelisation verknüpft.

Überall entstand in kürzester Zeit blühendes Gemeindeleben. Rasch zog Williams weiter zu den Samoa-Inseln, dann zu den Neuen Hebriden. Bald gab es im Umkreis von 2000 Meilen keine größere Insel mehr, die nicht von Boten des Evangeliums besucht worden wäre. Beim Tod von John Williams zählte man allein auf Samoa 30 000 Christen.

John Williams bedrückten jene Menschen, »die noch im Finstern sitzen«. Darum mußte er immer weiterziehen. Kaum hatten die Leute an einem Platz das Evangelium gehört, mußten sie es weiterreichen und zu anderen bringen. Darauf legte Williams großen Wert. So wurde das Evangelium durch Insulaner weiter zu den 600 englische Meilen nördlich gelegenen Manihiki-Inseln getragen. Einheimische Evangelisten kamen bis nach Neu-Guinea.

W. G. Lawes, einer der fähigsten Missionare auf den pazifischen Inseln, brachte das Evangelium zu den Savage-Inseln.

John Williams selbst wollte aber noch im November 1839 weiter auf die berüchtigte Insel Eromanga. Die Bewohner dort hatten seit den Zeiten von Cook einen schlechten Ruf. »Werden die Menschenfresser bereit sein, uns zu empfangen?« fragte er sich immer wieder.

Seine Frau war unruhig und wollte ihren Mann nicht ziehen lassen. Sie erinnerte daran, wie Cook einst von den Kannibalen

Empfang der Missionare auf Eromanga

erschlagen und aufgezehrt wurde. Doch Williams war fest entschlossen. Er bezeichnete sein Vorhaben in der kommenden Woche als das bedeutungsvollste in seinem Leben. Mit dem Evangelium wollte er die schreckliche Macht der Finsternis brechen.

Seine letzte Predigt vor der Abreise hielt er über das Wort Apostelgeschichte 20, 38: »Am allermeisten betrübt über das Wort, sie würden sein Angesicht nicht mehr sehen, geleiteten sie ihn auf das Schiff«.

Zwölf Eingeborene nahm er als Evangelisten mit. Es kam zu einem schrecklichen Ende. Sie wurden alle sofort erschlagen, als sie gerade die Küste erreicht hatten. Williams wurde zu Boden gestoßen und mit einer Lanze durchbohrt.

Als später ein englisches Kriegsschiff die Herausgabe des toten Körpers des Missionars verlangte, berichteten die Insulaner, daß sie sein Fleisch gefressen hätten. Nur noch Gebeine und den Schädel konnten sie übergeben.

Auch die meisten der samoanischen Missionare auf Tanna, Futuna, Aneityum wurden erschlagen. Auf Eromanga starben außer Williams noch die Missionare James Harris, George Nichol, seine Frau und sein Bruder James.

Es sollten nicht die einzigen Märtyrer bleiben. Die große Zahl der ermordeten Missionare wurde nur während der Besetzung durch die Japaner, hundert Jahre später, noch übertroffen. Mit dem fanatischen »Jesus ist tot!« verloren allein in der Südsee 115 Missionare ihr Leben.

Trotz dieser schweren Blutopfer hat das Evangelium rasch auf den Inseln der Südsee Fuß gefaßt. Kaum waren die Einheimischen Christen geworden, wollten sie schon selbst predigen und übernahmen bereitwillig die Verantwortung für das Gemeindeleben. Sie finanzierten alles selbst.

Es waren Kinder der Sonntagsschulen in England, die in wenigen Monaten durch ihre Missionsgaben 42 000 Taler sammelten, damit der Name Jesu von Insel zu Insel im Pazifik getragen werden konnte. Mit dem Geld wurde ein Missionsschiff gebaut und nach John Williams genannt.

Dieses Schiff brachte dann James Chalmers hinüber auf die große Insel Neu-Guinea. Auch dort entstand mitten unter blutigen Fehden, Mordlust und schwarzer Magie schon am Neujahrstag 1901 eine Christengemeinde mit 1700 getauften Papuas.

Bald darauf wurde Chalmers auf seinem Missionsschiff überfallen und getötet.

Er hatte nicht nur für die von ihm geliebten Papuas gelebt, sondern auch für sie sein Leben gelassen.

Die missionarische Arbeit auf den Vulkaninseln selbst, wo Williams von den Keulen der Kannibalen erschlagen wurde, setzte dann 1858 der Schotte John Gibson Paton fort. Sehr ungern verließ er nach zehn Jahren seine Arbeit in der Stadtmission von Glasgow unter armen Arbeiterfamilien mit ihrem sozialen und menschlichen Elend.

Als er aber von den fehlenden Missionaren im Süd-Pazifik hörte, ließ ihn das Schicksal dieser Inselbewohner nicht mehr los, die nie den Namen Jesus hören konnten.

1858 reisten er und seine Frau Mary auf die Insel Tanna aus. Sie litten furchtbar unter den Greueln der Ureinwohner. Frauen wurden wie Sklavinnen behandelt, erniedrigt und mit Füßen getreten. Erkrankte ein Häuptling, so mußten drei Frauen für seine Genesung lebendig geopfert werden. »Traurig, niedrig und entwürdigend ist die Lage der Frau überall dort, wo Christus nicht gepredigt wird oder wo man ihn unbeachtet läßt!« schrieb Paton.

John Paton

Sie konnten das wütende Kriegsgeschrei und die blutrünstigen Berichte über das Morden nicht mehr ertragen. Manchmal war das Wasser im Fluß rot gefärbt durch das Blut der Feinde, die abgeschlachtet wurden.

Nachdem Paton erst vier Monate auf der Insel Tanna war, starben seine heißgeliebte Frau Mary und der kleine Peter an Malaria. Noch im Sterben tröstete die treue Ehefrau ihren allein zurückbleibenden Mann: »John, ich gehe dir voraus zum Herrn!« Es war furchtbar schwer für Paton, ein knappes Jahr nach der Hochzeit vor den beiden Gräbern zu stehen. Wenn Jesus nicht gewesen wäre, wäre ich verrückt geworden, sagte Paton damals in großer Trauer und Einsamkeit.

Die schweren Kämpfe auf der Insel ließen nicht nach. Der Häuptling wollte den Missionar unbedingt verjagen. Es störte ihn, wenn dieser gegen den kannibalischen Genuß von Menschenfleisch kämpfte.

Voll Bewunderung nannte der bekannte englische Prediger Spurgeon Paton den »König der Kannibalen«. Paton kam häufig in Lebensgefahr und wurde wunderbar bewahrt.

Einmal wurde er auf einem einsamen Weg im Urwald überfallen. Unerschrocken ging Paton auf den Angreifer zu: »Was habe ich dir zuleid getan?« Der entschuldigte sich und lief davon.

Oder der Garten seines Hauses wurde angezündet. Krieger mit Keulen standen bereit, um Paton totzuschlagen, wenn er aus dem brennenden Haus fliehen mußte. Da ging ganz plötzlich in diesem Augenblick ein mächtiger Tropenregen nieder und löschte die Flammen, die rings um das Haus brannten.

»Es ist mir gleich, ob mich Wilde oder Würmer fressen!« sagte er einmal, als ihn jemand überreden wollte, doch sein Leben zu retten.

Paton bekannte ungeniert, daß er von seiner natürlichen Art her nicht mutig sei. Aber »ein Leben unter solchen Gefahren ließ mich immer näher und enger an den Heiland anschließen. Und ich lernte täglich, meine schwache Hand fester in seine einst durchbohrte Hand zu legen, die nun die Welt beherrscht.«

20 Jahre später schrieb er: »Es ist die einfache Wahrheit, daß ich meinen Herrn mir nie so nahe fühlte wie in den Momenten, wo Keule, Flinte oder Speer auf mich gerichtet waren.«

Dort auf Tanna hat Paton niemand taufen können. Die Menschen waren stumpf in ihrem religiösen Suchen. Außer ein wenig Ahnenkult hatten sie kein Ahnen von Gott. Erst im 20. Jahrhundert konnten andere Missionare das Werk fortsetzen und Gemeinden gründen.

Paton konnte aber auf der Insel Aniwa, die zu den Neuen Hebriden gehört, eine Gemeinde gründen. Wie schwer der Kampf dort war, zeigt die Äußerung Patons, diese Insel ist »der Schauplatz meiner reichen Schmerzen, aber meiner noch reicheren Segnungen.«

Es erfüllte sich, was der Prophet Gottes ankündigte: »Ich will einige von ihnen, die errettet sind, zu den Völkern senden ... und zu den fernen Inseln, wo man nichts von mir gehört hat und die meine Herrlichkeit nicht gesehen haben; und sie sollen meine Herrlichkeit unter den Völkern verkündigen.« (Jesaja 66, 19)

Manche Anthropologen sehen heute die Ausbreitung des Evangeliums im Pazifik ganz anders und reden von der »großen menschlichen Tragödie der missionarischen Eroberung des Pazifiks«, die sich heute in allen unberührten Weltteilen wiederhole.

Man muß ihnen widersprechen. Leider gibt es solche »unberührten« Gegenden der Welt schon längst nicht mehr. Auch damals, schon kurz nach Entdeckung der Pazifischen Inseln, ließen sich dort betrügerische Händler, aber auch gestrandete und desertierte Seeleute, Gesindel und Verbrecher nieder, die immer noch schneller als die Boten Jesu waren. Sie brachten das schreckliche Übel des Branntweins auf die herrlichen Inseln, bedrückten und beraubten die Eingeborenen. Das wiederholt sich heute in den sogenannten »unberührten« Weltteilen ganz ähnlich.

Man reibt sich heute beim Lesen mancher gegen die Mission geschriebenen Literatur die Augen, wenn dann ausgerechnet von diesen Anthropologen die Ausbreitung der Geschlechtskrankheit Syphilis auf den unberührten Inseln des Pazifiks den Missionaren in die Schuhe geschoben wird, während sie gleichzeitig den »engen Moralkodex« der Missionare beklagen, die allen Freuden des Fleisches feind gewesen seien. Sogar »jedes unschuldige Vergnügen« sei von den Missionaren »untersagt« worden.

Wie damals tatsächlich die schrecklichen Infektionen auf den Inseln der Südsee verbreitet wurden, berichtet Missionar John Paton. Er erzählt, wie er selbst im Jahr 1860 erlebte, daß die an Sandelholz interessierten, ausbeuterischen Kaufleute ganz absichtlich Masernkranke auf die Inseln Tanna und Aniwa brachten, um die Bevölkerung auszurotten. In vielen Dörfern starb die Hälfte der Menschen. Oft war niemand außer den Missionaren da, der die Fieberkranken pflegen und ihnen Wasser reichen konnte. Als ob das alles noch nicht genug gewesen wäre, stachelten die tückischen Kaufleute den Aberglauben der Leute auf und erzählten, die Seuche sei nur die Rache der Götter, weil die Eingeborenen die Missionare auf der Insel duldeten.

Man kann darüber streiten, ob die Missionare aus ihrem kulturellen Empfinden heraus schwerwiegende Fehler gemacht haben, wenn sie den Eingeborenen westliches Arbeitsverständnis beizubringen versuchten. Wie man es beurteilt, mag von der eigenen Weltanschauung abhängen. Dabei soll aber nicht übersehen werden, wie Angst, Selbstsucht, Unzuverlässigkeit und Mißtrauen bei diesen Menschen im Pazifik durch das Leben im christlichen Glauben überwunden wurden. Der furchtbare Kannibalismus, schwarze Magie, Kindstötung, Diebstahl und Mord waren vorher alltäglich.

Dies läßt sich am besten am Beispiel der ganz im Süden des Pazifiks lebenden Maori, einer polynesischen Volksgruppe, zeigen. Sie sind von hoher Intelligenz und Würde und leben auf Neuseeland. Gut war, daß die 1814 eintreffenden Missionare sehr vorsichtig waren, als einige schnell die Taufe begehrten. Es stellte sich bald heraus, daß diese Maori nur rasch an Gewehre herankommen wollten. So zögerte sich die erste Taufe über zehn Jahre hinaus.

Über sie schrieb der bekannte Naturforscher Charles Darwin zwanzig Jahre nach dem Eintreffen der ersten Missionare in Neuseeland: »Dies alles ist sehr erstaunlich, wenn man bedenkt, daß vor fünf Jahren hier noch nichts außer Farnkraut blühte ... Die Unterweisung durch die Missionare wirkt wie ein Zauberstab.«

Nach einer unheimlichen Geschichte von Krieg, Haß und Mißtrauen haben die Maoris sich in Neuseeland in einer ganz seltenen Harmonie der Rassen mit den vielen Neueinwanderern verbunden. Damals im Jahr 1840, als die ersten Siedler eintrafen, hat man dies kaum für möglich halten können.

### Die Entdeckung der Völker Ostafrikas

# Scheitern und Mißerfolg macht den Auftrag nur noch gewisser

*Ein schwäbischer Bauernjunge – Der Ehrendoktor für den Sprachforscher – Eine erstarrte Kirche – Die Wüste, eine alte Freundin – Die Braut des toten Freundes – Das wilde Volk der Gallas – Frühgeburt im Karawanenzug – Moslemischer Sultan erlaubt christliche Mission – Das einsame Grab an der ostafrikanischen Küste – Missionare leben erbärmlich – Dämonische Finsternis – Enttäuschung durch Mitarbeiter – Schneeberge in Afrika – Nicht in eigener Kraft – Unsterblich, bis unser Werk getan ist – Strapazen der Reisen – Betend auf den Knien*

Erst sehr spät wurde Ostafrika im 19. Jahrhundert »entdeckt«. Dieser Teil Afrikas war kaum bekannt, weil er nicht auf der belebten und vielbefahrenen Schiffahrtsroute nach Indien lag, die um das Kap der Guten Hoffnung in Südafrika herum führte. Das sollte sich erst ändern, als 1867 der Suezkanal eingeweiht wurde. Seitdem brauchten die Schiffe nicht mehr den weiten Weg über West- und Südafrika zu nehmen. Nun lag Ostafrika auch stärker im Blickfeld Europas. Dazu halfen auch die großen Forschungsreisen in der zweiten Hälfte des 19. Jahrhunderts. Es waren aber vor allem Missionare, die erst sehr spät, aber doch als die ersten in diesen Teil Afrikas vordrangen und zu weiteren Expeditionen den Anstoß gaben.

Wenn man von einer gewissen Neugier absieht, so verstand sich der aus Derendingen bei Tübingen stammende Bauernsohn Ludwig Krapf nicht als Entdecker und Forscher. Er zog nach Afrika, weil er es als Auftrag Gottes begriff. Er wollte den Völkern in Abessinien, wie man damals Äthiopien nannte, das Evangelium bringen.

Nun stellte sich dieses Missionsunternehmen viel schwieriger dar, als man es sich in der Heimat je vorgestellt hatte. Die Menschen waren für das Evangelium verschlossen und zeigten überhaupt keine Bereitschaft, sich verändern zu lassen. Zeitlebens litt Krapf schwer

Ludwig Krapf

darunter, daß er so wenig Menschen zum Glauben an Jesus Christus führen konnte. So muß man im Rückblick nüchtern feststellen: was Ludwig Krapf eigentlich als Missionar erreichen wollte, blieb ihm zeitlebens fast ganz versagt. Er wollte Menschen zu Jesus Christus bekehren. Das bedeutete ihm – wie er sagte – »mehr als alle Schätze und Herrlichkeiten dieser Welt«. Für dieses Ziel arbeitete er unermüdlich bis an die Grenzen seiner Kraft. Der Erfolg aber stellte sich nicht ein. Wo er auch wirken wollte, verschlossen sich die Türen. Eigentlich habe er nur einen einzigen Menschen zu Jesus geführt, berichtete er am Ende seines Lebens. Und das sei ein armseliger Krüppel gewesen.

Wenn heute im ostafrikanischen Tansania der Anteil der Christen in der Bevölkerung bei über 50 Prozent liegt und in Kenia sogar über 80 % erreicht, dann hat Ludwig Krapf den Grund dafür gelegt. Andere Missionare, von ganz verschiedenen Missionsgesellschaften ausgesandt, gingen auf seinen Wegen und gründeten viele Gemeinden. Die Anfänge dieses Aufbruchs hat Krapf, schon gesundheitlich schwer angeschlagen, in der Heimat noch erfahren, so daß er sich mitfreuen konnte.

Daß Krapf aber schon früh gefeiert und bis heute in Ostafrika verehrt wird, das passierte mehr am Rande seiner eigentlichen Missionsarbeit. Es war ein Nebenprodukt des großen Lebenszieles. Nur durch das, was Krapf zur Vorbereitung der Missionsarbeit schuf, wurde ihm große Ehre zuteil. Mit 32 Jahren ernannte ihn die Universität Tübingen zum Ehrendoktor. In Kenia kennt heute jedes Schulkind den Namen Ludwig Krapfs. Als Sprachforscher, Verfasser von Wörterbüchern und Grammatiken wird er noch heute bewundert. Ihm ging es aber auch in dem allem um nichts anderes, als das Evangelium von Jesus zu verkündigen und Heiden zu bekehren. Möchten doch »diese Länder nicht nur geographisch bekannter, sondern mit dem Evangelium mehr und mehr erleuchtet werden.« Das war Krapfs Sehnen.

Obwohl Wege versperrt und Türen verriegelt waren, zweifelte Ludwig Krapf nie, daß mit seiner Ausreise nach Ostafrika im Jahr 1837 die große Ernte Gottes begonnen hat. Immer wieder findet sich bei diesem Missionspionier jener eigentümliche Gegensatz: Je schwieriger sich sein Dienst gestaltete und je mehr die von ihm eingeschlagenen Wege blockiert waren, um so gewisser wurde er über sein Ziel, das er um Gottes willen erreichen mußte.

Wie war das möglich? Krapf ließ sich nicht von seinen persönlichen Erfahrungen leiten, sondern traute den Zusagen des Wortes Gottes. »Der Glaube sieht alles anders an«, sagte er. Mission begriff er als Gottes Gebot. Selbst wenn alle Missionen an einem Tag aufhören müßten und keine Spur mehr von ihnen zu finden sein würde, dann wolle er dennoch an diesem Werk mit seinen Gaben, Gebeten, mit Leib und Seele hängen, weil es ein Gebot Jesu Christi ist. Wo Jesus gebietet, da gibt er auch seine Verheißung und am Ende seinen Sieg. »Wenn auch unser Leben in jeder Hinsicht voller Entbehrungen ist, würden wir doch unsere Stellung nie mit irgend einer irdischen Krone vertauschen.«

Zunächst führte der Weg Ludwig Krapfs nicht nach Ostafrika, also dem heutigen Kenia oder Tansania. Sechs Jahre lang versuchte der willensstarke Mann völlig vergeblich, im ostafrikanischen Abessinien, dem heutigen Äthiopien, in der Provinz Schoa Fuß zu fassen. Über Djidda, dem Hafen des arabischen Mekka, fuhr er 1837 nach Massaua, dem ostafrikanischen Hafen am Roten Meer.

Schon die Reise von Marseille war sehr beschwerlich. Auf der Seefahrt im Mittelmeer befiel Ludwig Krapf das Tropenfieber.

Die *Basler Mission* hatte deshalb Abessinien als vergleichsweise leichtes Ziel ausgesucht, weil man hoffte, die uralte koptische Kirche zu neuem Leben erwecken zu können.

Über Jahrhunderte hinweg hat diese christliche Kirche allen islamischen Angriffen getrotzt. Nicht auszudenken, wenn diese Kirche mit missionarischem Eifer und Drang erfüllt würde! Wenn diese erstarrte Traditionskirche vom neuem geistlichen Aufbruch ergriffen wäre, dann könnte sie selbst besser als alle anderen den Missionsauftrag in Afrika wahrnehmen.

Wahrscheinlich entstand die abessinische Kirche schon um 340 nach Christus durch koptische Mönche aus Ägypten und behauptete sich dann gegen den Sturm des Islam im 7. Jahrhundert. Das verdankte sie der Bibel, die schon früh in der Volkssprache vorlag. Seitdem war diese traditionsreiche Kirche mit ihren alten und ehrwürdigen Bräuchen, teils jüdischen Riten und zuweilen auch zauberhaften Aberglauben, vom übrigen Rest der Christenheit völlig isoliert.

Es sollte nun eine bittere und sehr schmerzhafte Erfahrung für die Missionen werden, daß man eine tote und erstarrte Kirche aus unbegreiflichen Gründen nicht beleben kann. Unter der äußerlichen Decke war praktisch nichts von einem geistlichen Leben zu entdekken. Krapf stellte bald fest, daß die abessinischen orthodoxen Christen das Evangelium vom Kreuz nur noch von ihren hölzernen und eisernen Kreuzen her kannten, »während ihr Herz eisern geworden ist«.

Somit war das Missionsziel Abessinien alles andere als eine leichte Aufgabe. Feindselig sprachen die Priester der abessinischen Staatskirche ihren Fluch über die drei deutschen Missionare. Sie vertrieben sie und übergaben »dem Satan ihre Seelen, ihre Leiber den Hyänen, ihr Eigentum den Dieben. Jeder, der sich ihnen nähere, solle demselben Bann verfallen.« Zwei ebenfalls von Basel ausgesandte Missionare gaben auf. Krapf aber kämpfte weiter. Er stand unter dem Befehl und Auftrag seines Herrn. Zunächst konnte er sich noch drei Jahre in der unwirtlichen Provinz Schoa halten. Dann mußte er woanders nach einer offenen Tür suchen. Er reiste in dem heißen Klima und versuchte, Zugang in dieses Land zu finden. Sechs Jahre lang!

Was hat er alles in diesen Jahren durchlitten! Oft überfallen von Plünderern. Auf langen Schiffsfahrten im Roten Meer oft dem Tod nahe. Wochenlang todkrank und zu schwach, um etwas zu tun. Wieviele schwere Tropenkrankheiten hat er durchlitten! Immer wieder vertrieben von Soldaten der abessinischen Teilfürsten, aber auch gefangengenommen. Weite Wanderungen wagte er durch gefährliche Gebiete, war oft allein unter Hyänen und Löwen. Die glutheiße und nachts so erbarmungslos kalte Wüste nannte er »eine alte Freundin«. Er wurde beraubt, und auch alle seine Medikamente wurden gestohlen. Dankbar konnte Krapf schon sein, wenn er im Stall ein Nachtquartier mitten unter Ungeziefer oder eine Mahlzeit vom Fraß der Schweine bekam.

Dennoch empfand es Krapf als ein unverdientes Vorrecht, für seinen Herrn arbeiten zu dürfen. Dazu half ihm ein kleines Erlebnis am Anfang seiner Ausreise in den Missionsdienst. Auf der Durchreise, in der Hafenstadt Marseille, verstarb ganz plötzlich ein mit ihm reisender junger Missionar, der für Algier bestimmt war. Krapf mußte in wenigen Stunden in der fremden Stadt eine Beerdigung organisieren. Immer wieder schoß es ihm durch den Kopf: »Der Herr braucht dich nicht! Du bist ein entbehrliches Werkzeug.« Wenn Gott uns in dieser Welt noch eine gewisse Zeit läßt, dann muß man schnell wirken.

In Briefen an seine Missionsleitung daheim schrieb Krapf, daß diese Prüfungen nötig seien, um seinen harten und stolzen Nacken zu beugen. Er hoffe nur, daß Gott seiner nicht müde werde und weiter diese Erlebnisse benütze, um den harten Boden seines Lebens umzugraben und am Ende doch noch Frucht zu schaffen.

Erschüttert über die heftige und unversöhnliche Ablehnung des Evangeliums durch die Priester der abessinischen Staatskirche, suchte er nach anderen offenen Türen. Damals begegnete er auf seinen Reisen immer wieder den kuschitischen Gallas, jetzt Oromos genannt, die ihn freundlich aufnahmen. Voller Anerkennung sprach er von diesen stolzen Stammesleuten, die nicht das »kalte Wesen der Abessinier« tragen. Er hoffte, dieses »wilde Volk«, das damals noch nicht dem Islam folgte, würde das Evangelium annehmen. Sie könnten dann die wichtigsten Evangelisten Afrikas werden. Aber was er auch versuchte, auch dieser Weg blieb versperrt.

Weil es von Norden her nicht gelingen konnte, versuchte Krapf es schließlich vom Süden her über die Provinz Tigre, die Gallas zu erreichen. Eine große Hilfe bedeutete ihm seine Frau, die er fünf

Jahre nach seiner Ausreise geheiratet hatte. Ohne sie je vorher gesehen zu haben, war er sicher, sie heiraten zu sollen. Den Kontakt knüpfte er ausschließlich brieflich. Nur dem Namen nach hatte er sie gekannt, weil sie die Braut des Missionars gewesen war, den er bei seiner Ausreise in Algier beerdigen mußte.

Diese Frau wollte auch in den schwierigsten Umständen bei ihrem Mann ausharren. So begleitete sie ihn auf den strapaziösen und entbehrungsreichen Expeditionen. In einem heißen Wüstengebiet erlitt die Frau wegen der schweren Anstrengung und der Hitze eine Frühgeburt. Fernab von jeder ärztlichen Hilfe gebar sie morgens um halb vier Uhr ein Mädchen, das aber nur eine Stunde lebte. Noch am

Abend des gleichen Tages wurde das Kind unter einem Baum beerdigt. Die Karawane, der sich Krapf angeschlossen hatte, wollte unbedingt weiterziehen. Nur durch Geschenke waren diese Leute zu bewegen, um der Frau willen noch zwei Tage zu ruhen. Es waren furchtbare Umstände für eine Wöchnerin unter schreienden Amharen und wilden Tieren in der Wüste. Krapf konnte nur Gott danken: »Niemand wird zuschanden, der auf Jesus Christus traut!«

Schweren Herzens gab Krapf schließlich 1843 alle Versuche auf, nach Abessinien einzudringen. Krapf rief die Heimatgemeinde jedoch auf, nach diesem Rückschlag nicht müde zu werden. Im Gegenteil! Wenn die Freunde der Mission mehr beten würden, »so würden wir mehr siegen und weniger fallen«. Krapf glaubte fest, daß die Stunde Abessiniens kommen wird: »Der Herr kennt seine Stunde und seine dann zu brauchenden Werkzeuge!« Erst knapp 100 Jahre später sollte es sich erfüllen.

Nun wandte sich Krapf den Stämmen Ostafrikas weiter südlich zu. Was wie ein Scheitern einer jahrelangen Bemühung aussah, wurde ein von Gott bestätigter Weg seiner Führung in das eigentliche Ostafrika, auch wenn es erst viel später sichtbar werden sollte.

Im Mai 1844 landete Krapf in der belebten ostafrikanischen Hafenstadt Mombasa, wo er durch den moslemischen Sultan viel Unterstützung für seine Missionsarbeit bekam. Der dachte als Moslem natürlich nicht an das Evangelium, sondern die äußerst praktischen Anstöße zur Ausbildung von Handwerkern und die Erziehung der verlotterten Bewohner zu mehr Tüchtigkeit.

Sofort begann Krapf mit der Übersetzung des Evangeliums in die Handelssprache Suaheli und die Kinikasprache. In der Regenzeit, die außergewöhnlich heftig war, erkrankten viele Bewohner an Fieber. Auch Krapf wurde krank und einige Tage später seine Frau.

Das Fieber ergriff sie sehr heftig. Einen Tag später gebar seine Frau ein Mädchen. Die starken Fieberanfälle hielten an. Dazu kamen schwere Depressionen. Sie litt außerordentlich unter Versäumnissen ihres Lebens. Nur mit Mühe und größter Kraftanstrengung konnte Ludwig Krapf seiner Frau den Blick auf Jesus freihalten, der alle Schuld getragen hat. So starb sie einige Tage später. Krapf konnte sich in seiner Schwäche kaum aufrichten, um sich davon zu überzeugen, daß sie wirklich tot war. Nur unter Aufbietung aller Kräfte konnte er am nächsten Tag ihrem Begräbnis, unmittelbar am alten Hafen von Mombasa direkt am Weg zum Vanikaland, beiwohnen. Auch das Kind starb wenige Tage später. Krapf hatte seine wichtigste Stütze verloren. Er litt unsagbar an dem Verlust. In der herben Trauer, die ihn niederdrückte, konnte er aber in großem Ernst sagen: »Ich kann es nicht begreifen, wie ein sterblicher Mensch auch nur eine Stunde lang ruhig bleiben kann, ohne seine Sache für den schrecklichen Augenblick des Todes ins reine gebracht zu haben.«

An seine Missionsleitung daheim schrieb er: »Sagen Sie dem Komitee, daß an der ostafrikanischen Küste ein einsames Grab von einem Glied Ihrer Missionssache sich findet. Dies ist ein Zeichen, daß Sie den Kampf mit diesem Teil der Welt aufgenommen haben. Und da die Siege der Gemeinde Gottes über die Gräber vieler ihrer Glieder gehen, so können Sie desto mehr überzeugt sein, daß die Stunde nahe ist, in der Sie zur Arbeit für Afrikas Bekehrung gerufen werden. Achten Sie nie auf die Opfer, welche in diesem glorreichen Kampf fallen oder leiden. Dringen Sie in demselben nur vorwärts, bis der Osten und der Westen Afrikas in den Banden Christi vereinigt ist.«

Wie Krapf jetzt an seiner völligen Einsamkeit litt, hat er immer wieder in seinen Briefen geschildert: »In Europa denkt man sich den Missionar viel zu idealistisch. Man meint, weil er leiblich manches Bittere erdulden muß, hätte er desto mehr Ersatz an geistlichen Gütern. Aber – wir haben nichts vor anderen voraus. Es muß alles erbeten, erstritten und errungen werden. Meistens geht es sehr erbärmlich zu. Wenn dann zu Zeiten man sich mächtig fühlt in der Macht des Herrn und seiner Stärke, so gehen diese Sonnenblicke bald wieder unter. Die Trägheit des Fleisches und die grauenvolle Finsternis drücken den Geist sehr darnieder. Wenn man nur könnte, wollte man allen Kampf auf einmal aufgeben. In der Heimat findet man Aufmunterung bei den Brüdern. Allein, wo findet der Missionar eine christliche Gemeinschaft um sich her?«

Am meisten litt Krapf aber an der unheimlichen Realität der dämonischen Finsternis, wie sie ihm im täglichen Leben der Leute aus dem Vanika-Stamm entgegentrat. Ihn bedrückten nicht allein die

Saufgelage mit dem Palmwein oder andere schlimme Sitten, sondern die völlige Gleichgültigkeit gegenüber dem Wort Gottes. Von allen Enttäuschungen hat er sich aber nicht umwerfen lassen, sondern um so mehr auf Gott vertraut, daß bei diesem kein Ding unmöglich ist. Er kann auch aus einem völlig verkehrten und verdorbenen Menschen durch die vergebende und erneuernde Kraft Jesu Christi ein herrliches Geschöpf bilden.

Auch wenn auf alle Bemühungen hin keine Frucht gefunden werden konnte, zweifelte Krapf nie an seinem Missionsauftrag. Er hielt sich an die göttliche Verheißung, daß sein Wort nicht leer zurückkommen werde. Er kam sich vor wie ein Kletterer, der zehn Jahre lang versucht, an einer Felswand hochzukommen. Daß das Missionswerk gelingen wird, stand für Krapf fest. Er wußte es aus seiner Bibel. »Es geht aus der Finsternis ins Licht, aus dem Tod zum Leben.« Alle Schwierigkeiten waren nur nötig, um seinen Glauben, seine Liebe und Geduld, seine Treue und Selbstverleugnung zu prüfen. Nur wenn die Glaubenshaltung des Missionars bestätigt ist, kann Gott Frucht schenken. »Jedes wahre Gotteswerk muß sich erst längere Zeit mit den Pforten der Hölle messen lassen.« Erst wenn man diesen Kräften Widerstand geleistet und überwunden hat, kann man siegen.

Unermüdlich plante Krapf. Er wollte eine Kette von Missionsstationen jeweils im Abstand von 100 Wegstunden, eine »Apostelstraße«, quer durch ganz Afrika von Ost nach West bis Gabun aufbauen. In diesen Herbergen sollten sich die Missionare auf der Reise erholen können. Damit wäre gleichzeitig auch dem Vordringen des Islam ein Riegel vorgeschoben. Mit diesen Gedanken, die schon der Sekretär der *Christentumsgesellschaft* in Basel, Christian Friedrich Spittler, entwickelt hatte, gab Krapf wichtige Denkanstöße für künftige Missionsgenerationen. Krapf waren mobile Missionare wichtig. Er fürchtete das Seßhaftwerden der Boten des Evangeliums.

Wie Livingstone suchte auch Krapf nach einem Fluß, der gleichsam als Straße die Missionare ins Innere Afrikas transportieren könnte. Ein Überfall durch eine Bande von 100 Männern ließ die Expedition an den Tanafluß scheitern. Mehrere Begleiter Krapfs wurden ermordet.

Vom Missionserfolg hat Krapf während seiner Zeit in Afrika nichts mehr erleben können, im Gegenteil durchlitt er viele niederschmetternde Enttäuschungen. Zuerst starben mehrere ihm zur Seite gestellten Mitarbeiter. Die Missionsleitung kündigte die Entsendung weiterer Handwerker-Missionare an. Aber auch das wurde eine bittere Enttäuschung. Der erste blieb in London und zweifelte an seiner Berufung nach Afrika. Der zweite zweifelte in Aden an der anglikanischen Kirche. Der dritte Mitarbeiter starb nach wenigen Wochen am Nervenfieber. »Da sieht's sauber aus!« schrieb Krapf heim ans Missionskomitee. »Und doch bleibe ich bei meinem Satz: Afrika muß durch die Mission erobert werden. Das habe ich nicht im Heiligtum der Vernunft gelernt, wohl aber im Heiligtum des Herrn. Eine Stimme sagte mir: Fürchte dich nicht! Es geht durch Sterben zum Leben. Durch den Untergang zum Auferstehen. Durch die Zerstörung allen menschlichen Unternehmens zur Aufrichtung des Reiches Christi. Statt dich durch die Niederlage deiner Mannschaft mutlos machen zu lassen, greife du die Sache selbst an! Verlaß dich nicht mehr auf menschliche Hilfe, sondern allein auf den lebendigen Gott. Es ist ihm nicht schwer, durch viel oder wenig zu helfen. Glaube, liebe, kämpfe und werde nicht müde und nicht matt. Dann wirst du die Herrlichkeit Gottes sehen!«

Damit stand Krapf vom Grab seines eben gestorbenen Mitstreiters Pfefferle auf. Er suchte den Segen in dem herben Verlust und entdeckte, daß dieses christliche Begräbnis für die heidnischen Vanikaleute mit ihren Trauerriten ein besonders eindrucksvolles Zeugnis war. Sie entdeckten, warum Christen am Grab nicht weinen müssen.

Dann ergriff Krapf wieder seinen Wanderstab und zog durch das politisch so zerrissene und unruhige Gebiet Ostafrikas. Schwarzafrikanische Stämme bekämpften sich mit hamitischen Hirtenstämmen wie die der Massai. Dazu versuchten Araber, dieses Gebiet immer mehr zu beherrschen.

In Scharen kamen die Menschen, um den merkwürdigen Wanderer zu sehen. Sie nannten ihn den »Mann des großen Wassers«, weil er von der Küste kam. Sein Strohhut, aber besonders sein »Haus des Regens« – wie sein Regenschirm genannt wurde – erregten Aufsehen.

Sein treuster Mitarbeiter, der Weingärtner Johannes Rebmann, entdeckte 1848 bei einer Erkundungsreise im sagenhaften »Mondgebirge« einen riesigen »Silberberg«, wie die Afrikaner sagten, dessen Kuppe weiß in der Sonne leuchtete. Als erster Europäer hatte er den 6000 Meter hohen Schneeberg Kilimandscharo gesehen.

»Als wir ausruhten«, schrieb Rebmann, »las ich den Psalm 111, an den ich gerade der Ordnung nach kam. Er machte einen doppelten Eindruck auf mich im Angesicht des herrlichen Schneeberges so nahe beim Äquator, besonders der 6. Vers, der so herrlich und klar ausdrückt, was ich nur leise ahnte und fühlte: Der Herr läßt verkündigen seine gewaltigen Taten seinem Volk, daß er ihnen gebe das Erbe seiner Heiligen.«

Krapf entdeckte später auf einer ähnlichen Reise den Mount Kenya. Die Berichte lösten noch viele Jahre spöttisches Gelächter über die phantasierenden Missionare aus, die im heißen Afrika am Äquator Schneeberge zu sehen glaubten.

Johannes Rebmann war 1846, zwei Jahre nach dem Tod von Krapfs Ehefrau, zu seiner Unterstützung eingetroffen. Er machte den Afrikanern großen Eindruck, weil er unbewaffnet – nur mit einem Regenschirm – zu ihnen kam. In guter, gesunder Luft, nicht direkt an der Küste, gründeten sie miteinander die Missionsstation Rabai, mitten in einem großen Gebiet von Kokospalmen. Begeistert schrieben sie über den schönen Platz nach Hause: »Ein Wunder Gottes in dieser Wildnis.«

Doch bevor sie mit dem Bau des Hauses beginnen konnten, wurden beide Missionare schwer fieberkrank. Dennoch setzten sie den Termin ihres Beginns in Rabai mutig fest. Sie wollten diesen wichtigen Schritt ihrer Missionsarbeit unbedingt einfach anfangen, tot oder lebendig. Sie waren dann am Tag des Einzugs in Rabai so schwach, daß sie sich alle 15 oder 20 Schritte wieder setzen mußten. »Selten wird eine Mission in solcher Schwachheit begonnen worden sein«, schrieb Krapf. Und er wußte auch, warum: »damit wir uns nicht unserer eigenen Kraft rühmten.« Beide sahen darin einen Test Gottes, ob sie ihr eigenes Leben und Wohlergehen höher stellen würden als Gottes Sache.

Schon ein paar Tage später begannen sie mit dem Hausbau. Nur sehr schleppend ging er voran. Immer wieder hatte Krapf Fieberanfälle. Nebenher schrieb er in den Pausen an seiner Bibelübersetzung. Rebmann lernte die Suaheli-Sprache.

Bei aller Enttäuschung über die verstockte Art der Vanika hatte doch endlich die Mission einen festen Punkt in Ostafrika, von dem aus man arbeiten konnte. Krapf drängte weiter. Er schrieb ausführliche Reisetagebücher. Rebmann veröffentlichte dann mit dem Missionar Jakob Erhardt als erster eine Skizze der Umrisse eines großen Sees, der in seiner Ausdehnung von Berlin bis Rom reichte. Aus Informationen von Afrikanern haben sie ihr Wissen zusammengetragen. Später entdeckten andere Forscher, von dieser Skizze angeregt, nicht einen, sondern zwei selbständige Seen, den Victoria- und den Tanganjika-See.

Unzählige Strapazen erlitt Krapf auf diesen Reisen, die ihn bis in die Usambaraberge im heutigen Tansania brachten. Er wurde überfallen, ausgeraubt und erkrankte. Voller Durst saugte er Tautropfen von Blättern auf oder trug nassen Sand im Mund, um etwas Feuchtigkeit zu haben. Hungrig versuchte er Wurzeln, sogar Elefantenmist oder Ameisen zu essen.

Alle noch so schweren Hindernisse, Feindschaft oder Krankheit konnten Ludwig Krapf nicht aufhalten. Er sah dies als nötige Begleiterscheinung des wichtigen Dienstes an. Darum hielt er auch nicht viel von großen Wundertaten wie Krankenheilung oder auch einer Totenauferweckung. Er sah in der Liebe, der Demut und der Selbstverleugnung eines Missionars das mächtigste Zeichen, das Heiden anzieht. Geduldig trug er so seine körperlichen Beschwerden, besonders die schmerzhaften Geschwüre.

Krapf erkannte seine Leiden als Gottes persönliches Reden mit ihm. Darum wollte er in seinen Leiden sich selbst finden, seine ganze von Gott noch nicht gereinigte Blöße und Verlorenheit. Wenn das erreicht ist, wird das Leiden selbst weichen. Das ist ein größeres und besseres Wunder als jene, bei denen man doch am Ende sich einer höheren Gnade rühmt. Die Ursache der Leiden soll man erkennen.

Für Krapf stand fest: »Fürchte deinen schwachen Körper nicht. Wir sind unsterblich, bis unser Werk getan ist!« Für ihn war es selbstverständlich, daß zum Leben eines Missionars eben auch das Kreuz gehört wie der Bräutigam zur Braut. »Ohne Kreuz würden wir bald Herren werden und unsere Vollmacht verlieren!«

Krapf wollte sich nicht von fühlbaren Stimmungen und sichtbaren Erlebnissen leiten lassen. Deshalb deutete er auch alle seine schweren Lebenserfahrungen von Gott und seinem Wort her. Er berichtet später einmal, wie er damals plötzlich Stolz gefühlt habe, als ihm mit 32 Jahren der Ehrendoktor der Universität Tübingen verliehen wurde. »Da mußte mir Gott erst wieder auf die Finger schlagen.« Am selben Tag wurde ihm der Weg nach Äthiopien versperrt. Jetzt war er völlig ohnmächtig. Hilflos stand er da, allein von Gottes Macht und seiner Gunst abhängig.

So haben ihn alle versperrten Wege und die verschlossenen Türen nicht darin wankend gemacht, daß »einmal Ostafrika Schauplatz der Offenbarung des Königreiches Christi« sein wird. »Dann werden wir die Frucht unserer Arbeit, Gebete, Kümmernisse und Tränen sehen.« Er erinnerte an den Panganifluß, der sich in seiner Mündung ins Meer so breit dahinwälzt, während er am Ursprung nur ein kleiner Bach ist. So wird es einmal mit der Evangelisierung Ostafrikas sein.

Seine Reiseberichte gaben den Anstoß für die Gründung mancher neuen Missionsarbeit in Ostafrika. Krapf durfte noch erleben, wie der von ihm weiterentwickelte Plan einer Apostelstraße mit mehreren Stationen sich zu verwirklichen begann. 1853 mußte Krapf wegen einer Amöbenruhr, die nicht heilte, nach Europa zurück.

Der treue Johannes Rebmann harrte 29 Jahre ohne Urlaub auf verlorenem Posten aus. Seine Frau, eine Engländerin, starb draußen, auch sein einziges Kind. Rebmann blieb, auch als er erblindete. Er kehrte 1875 erst heim, als eine Ablösung kam und er die Arbeit übergeben konnte: »Das Christentum hat in Ostafrika Wurzeln geschlagen!« Er hatte 20 aus dem Stamm der Vanika taufen können.

Im Alter von 56 Jahren starb Rebmann 1876 in Korntal bei Stuttgart. Auf seinem Grabstein unmittelbar vor dem Gebäude der *Freien Hochschule für Mission* steht über seinem Namen nur: »Saved in the arms of Jesus« – Sicher in den Armen Jesu geborgen.

Ludwig Krapf starb auch in Korntal, deren lebendige Brüdergemeinde Heimatbasis vieler Missionsunternehmungen war. Am Vorabend des ersten Advent, am 26. November 1880, erlitt er während seines Abendgebets einen Schlaganfall. Man fand ihn am Sonntagmorgen, betend auf seinen Knien vor dem Bett liegend.

## Das verarmte Jerusalem im Orient macht Geschichte

# »Apostelstraße« von Jerusalem bis nach Afrika

*Bischof Samuel Gobat – Schwierige Ordination – In Abessinien bewährt – Im Felsenkloster versteckt – Heirat und zweite Abessinienreise – Schreckliche Heimreise – Das sterbende Kind – 33 Jahre Wiederaufbau in Jerusalem – Königlicher Baurat Conrad Schick – Mea Shearim und Felsendom – Handwerker-Missionare in Äthiopien – Unter schwarzen Juden*

Es war weltpolitisch eine besondere Stunde in der Mitte des 19. Jahrhunderts. Jerusalem wurde wieder von den europäischen Großmächten entdeckt.

Noch herrschte das osmanische Reich der Türken über Palästina, aber es war in seiner Kraft sehr geschwächt. Die Türken konnten nicht verhindern, daß die europäischen Nationen ihren Einfluß in Jerusalem verstärkten, indem sie die dort ansässige christliche Bevölkerung unterstützten. Diese kleinen Reste arabischer Christen waren in jahrhundertelanger Unterdrückung ebenso wie die Juden verarmt und verelendet.

Den Anfang machte 1841 Preußen. Zusammen mit England wurde in Jerusalem ein gemeinsamer Bischofssitz der anglikanischen und evangelischen Kirche eingerichtet. Auch Frankreich und Rußland stärkten die katholischen oder orthodoxen Niederlassungen, Liebeswerke und Orden in Jerusalem. Wodurch die moslemische Herrschaft jahrhundertelang Mission praktisch unmöglich war, fanden sich nun so viele Missionare, wie sonst an keinem Ort der Welt.

Die Idee eines bischöflichen »joint venture« zwischen England und Preußen in Jerusalem war genial. König Friedrich Wilhelm IV. von Preußen wollte dadurch die Kirchengemeinschaft mit England stärken. Außerdem sollten die alten orientalischen Kirchen erweckt,

Samuel Gobat

die Christen in der Türkei gestärkt und die Mission unter Juden intensiviert werden. In der Praxis hatte das aber seine Tücken.

Als schon 1845 nach kurzer bischöflicher Wirksamkeit der Judenchrist Dr. Alexander ganz überraschend starb, suchte man einen geeigneten Nachfolger. Wer konnte dafür aus der preußischen Seite, die jetzt im Wechsel für die Besetzung zuständig war, in Frage kommen?

Die Wahl fiel auf Samuel Gobat von der Basler Mission, der fließend französisch sprach. Als Missionar war er in Äthiopien der englischen Kirchenmission als Mitarbeiter überstellt worden, weil die Basler damals kein eigenes Missionsgebiet hatten.

Die Schwierigkeiten aber steckten im Detail. Gobat brauchte die Weihen der anglikanischen Kirche Englands. Die hochkirchlichen Engländer hatten aber große Probleme mit dem missionarischen Ziel von Gobat. Später haben sie auch an dieser Stelle deutlich ihre Kritik an Gobat zum Ausdruck gebracht, weil er vorrangig und mit Leidenschaft Menschen auch anderer Religionen zu Jesus führte.

Vor seiner Ordination gab es schwierige Gespräche, weil Gobat unter keinen Umständen der anglikanischen Meinung folgen konnte, daß Menschen durch die Kindertaufe schon wiedergeboren seien. Auch wollten seine Gegner wissen, ob er wirklich als Glaubenslehre nur akzeptiere, was in der Bibel stehe. Gobat nutzte gerne die Gelegenheit und drückte seine Verwunderung darüber aus, daß man sich offenbar neuerdings in der Kirche von England entschuldigen oder gar rechtfertigen müsse, wenn man in Glaubenssachen nur das annehme, was in der Bibel stehe. Schließlich konnten seine hochkirchlichen Gegner die Ordination und Bischofsweihe Gobats nicht mehr verhindern.

Unmittelbar nach seiner Weihe predigte Gobat in der Kapelle der Judenmission über das Wort: »Es sei fern von mir, mich zu rühmen als allein des Kreuzes unseres Herrn Jesus Christus!«

Gobat war ein in Äthiopien in unzähligen Nöten und Gefahren außerordentlich bewährter Missionsmann. Man hatte ihn einst in dieses streng abgeschottete Land geschickt, wo er 1829 eintraf. Kurz vorher war von der Bibelgesellschaft in London die ins Amharische übersetzte Bibel gedruckt worden. Jetzt hoffte man, mit der neuen Bibelübersetzung die erstarrte koptische Kirche Abessiniens zu neuem Leben erwecken zu können.

In den ersten acht Jahren seiner missionarischen Wirksamkeit erlebte Gobat unzählige wunderbare Führungen Gottes.

Schon in Ägypten wollte man ihm die Durchreise nach Äthiopien nicht erlauben. Da traf er einen verzweifelten Afrikaner. Gobat nahm ihn zu sich und sorgte für ihn.

Da stellte es sich heraus, daß dieser Ali von einem abessinischen Fürsten zum Pascha nach Ägypten geschickt worden war, um dort wichtige Dinge zu verhandeln. Der Pascha aber weigerte sich, ihn zu empfangen. Deshalb wagte Ali nach seiner gescheiterten Mission nicht mehr, nach Abessinien zurückzukehren.

Gobat setzte sich für Ali ein und konnte durch seine Kontakte einen Verhandlungstermin beim Pascha vereinbaren. Die Gespräche wurden erfolgreich abgeschlossen. Ali berichtete seinem Fürsten Saba Gadis, wem der Erfolg zu verdanken sei.

Das öffnete nun Samuel Gobat den schwierigen und gefahrvollen Weg nach Abessinien. An der Grenze wurde er jetzt von Soldaten mit Eskorte feierlich abgeholt. Unerwartet hatte sich die Tür geöffnet. Am Hof des Fürsten konnte Gobat ungehindert das Evangelium predigen und viele Bibeln verteilen.

Auch in der Hauptstadt Gondar konnte Gobat das Evangelium ungehindert ein halbes Jahr lang verkündigen. Mit zäher Geduld überwand er den Widerstand der Priester.

Als er nach drei Monaten wieder an den Hof Saba Gadis zurückkehren wollte, konnte er nicht mehr dorthin gelangen. Ein Krieg war ausgebrochen. Die Front lag dazwischen.

Gobat hatte kein Geld mehr. Er konnte seine Träger nicht mehr bezahlen. Da tauchte unerwartet ein Mann am Wegrand auf mit Brot und Maisbier. Er erzählte, seine Herrin habe ihn geschickt, um mit dem Essen Gobat für ein geschenktes Neues Testament zu danken. Alle wurden satt.

Am nächsten Tag kam die Karawane an einen Brunnen. Gobat sagte: »Wir wollen Gott bitten, daß er das Wasser so segne, daß es nicht nur unseren Durst, sondern auch unseren Hunger stille.«

Verwundert schauten sich die Träger an. Da galoppierten zwei Reiter daher und überbrachten eine Einladung zum Gouverneur des Bezirks. Dort stand ein Festmahl für sie alle bereit.

Am nächsten Morgen hatten sie wieder keine Lebensmittel. Gobat betete: »Unser täglich Brot gib uns heute!« Wieder kamen bei den Teilnehmern der Karawane Zweifel auf.

Doch um die Mittagszeit fanden sie an der Furt eines Flusses einen Diener des Gouverneurs. Er hatte einen großen Vorrat an Brot, Fleisch und Wein mitgebracht.

Doch dann erhielt Gobat die Nachricht, daß Saba Gadis in den Stammesfehden ermordet worden war. Um sein Leben zu retten, suchte er in einem unzugänglichen Felsenkloster Zuflucht. Man konnte es nur erreichen, indem man an Seilen hochgezogen wurde.

Nach acht Jahren kehrte Gobat nach Europa zurück und heiratete in der Schweiz Maria Christine Zeller, die Tochter des Leiters eines diakonischen Waisenhauses, damals Armenschullehrer genannt, in Beuggen.

Mit seiner Frau zog er nochmals nach Abessinien. Beide wurden aber schwer krank. Gobat lag neun Monate schwach und elend da. Insgesamt waren es 20 Monate, in denen sie nichts ausrichten konnten. Dazu traf sie noch der Haß einer eifersüchtigen Meute von koptischen Priestern.

Auf der schwierigen Rückreise kamen alle Krankheiten Gobats wieder. Die arabischen Matrosen nahmen ihnen bei der Bootsfahrt im Roten Meer das saubere Wasser weg. Ihnen blieb nur stinkendes Wasser. Dann brach auch noch der Mastbaum.

Der Weg nach Kairo führte zunächst sechs Tagereisen lang auf Kamelen durch die Wüste. Es gab für Frau Gobat, die wieder im achten Monat schwanger war, weder Sattel noch Sonnenschutz. Außerdem hatte sie noch ihr erstes Kind dabei, das schon am ersten Tag der Wüstenreise Hirnhautentzündung bekam. Die Mutter konnte das Stöhnen ihres Kindes nicht mehr ertragen. Schließlich hatten sie kein

Wasser mehr. Die Mutter konnte nicht mehr weiter. Sie ließ sich mitten in der Wüste nieder. Gobat bat, flehte, schließlich schrie er zornig auf sie ein. Es ging nur noch ums Überleben. Er mußte seine Frau hart weitertreiben.

Im Morgengrauen erreichten sie endlich den Nil und bestiegen ein Boot. Die Fahrt dauerte acht Tage und Nächte. Als sie endlich am frühen Morgen Altkairo erreichen und aus dem Boot stiegen, war ihr Kind tot. Es vergingen viele Stunden, bis der Konsul aufgetrieben war und das Kind, das die verzweifelte Mutter noch immer auf ihrem Schoß festhielt, beerdigt werden konnte.

»Manche Leser werden das langweilig finden«, schreibt Gobat, »aber unsere Erfahrungen können anderen zum Trost und Segen gereichen in Zeiten der Anfechtung und Prüfung.«

Dieser in schlimmen Situationen erfahrene Missionar Samuel Gobat wurde jetzt 46jährig vom preußischen König Friedrich Wilhelm IV. nach Jerusalem gerufen, nachdem er vier Jahre als Wanderprediger für die Basler Mission gedient hatte.

Über seiner Einsetzung als Bischof stand das Wort aus Jesaja 62: »Um Zions willen will ich nicht schweigen, und um Jerusalems willen will ich nicht innehalten, bis seine Gerechtigkeit aufgehe wie ein Glanz und sein Heil brenne wie eine Fackel.«

1846 traf er mit seiner Familie in Jerusalem ein. 33 Jahre sollte er dort wirken. Ganz erstaunlich war, wie intensiv Gobat die Kontakte zu den Angehörigen anderer Religionen ausbaute.

Und das, obwohl er ganz offen die Mission unter Juden betrieb. Es gab schon, als Gobat in Jerusalem eintraf, judenchristliche Schulen, ein Hospital, ein Heim für Juden, die Christen geworden waren. Auch bildete man Judenchristen als Prediger aus.

Daß die evangelischen Christen damals den größten Beitrag zum Wiederaufbau Jerusalems leisteten, war auch Conrad Schick zu verdanken, der 56 Jahre in dieser Stadt wirkte. Als der ehemalige Mechaniker aus dem Schwabenland, der später »königlicher Baurat« von Jerusalem wurde, einst dort ankam, war die Stadt nur schwach bevölkert, und die Gebäude waren baufällig.

Er war Lehrer, Architekt, Forscher, Archäologe, Leiter einer Berufsschule, Modellbauer und Zeichner von topographischen Er

Karten und – nicht zuletzt – Planer einer schwierigen Eisenbahnlinie.
prägte den für Jerusalem eigentümlichen Baustil und entwarf die
Pläne zum Bau der Orthodoxen-Siedlung Mea Shearim einschließ-
lich der Synagoge. Er war bei Moslems, Juden und Christen gleich
beliebt und geschätzt. Darum wurde ihm auch erlaubt, den moslemischen Felsendom zu vermessen, der bis dahin von Nichtmoslems
nicht betreten werden durfte. Dafür erhielt er von der Universität
Tübingen den Ehrendoktor.

Für Gobat war die Arbeit unter den einheimischen Christen in
Palästina am wichtigsten. So sandte er Bibelboten aus, die mit den
Leuten das Wort Gottes lesen sollten. Er baute 25 Schulen, dazu auch
ein Hospital. Er errichtete auch die erste evangelische Kirche in Jerusalem.

Er gründete zudem ein Brüderhaus, um junge Leute als Missionare auszubilden. Daraus gingen großartige Persönlichkeiten hervor, die in Nazareth, Nablus oder dann auch in Syrien wirkten.

Immer hatte er noch den Plan einer Apostelstraße vor Augen. Die Idee dazu stammte eigentlich von Missionar Graf Zaremba. Die strategischen Überlegungen wurden von dem unermüdlichen Vordenker Friedrich Spittler in Basel, dem Gründer der *Pilgermission St. Chrischona*, weiterentwickelt. Missionare sollten – wie bei den alten Poststraßen – von Station zu Station betreut und bis zu ihrem Einsatzort Abessinien unterstützt werden. Ludwig Krapf, der Pionier in Ostafrika, hatte auch den Gedanken aufgenommen.

Die jetzt von Gobat geplante Pilgerstraße sollte mitten durch das »heidnische Christenland« führen, insgesamt zwölf Stationen, jeweils 50 Stunden Weg voneinander entfernt. In diesen Häusern sollten Handwerkermissionare arbeiten und Bibeldepots betreuen.

So organisierte Gobat von Jerusalem aus die Missionsarbeit in Abessinien neu. Durch eine Reise Ludwig Krapfs wurde die Ausreise neuer Handwerker-Missionare möglich. Sie waren wegen ihrer guten Fertigkeiten sehr geschätzt und anerkannt, bis dann der abessinische Kaiser mißtrauisch wurde und alle Missionare ins Gefängnis brachte. Mit der Befreiung durch die Engländer endete auch diese Episode.

Das einzige Werk, das in Abessinien bestehen blieb, war die Arbeit des von der Schwäbischen Alb stammenden Missionars Martin Flad unter den schwarzen Juden, den Falascha.

In Jerusalem selbst war, wie Conrad Schick schrieb, »ein Wettlauf« entstanden. Während die einen durch Bodenbesitz, Häuser und Kirchenbauten sich festzusetzen glauben, tun es andere mehr durch geistige Waffen und durch das Evangelium. Der Herr wird alles zu seinem Zweck und nach seinem Willen und Wohlgefallen gebrauchen und zu seiner Ehre und zum Kommen seines Reiches dienen lassen. Er spricht zu Zion: Sei gebaut! und zum Tempel: Sei gegründet! Und die Stadt wird heißen: Hier ist der Herr!«

Samuel Gobat war im Blick auf den Wiederaufbau Jerusalems »eine der bedeutendsten Persönlichkeiten überhaupt«, schreibt der israelische Historiker Alex Carmel von der Universität Haifa. »So wurde das fast vergessene, am Rand des Türkenreichs gelegene, heruntergekommene Palästina wieder zum Mittelpunkt religiöser und internationaler politischer Interessen.« Und das noch vor den großen jüdischen Einwanderungswellen zwischen 1882 und 1914. Auch der letzte, ursprüngliche Wunsch der Gründer der *Pilgermission St. Chrischona* wurde erfüllt, »Jerusalem in aller Stille zu dienen.«

## Im tatarisch-persischen Grenzgebiet
## hinter dem Kaukasus

# »Der islamische Orient kann nur durch den Orient missioniert werden!«

*Felizian Graf Zaremba – Jurist und Diplomat – Abschied von Peters-burg – Nur demütig dienen – Im Missionsseminar in Basel – Wegbereiter im Kaukasus – Unter Moslems – Ausgewiesen – Aufbau deutscher Freundeskreise – Abgelehnt und Kirchen versperrt – Das Missionslied – Die Idee der Apostelstraße*

Merkwürdig war das schon, wie die ersten Gedanken der neu gegründeten *Basler Mission* sich auf jenes bunte Völkergemisch richteten, das jenseits des Kaukasus wohnte. Noch heute sind diese Gebiete hinter den hohen Araratbergen meist nur durch schlimme Unglücksnachrichten bekannt. Die dort lebenden Völker liefern sich harte Kämpfe in den Bürgerkriegen, gnadenlos und grausam. Wie kamen die ersten Missionare der *Basler Mission* ausgerechnet in dieses Gebiet?

Schon 35 Jahre lang war die schweizerische Stadt Basel das Zentrum einer großen Bewegung, der sogenannten *Christentumsgesell-schaft*. Hinter dem schwierigen Namen verbarg sich ein ganz simples Programm. Man wollte praktisch tätigen Glauben fördern. Ob das nun Waisenkinder oder verwahrloste Jugendliche waren, man wollte ihnen helfen. Gleichzeitig unterstützte man äußere Mission, indem man bestehende Missionsgesellschaften förderte, aber auch evangelische Schriftenmission bis hin zur Gründung evangelischer Gemeinden in katholischen Gebieten betrieb.

Um 1804 entstand die *Bibelgesellschaft* in Basel, die auf vier Druckmaschinen pausenlos die Bibel druckte. So groß war die Nachfrage.

Aus diesen Bewegungen heraus trat um 1815 ein Komitee zusammen, um eine »Missionsschule zur Ausbildung von Boten des

Felizian Graf von Zaremba

Evangeliums in die Welt« in Basel zu gründen. Das war der Anfang der *Basler Mission.*

Wie überall, wo Mission getrieben wurde, gab es am Anfang viele Kritiker. Die Gründer ließen sich nicht beirren. Junge Leute stellten sich in großer Zahl zur Verfügung. Das erste Missionsseminar wurde bald zu klein. Ein neues Haus mußte gekauft werden.

Da man kein eigenes Missionsfeld hatte, auf das die jungen Seminaristen hätten ausgesandt werden können, übergab man die Kandidaten der englischen Kirchenmission. Die war froh, solch gut ausgebildete Mitarbeiter zu bekommen. Insgesamt 88 Missionare sind über diese englische Mission nach Übersee entsandt worden.

Erfreulich problemlos arbeitete man damals in einem internationalen Verbund. Das war auch dringend nötig. Die 1799 gegründete *englische Kirchenmission* mußte die bittere Erfahrung durchleiden, kaum Kandidaten im eigenen Land zu finden. Schuld daran waren die anglikanischen Bischöfe, die ihre Mitarbeit verweigerten. Für eine Mission, die auf kirchlichen Hintergrund und Ordination großen Wert legte, war solch eine Gegnerschaft der Kirche schon ein ganz schlimmes Hindernis. Man hatte große Missionsaufgaben, aber nicht genügend Leute.

Hier sprang nun das Seminar in Basel ein. Das hatte beste Leute, aber kein Missionsfeld.

Bald aber schon sollte das erste eigene Missionsfeld in Angriff genommen werden: Das war die Verbreitung des Evangeliums unter Moslems. Ganz früh am Anfang des 19. Jahrhunderts erkannten jene wachen Mitglieder des Komitees in Basel, daß Christen vor allem andern in der islamischen Welt das Heil in Jesus Christus bezeugen müssen.

Man hatte die Idee, die halb erstarrten, traditionellen alten Kirchen des Orients zu neuem Leben zu erwecken. Daß dies nur mit dem Evangelium geschehen könnte, war von Anfang an klar. Wenn aber einmal dort Christen wach werden, könnten sie den Moslems in ihrer Umgebung Jesus Christus und sein Heil bezeugen. So könnte das Evangelium weit in die dunkle Nacht hinausstrahlen. Dieser Plan war von einem Kenner des Orients entworfen, einem unter Juden und Moslems arbeitenden Missionar, der gleichzeitig Vertreter der Bibelgesellschaft im Nahen Osten war.

Wie gerufen kam in dieser Zeit aus der russischen Hauptstadt Felizian Graf Zaremba, ein polnischer Edelmann und Doktor der Philosophie. Er war kein großer Redner, aber ein ganz lauterer und feinsinniger Mensch mit einer großen Sehnsucht und Liebe zu Jesus Christus. Er hatte die Lebensbeschreibung von Jung-Stilling gelesen. Dessen Wort sprach ihn an: »Selig sind, die da Heimweh haben, denn sie sollen nach Hause kommen!« Zaremba hatte Heimweh nach Jesus, der »Erscheinung des wahren Gottes selbst«. Gleichzeitig erwachte bei seiner Bekehrung das Mitleid mit den »Niedrigen, Verführten und Zerrütteten«.

Er, der als Major und Jurist am Anfang des diplomatischen Dienstes stand, wollte sein Leben ganz demütig und bescheiden in den Dienst Jesu Christi stellen. Ob Krankenpfleger oder Handwerker, wenn es sein muß auch Kaminfeger, alles könnte er sein, wenn er darin nur seinem Herrn nachfolgt. So verschenkte er zuerst sein ganzes Vermögen.

Er wollte das nicht als ein »Opfer« verstanden wissen, sondern als eine Tat des Gehorsams, »als innere Notwendigkeit, als eine göttliche Leitung und ein an mich ergangenes Gebot.«

Dann verließ er seine fürstliche Wohnung an dem schönen Newaprospekt in St. Petersburg, um nicht nochmals durch den Glanz seiner Karriere abgehalten zu werden, und wanderte zu Fuß los. Wohin? Er wußte es selbst nicht. Er suchte die Gegend auf, wo Jung-Stilling wirkte. Wenn man ihn fragte, sagte er, er suche Leute,

die »nach der Bibel leben«. So stand er eines Tages im Missionshaus in Basel, nachdem ihm in Weinheim das Geld ausgegangen war. Ein Enkel Jung-Stillings hatte ihn noch nach Basel gewiesen.

Die dort waren ziemlich überrascht und verwundert, wer da in der Gestalt des heimatlosen, staubigen Reisenden vor ihnen stand. Man nahm ihn dann im Missionsseminar auf, wo er zwei Jahre lang die Schulbank drückte.

Für das Missionskomitee mußte das Kommen von Zaremba als Wunder einer großen Führung Gottes empfunden werden. Man war eben dabei, die ersten Boten in jenes Grenzgebiet des riesigen russischen Reiches zu senden, das hinter dem Kaukasus lag. Dort konnte man einen diplomatisch kundigen, russischsprechenden Mitarbeiter bestens gebrauchen. Nach dem Gesetz des russischen Reiches war jedem Untertan der Übertritt zu einer anderen als der russisch-orthodoxen Kirche verboten.

Tatsächlich hat Zaremba 1821 bei Zar Alexander I. eine stets widerrufliche Ausnahmegenehmigung für Heiden- und Moslemmission im Kaukasus erreichen können. Einige Jahre später arbeiteten schon sechs Basler Missionare im Kaukasus.

Einige arbeiteten am Kaspischen Meer, wo eine Schule im hochgelegenen Schuscha eröffnet wurde, später auch ein Lehrerseminar und eine Druckerei. Zaremba selbst zog nach Tiflis in Georgien, ins Hochtal des Kaukasus. Andere arbeiteten unter den Tataren am Nordrand des Kaukasus. Christliche Schriften in Armenisch, Persisch, Arabisch und Türkisch konnten verteilt werden.

Einer hatte das Neue Testament ins Armenische übersetzt. Zaremba bat in einem armenischen Kloster um die Anerkennung des Textes. Die Priester aber waren eifersüchtig. Offenbar regte sich schon neues geistliches Leben durch die verteilten Evangeliumsschriften. »Wir wünschen es nicht!« hieß es barsch. Der armenische Patriarch verbot zunächst die missionarische Arbeit.

Dennoch wurde das armenische Testament in Moskau gedruckt. Es bedeutete für die zerstreuten armenischen Bibelgruppen eine große Hilfe.

Nun verlegten die Basler ihr Wirken ganz auf die Moslems. Sie kamen bis Bagdad, aber auch in die persischen und türkischen Provinzen. Einer arbeitete in Kurdistan.

Zaremba berichtet: »Oft kommen zehn bis zwanzig Mohammedaner in unser Haus, um über die Religion mit uns zu sprechen ... Aber von bleibendem, tiefen Eindruck der Wahrheit in Christus ist bis jetzt unter ihnen noch nichts wahrzunehmen ... Gewiß wird auch über diesen mohammedanisch toten Gefilden noch ein Lebenswind des Geistes Gottes wehen. Dann werden sie sich regen, und es wird sich zeigen, daß sein Wort nicht leer zurückkommt.«

1835 führte aber ein Ukas, ein Erlaß des russischen Zaren, zum endgültigen Auflösen der Basler Missionsarbeit im russischen Reich.

Dennoch war die Arbeit nicht vergeblich gewesen. Pfander, einer der Basler Missionare, schrieb ein umfangreiches Buch über den Islam und Jesus Christus. Es wurde ins Armenische, Tatarische und Persische, aber auch ins Englische, übersetzt und hat manchem Moslem den Weg zum Glauben an Jesus Christus gebahnt.

Eine kleine Gemeinde in Schamachi, die alle Stürme überdauert hatte, bekam nach 30 Jahren die Erlaubnis, sich als selbständige evangelische Gemeinde zu organisieren.

Nun begann für Felizian Graf Zaremba ein neuer Lebensabschnitt: die Betreuung der Missionsfreunde in der deutschen Heimat, von den Alpen bis nach Kassel, vom Elsaß bis nach Sachsen.

Das war gar kein so leichter Dienst. Mission hatte in Deutschland damals viele Feinde. So nimmt es nicht wunder, daß 1843 im rationalistischen Hessen alle Kirchen versperrt blieben. Gnädigerweise wurde Zaremba noch ein Vortrag in der Schloßkirche zu Darmstadt gestattet. Anschließend wurde er aber deswegen des Landes verwiesen. Das Edikt gegen »fremde Missionare« wurde bestätigt und erneuert.

Ähnlich erging es Zaremba in Gotha, wo die Buchhändler-Familie Perthes auf eine Einladung von Zaremba drang. Es hieß da in einem Bericht: »Tadeln müssen wir es, daß er in der Schloßkirche Gothas wie zu einer unkultivierten russischen Bauerngemeinde sich zu sprechen erlaubte ... Mag die Missionsgesellschaft in Basel fähigere Männer als Redner auftreten lassen, damit sie sich und die Sache, die sie fördern will, in den Augen des gebildeten, an eine gute Predigt gewöhnten Publikums nicht lächerlich macht.«

Ganz anders erging es Zaremba in Württemberg, wo er viele treue Freunde in Kirchen und Gemeinschaften fand. Er machte das Lied des Basler Missionslehrers Samuel Preiswerk »Die Sach ist dein, Herr Jesu Christ« erst zum Missionslied, indem er den dritten Vers dichtete:

Du starbest selbst als Weizenkorn
und sankest in das Grab;
belebe denn, o Lebensborn,
die Welt, die Gott dir gab!
Send Boten aus in jedes Land,
daß bald dein Name werd bekannt,
dein Name voller Seligkeit;
auch wir stehn dir zum Dienst bereit,
zum Dienst in Kampf und Streit.

Karl Kumm

Daß manche ästhetischen Musikkritiker die Haydn'-sche Melodie nicht ertragen können, hat dem Lied nicht geschadet. Es gehört zu den weltweit am meisten gesungenen Liedern der christlichen Kirchen überhaupt. So klingt gerade durch das Lied des bescheidenen Zaremba in vielen Sprachen weiter: Wer Frucht bringen will für Jesus, muß bereit sein, sein Leben in den Tod zu geben. Und wer am Reich Gottes teilhaben will, muß auch den Weg des Leidens und der Passion Jesu gehen.

Daß dieses Lied eine fröhliche und sieghafte Melodie hat, war Zaremba wichtig. Es ist ein Freudenlied der Mission, auch wenn es oft unter Tränen zum Sterben geht.

Einen großen strategischen Impuls für die weltweite Mission hat Zaremba auch mit dem von ihm entworfenen Plan einer »Pilgerstraße« gegeben. Er hatte bei den deutschen Kolonien in den südrussischen Gebieten entdeckt, welche Bedeutung aneinandergereihte christliche Siedlungen für die Ausbreitung des Evangeliums in einem fernen Land haben könnten.

Christian Friedrich Spittler, der Gründer der *Pilgermission St. Chrischona*, hat dann mit Samuel Gobat diese Pläne weiter verfolgt und eine »Apostelstraße« mit zwölf Missionsstationen nach den Namen der Apostel von Jerusalem nach Äthiopien geplant.

Schon der Missionspionier Ludwig Krapf hatte zuvor seine Missionsstation in Rabai im heutigen Kenia als erstes Glied einer ganzen Kette von Stationen von Ostafrika bis zum Atlantik gegründet.

Die spätere Mission in Uganda war eine Weiterentwicklung dieser Planungen. Schließlich griff Peter Cameron Scott, der Gründer der *Afrika-Inland-Mission*, diese strategische Idee auch wieder auf. Er wollte Missionsstationen von der Küste quer durch Afrika bis in den Tschad Zentralafrikas schaffen.

Auch Karl Kumm, Pionier und Forscher im riesigen Gebiet des zentralafrikanischen Sudangürtels, Gründer von zwei großen Sudan-Missionen, arbeitete an einer Verbindung vom Nil zum Niger. Dieser anglo-ägyptische Sudan war das größte bislang noch nicht evangelisierte Gebiet der Welt, etwa so groß wie China. Gleichzeitig sollten nach der Idee Kumms sowohl von Nordnigeria her als auch von Ägypten aus die Missionsstationen für die bis zu 100 Millionen dort lebenden Menschen aufgebaut werden.

Allen Warnungen zum Trotz durchquerte Kumm in einer unglaublich wagemutigen Expedition 1909 als erster Europäer das damals noch fast völlig unerforschte Gebiet vom Haussaland in Nigeria bis nach Khartoum und Ägypten. Nicht die große Hitze und trostlose Dürre machten ihm dabei am meisten zu schaffen, sondern unermeßlich riesige Sümpfe und endlose tropische Regengüsse, die bis zu 36 Tage andauerten und alles überfluteten. Acht Pferde und 25 Ochsen starben. Dazu kam ein heftiger Sturm, als sie eben einen Hochwasser führenden Fluß überqueren wollten. Die Expedition wäre fast gescheitert. Auch waren bald die Lebensmittel aufgebraucht, weil sie mit denen auch die bis auf Haut und Knochen abgemagerte Bevölkerung versorgten. Schließlich kochten sie die Antilopenfelle, die sie als Schlafmatten bei sich hatten, und verzehrten sie. Schlimm wüteten Krankheiten, aber nur einer der 200 Teilnehmer der Expedition starb unterwegs.

In England feierte man den im deutschen Harz geborenen Karl Kumm wegen dieser heroischen Leistung als den Letzten vom Typ der Livingstones.

Nicht zuletzt hat auch die amerikanische *Christian and Missionary Alliance (CMA)* sowohl in Guinea auf dem Weg in das geheimnisvolle Timbuktu, wie in Zaire auf dem Weg zu den großen Seen immer mit der gleichen strategischen Planung gearbeitet.

Daß letztlich die Pläne sich häufig anders entwickelten, ist ein gutes Zeichen für die Flexibilität und Anpassungsfähigkeit der Missionsleiter. Politische, sprachliche und kulturelle Eigenarten der betreffenden Länder zwangen oft zum Umdenken und zum Verlassen einer theoretischen Strategie. Auch brachte das neu entstehende ganz neue logistische Möglichkeiten für die Mission. Nicht zuletzt zwangen oft die fehlenden Finanzen zu einem Verzicht.

Eins aber blieb weithin von der Idee einer langen Verbindung von Missionsstationen lebendig, daß dadurch eine Barriere gegen das weitere Vordringen der islamischen Flut in Afrika aufgerichtet werden könnte.

## Judenmission –
## eine andere Art von Holocaust?

# Dürfen Juden ihren Messias Jesus kennen?

*Christen sind Messiasleute – Die schrecklichen Judenkonvente – Juden als Brüder – Gottes Verheißungen für Israel – Der charmante Jude Joseph Wolff aus Bayern – John Nicolayson – Tumult in Jerusalem – Messianische Juden – Judenmissionare starben unter Nazis*

Christen sprechen oft, ohne daß es ihnen bewußt ist, vom Messias. Indem sie sich als Christen bezeichnen, nennen sie sich eigentlich »Messiasleute«; denn das Wort »Christus« ist die griechische Übersetzung des Titels Messias.

Die ersten Christen haben in ihrem Bekenntnis immer wieder diesen einen Punkt herausgestellt: Jesus ist der gottgesandte Messias. Damit lösten sie jedoch schon vor 2000 Jahren einen Sturm der Entrüstung unter ihren jüdischen Landsleuten aus.

Eine bedrückende Intoleranz hat sich aber heute in evangelischen Kirchen in Deutschland breitgemacht, wenn es um die Mission unter Juden geht.

Judenmission sei »Holocaust mit andern Mitteln!« empören sich nicht nur jüdische Rabbiner, sondern oft auch evangelische Theologen.

Juden dürften nicht zu evangelischen Gottesdiensten oder kirchlichen Veranstaltungen eingeladen werden, wird da gefordert. Unter Hinweis auf die schrecklichen Judenvernichtungen und die Morde in der NS-Zeit wird deutschen Christen das Recht abgesprochen, Jesus als den Messias vor Juden zu bekennen.

Mit biblischem Recht haben dann Vertreter einer Judenmission darauf hingewiesen, daß es »das größte Verbrechen und die schlimmste Form von Antisemitismus sei, den Juden die gute Nachricht von Jesus vorzuenthalten.«

Aus guten Gründen stehen die Judenmissionen in keiner Weise in der Tradition der schrecklichen mittelalterlichen Taufversuche an Juden. Damals haben christliche Kirchen nichts anderes versucht, als ihre Macht über Juden auf erschütternde Weise auszuüben. Dabei wurden den Juden auch wirtschaftliche Vorteile versprochen, wenn sie sich taufen ließen.

Die schlimmen Judenkonvente im 17. Jahrhundert haben mit der späteren Judenmission absolut nichts gemein. Sie gehören noch ganz in die Zeit der Orthodoxie und müssen als Einrichtung des Landesherrn verstanden werden, der seine obrigkeitliche Aufsicht und Verantwortung nun auch streng über jüdische Bürger verstanden wissen wollte. Sie sind Teil des landesherrlichen Kirchenregiments.

Im Dreißigjährigen Krieg wurde aus diesen Veranstaltungen eine feste Einrichtung. Alle jüdischen Bürger ab 14 Jahren mußten dort erscheinen. Dann verordnete die christliche Obrigkeit eine »heilsame Lehre«. Die Juden hielten sich, wie man aus zeitgenössischen Berichten weiß, dabei die Ohren zu, schrien und tobten mit Recht. Der Landgraf erzwang dann durch Androhen drakonischer Strafen wenigstens für eine halbe Stunde Ruhe.

Erst um 1700 sah die Erweckungsbewegung des Pietismus Juden ganz neu als Brüder, denen man das Zeugnis der Liebe schuldig ist. Dabei wußte man ja gerade, wie tief man im Gott Abrahams, Isaaks und Jakobs, auch durch Propheten und Psalmen unlösbar mit dem jüdischen Volk verbunden ist. Nur das eine wollte man bezeugen: Jesus, der Jude – der Messias.

Ein wichtiger Abschnitt der echten Judenmission beginnt mit einer seltsamen Verfügung in einem Testament. Eine reiche Dame auf einem englischen Rittergut hatte bestimmt, die Bäume ihres Landguts dürften nicht gefällt werden, bis die Juden wieder nach Palästina zurückkehren und im Land ihrer Väter siedeln würden.

1808 ritt der reiche Lous Way an diesen Bäumen vorbei und hörte von der merkwürdigen Bestimmung. Plötzlich interessierte er sich für die biblischen Verheißungen, die das Volk der Juden betreffen. Aus seinem gründlichen Studium der Bibel erwuchs noch in demselben Jahr die Gründung der *Londoner Judenmissionsgesellschaft*.

Sie war es auch, die Joseph Wolff nach Jerusalem entsandte. Er war ein merkwürdiger und außergewöhnlicher Reiseprediger. Von einer Familie bayrischer Juden stammte er ab. Sein Vater war Rabbiner. Durch Gespräche mit einem Grafen wurde Joseph Wolff Christ. Er begab sich nach Rom, um sich als Missionar ausbilden zu lassen. Wegen seiner biblischen Ansichten wurde er aber ausgeschlossen. Kurz darauf wandte er sich zur anglikanischen Kirche und wurde dort für die Mission unter Juden bestimmt.

Wolff war ein begabter und energischer Sprachforscher, reiste viel durch Europa, Ägypten, Äthiopien, Arabien, Mesopotamien, Persien, Afghanistan, Turkistan und Indien. Als eifriger Gesprächspartner im Dialog und mutiger Prediger ist er oft nur knapp dem Tod entkommen. Er wurde überfallen, beraubt, geschlagen und gefangengenommen.

1823 traf dieser charmante und kühne Wolff in der Begleitung von zwei amerikanischen Missionaren, die unter Arabern arbeiteten, in Jerusalem ein und predigte völlig ungeniert von Jesus, dem Messias.

Wolff mußte seine Meinung gründlich revidieren, als ob an den Trümmern des Tempels in Jerusalem die Wahrheit der Jesusworte am überzeugendsten verstanden werden könnten. Der Widerstand der Juden in Jerusalem gegen seine Predigt war stark. Selbst die von ihm verbreiteten hebräischen Alten Testamente wurden von Rabbinern verbrannt oder zerrissen.

Auch der 23 Jahre in Jerusalem wirkende edle und feinsinnige John Nicolayson mußte erleben, daß alle Juden sich gegen seine Worte verschlossen. Als Nicolayson dann zwei hebräische Christen nach Jerusalem brachte, war die jüdische Gemeinde bestürzt. Niemand grüßte. Die jungen Leute rannten davon, wenn sie auf die jüdischen Christen trafen. Monatelang suchten diese aber den Kontakt mit Rabbinern, harrten trotz eines gegen sie ausgesprochenen Banns aus und erreichten schließlich, daß Rabbi Joseph Christ wurde. Gespräche über die Messiasweissagungen des Jesaja überführten ihn.

Mit großen Tumulten wurde Rabbi Joseph verhaftet und schließlich nach Konstantinopel überstellt, nachdem er zuvor der Scheidung von seiner vor einem Jahr geheirateten Frau zugestimmt hatte. Man hat nie mehr etwas von ihm gehört.

Auch als England und Preußen gemeinsam den Judenchristen Dr. Michael Solomon Alexander als Bischof nach Jerusalem entsandten, verrechneten sie sich gründlich. Seine jüdische Abstammung wirkte sich nicht günstig aus. Die Juden betrachteten ihn als einen Abtrünnigen.

Als er schon 1845 ganz unvermittelt starb, trat Samuel Gobat, der Basler Missionar, der mehrere Jahre in Äthiopien gearbeitet hatte, an seine Stelle. Auch am Ende seiner Wirksamkeit war die judenchristliche Gemeinde in Jerusalem klein. Als er sein Bischofsamt antrat, zählte man 31 hebräische Christen. 200 wurden in den nächsten Jahrzehnten zu Jesus geführt.

Am bedeutsamsten war für die jüdische Gemeinde sicher die Verbreitung des hebräischen Alten Testaments durch den Kolporteur Coral. Anfangs mußte er sich, wenn er durch die Gassen der Altstadt ging, gegen den Ruf: »Brüder, die Pest der Juden!« wehren. Seine Ausdauer führte jedoch dazu, daß schließlich jede Familie in Jerusalem eine hebräische Bibel hatte, neben dem Alten Testament oft genug auch noch das Neue Testament.

Joseph Wolff wäre zweifellos gerne selbst Bischof in Jerusalem geworden. Schon damals hoffte man, alles für eine baldige Rückkehr der Juden in das Land der Väter vorbereiten zu können. Man sah die Erfüllung der prophetischen Ankündigungen vom Ende der Zeit sehr nahe. Gobat war an dieser Stelle zweifellos zurückhaltender und nüchterner.

Daran wird sichtbar, wie Judenmission ganz entscheidend von messiasgläubigen Juden getragen wurde. Sie eiferten um ihre Volksgenossen, viel mehr, als es andere tun konnten.

»Die Liebe des Christen umfaßt alle Menschen – ist der Jude nicht unser Nächster, ja der Blutsverwandte Jesu Christi?« fragte der Theologe und Förderer der Judenmission, Franz Delitzsch 1839. »Die Liebe des Christen gibt das Beste, das sie hat – was haben wir Besseres, als die unaussprechliche Gabe, den edelsten Schatz, die köstlichste Perle, als Jesus Christus unseren Herrn.«

Es muß auch daran erinnert werden, daß im Holocaust des Dritten Reichs die meisten Mitarbeiter der judenmissionarischen Gesellschaften umgebracht wurden, weil sie ja genaugenommen Juden waren. Kein anderes christliches Werk hat so viele Menschen verloren, wie gerade die Judenmissionen.

Es ist das bleibende Verdienst der Judenmissionen, daß sie deutlich zum Ausdruck brachten, wie Christen und Juden unlösbar zusammengehören. Sie haben durch die Schaffung von Instituten zur Erforschung des Judentums viel zum Verständnis des Erbes Israels beigetragen.

Heute gibt es in Israel etwa 3000 Juden, die an Jesus als ihren Messias glauben. Das ist eine kleine Zahl, aber groß, verglichen mit den 350 messianischen Juden im Jahr 1965. Die Bewegung wächst stark und ist missionarisch in etwa 40 hebräisch sprechenden Gemeinden aktiv. Durch die Einwanderung russischer Juden sind die messianischen Gemeinden weiter gewachsen.

Im Bezeugen des Evangeliums vom Messias Jesus danken Christen Israel für das von den Juden übermittelte Heil. Damit bezeugen Christen auch die unverbrüchliche Treue Gottes, den unauflösbaren Zusammenhang zwischen altem und neuem Bund.

## Afrikaner kennen am besten Land und Leute in Afrika

# Ein ehemaliger Sklave wird erster schwarzer Bischof

*Gescheiterte Expedition – Samuel Crowther als Dolmetscher – Vorstoß ins Landesinnere – Kannibalische Greuel – Evangelium überwindet Geisterfurcht – Dank für Befreiung von Sklavenschiff – Afrikanische Kirchenführer – Mehrere zehntausend Missionare*

Es war ein ganzes Schiffsgeschwader, das im April 1841 England verließ, um das unbekannte Innere Westafrikas am Nigerfluß zu erkunden. Die große Expedition war mit Ärzten, Naturforschern, landwirtschaftlichen Fachleuten und Offizieren besetzt. Dazu kamen viele afrikanische Seeleute.

Es war die Zeit der industriellen Revolution in Europa. Plötzlich konnten Textilien und Stahlprodukte billig in Fabriken erzeugt werden. Mit der fortschreitenden Industrialisierung wuchs das Interesse am unbekannten Inneren Afrikas, das damals noch fast völlig unerforscht war.

Mit Schaufelraddampfern fuhr die Gruppe von der Bay von Biafra in das von 22 Flußarmen verzweigte Delta des Niger, um in die sogenannten Ölflüsse vorzudringen. Doch dann stoppte das tödliche Fieber die sorgfältig geplante Expedition. Zwei Schiffe mit schwerkranken Weißen mußten zuerst umkehren. Bald erkrankten auch die übrigen mit Ausnahme von drei weißen Seeleuten. Diese müssen eher wandelnden Schatten geglichen haben als mutigen Forschern.

Das Ergebnis dieser idealistisch geplanten Expedition wirkte deprimierend auf die Engländer, die an den Erfolg des Unternehmens große Erwartungen geknüpft hatten.

Wie es manchmal zu gehen pflegt, so hatte diese verunglückte Expedition aber auch eine positive Auswirkung. Als Dolmetscher wurde den Expeditionsteilnehmern ein junger Afrikaner namens

Samuel Crowther

Samuel Adschai Crowther mitgegeben. Als dieser miterlebte, wie die weißen Teilnehmer der Expedition von der Krankheit schwer heimgesucht wurden, fällte er den mutigen Entschluß, künftig nur noch mit Afrikanern solche Unternehmungen zu planen.

Erstmals wurde hier mit der simplen und richtigen Erkenntnis ernstgemacht, daß Afrikaner selbst die Evangelisierung ihres Volks übernehmen müssen. Dankbar war Crowther für die Möglichkeit, nach Ende der Expedition zum weiteren Studium nach England geschickt zu werden. Seine große Begabung und sein Fleiß war den englischen Teilnehmern positiv aufgefallen.

Im Juni 1843 wurde er zum Predigtamt ordiniert, zusammen mit einer Gruppe von 25 Afrikanern. 13 Jahre nach der gescheiterten Expedition von 1841 und einem weiteren Versuch 1854 plante man 1857 wieder einen Vorstoß in den Norden des Niger. Samuel Adschai Crowther sollte als Seelsorger und Dolmetscher mitgehen. Dabei stellte es sich heraus, daß die erste Expedition gar nicht so vergeblich gewesen war, wie man anfangs gedacht hatte.

Die Teilnehmer dieser dritten Expedition waren erschüttert über das Ausmaß der Zerstörung durch die vom Norden einfallenden Banditengruppen. All dies weckte bei Crowther den Wunsch, jetzt mit einer ganz von Schwarzen geleiteten Nigermission zu beginnen. Er war der Mann, der hier endlich von der Küste aus den Vorstoß ins Landesinnere zur Gründung von christlichen Gemeinden wagen konnte. Diese rein afrikanische Mission in Ostnigeria am Nigerfluß hatte aber nur sehr unzureichend ausgebildete Helfer aus Sierra Leone zur Verfügung.

Nicht nur im Innern des Landes herrschte finsterster Götzenkult, sondern auch an der Küste. Menschenopfer und Menschenfresserei waren weit verbreitet im Nigerdelta. Starb ein Reicher, dann wurden bis zu fünfzig Sklaven getötet. Wenn ein großer Baum gefällt wurde, mußten fünf Menschen sterben. Menschenschädel waren überall als Fußschemel in Gebrauch.

Crowther schrieb im Blick auf die kleinen, armseligen Hütten, die sie als Kirchen errichtet hatten: »Der heidnische Tempel spottet jetzt unseres schwachen Kirchenbaus. Die Schädel und Gebeine der Geopferten sind alle wieder sorgfältig angebracht. Neulich hat man drüben über dem Fluß einen Mann, eine Frau und ein Kind geraubt, alle drei erschlagen, gefressen und ihre Gebeine und Schädel hier aufgestellt.«

Es muß erschütternd und auch für die Bewohner erschreckend gewesen sein, wie die Priester das Menschenfleisch zubereiteten. Sie daran zu hindern, »ist nicht leichter, als einen Löwen von seiner Beute wegzuscheuchen.«

Crowther wanderte bis tief ins Landesinnere und gründete viele Missionsstationen. »Was hat doch Gott in diesem kurzen Zeitraum des Kampfes zwischen Licht und Finsternis getan!« schrieb Crowther in sein Tagebuch. Er wandte sich auch der westlich des Nigerflusses gelegenen Küstenregion zu. Dort in der Stadt Bonny wurde später der erste Christ um seines Glaubens willen umgebracht. Dieser Tod aber führte zu einem Umdenken bei den dort lebenden Völkern und zur völligen Freiheit der Verkündigung des Evangeliums. Die Macht des animistischen Geisterwesens war entscheidend gebrochen. Nigeria war durch den Dienst des vorwärts drängenden Crowther für das Evangelium geöffnet worden. Er selbst hatte die Heilige Schrift in die Yorubasprache übersetzt.

Nach 22jährigem Dienst als Pastor wurde Crowther 1864 in der Kathedrale von Canterbury zum Bischof der anglikanischen Gemein-

den am Niger geweiht. Es war ein bewegender Augenblick, als er als erster nichteuropäischer Bischof der anglikanischen Kirche eingesetzt wurde. Bei dem feierlichen Gottesdienst war auch jene Missionarsfrau von Bathurst dabei, einem kleinen Ort in der Nähe von Freetown, die damals den 13jährigen freigelassenen Adschai aufgenommen und ihm das Lesen und Schreiben beigebracht hatte. Er empfand zeitlebens große Dankbarkeit, daß er damals durch ein englisches Kriegsschiff aus dem engen, dunklen Schiffsrumpf eines portugiesischen Sklavenschiffs zusammen mit 187 anderen Sklaven befreit worden war. Der Kapitän des englischen Kriegsschiffs, das die gefesselten Sklaven in die Freiheit brachte, war der spätere Admiral Sir Henry Leeke.

Nie konnte er den Augenblick vergessen, als weiße Seeleute die Luken des Sklavenschiffes öffneten und den verstörten Schwarzen die Fesseln abnahmen. In unbändiger Freude tanzten sie herum und genossen die neugeschenkte Freiheit.

Viele kritisierten den Schritt der englischen Kirchenmission, einen Afrikaner als Bischof einzusetzen, heftig. Afrikaner seien für Leitungsaufgaben noch nicht reif. Der mutige Schritt bleibt deshalb hervorzuheben, weil die englische Missionsleitung schon früh erkannte, wie wichtig die Übergabe der Mission in einheimische Hände ist. Schließlich ist es ihr Land. Sie kennen Land und Leute besser und sprechen ihre Sprache. Die Zeit der Weißen aber lief schneller ab, als manche ahnten.

Leider setzten sich die Kritiker durch, die mit merkwürdiger Genugtuung darauf verwiesen, daß dieses Experiment nicht in allem gelungen sei. Nach dem schwarzen Crowther wurde wieder ein englischer Bischof für die Nigergemeinden bestimmt. Die großen afrikanischen Gemeinden im Deltagebiet des Niger trennten sich daraufhin von der englischen Mutter und bildeten eine eigene Kirche, die aber das freundschaftliche Verhältnis zur englischen Muttermission beibehielt. Überall am Ufer des Niger entstanden viele Gemeinden durch den treuen Dienst afrikanischer Evangelisten.

Es war der bleibende Verdienst Crowthers, daß er sich nach seiner Einsetzung als Bischof vehement dafür stark gemacht hatte, junge Afrikaner als schwarze Missionare zu gewinnen. Als er bei seinem Besuch im ehemaligen Predigerseminar *Fourah Bay College* in Sierra Leone begeistert empfangen wurde, mahnte er die dortigen Studenten: »Laßt euch nicht versuchen und wählt bitte keine ruhigeren Tage!«

Dann erzählte er den Studenten, wie man ihn oft bedauert hätte, weil er sich in die Ferne hätte schicken lassen, ohne daß ihm ein festes Gehalt garantiert worden sei. Er schäme sich aber, wenn er daran denke, welche Strapazen Kaufleute auf sich nehmen, nur um ein wenig Geld zu machen. Er wünsche sich keine Ruhe, bis der Herr selbst den Feierabend bestimme.

Als Samuel Adschai Crowther im Alter von 81 Jahren starb, hatte längst sein Sohn Dandeson die Leitung der Kirchen übernommen, die sein Vater in jahrelanger, mühevoller Arbeit aufgebaut hatte.

Heute ist es selbstverständlich geworden, daß Afrikaner selbst für die Leitung ihrer Kirchen verantwortlich sind. Wir können ihnen dabei helfen und sie unterstützen, weil die finanziell schwachen Gemeinden angesichts der Wirtschaftskrisen die nötigen Seminare oft nicht ganz aus eigener Kraft bauen und unterhalten können.

Mission und Evangelisation haben sie längst zu ihrer Sache gemacht, für die sie große Opfer bringen. Mehrere zehntausend einheimische Missionare aus der Dritten Welt arbeiten heute in fremden Kulturen, finanziert und getragen allein von kleinsten Opfern der armen und notleidenden Gemeinden Afrikas, Asiens und Südamerikas. Dies ist vielleicht die eindrucksvollste Missionsbewegung der gesamten Missionsgeschichte.

# Ein Uhrmacher beginnt die erste Moslemmission auf Java

*Wenn kein Winter kommt? – Staatliche Kolonialmission – Geldprämien für Taufen – Bibelkreis in der Hafenstadt – Häftling missioniert Banditen – Gastzimmer – Koranlehrer wird Christ – Jellesma, Apostel der Javanen – Familie Bär fast verhungert – Holländischer Kolonist mit Kultur*

Eine Missionsausbildung hat Uhrmacher Emde nie durchlaufen. Er stammte aus einer kinderreichen Familie aus Arolsen in der mitteldeutschen Grafschaft Waldeck. Sein Vater war Müller. Mit 17 Jahren ging Emde auf die Wanderschaft. In Holland wurde ihm erzählt, daß auf der immer grünen Insel Java der Sommer nie aufhöre. Das schien ihm dem Noahsegen in 1. Mose 8, 22 zu widersprechen, nach dem Sommer und Winter sich immer abwechseln sollten.

Da er ein gründlicher und bibeltreuer Mann war, wollte er das selbst nachprüfen und verdingte sich als Matrose auf einem Kriegsschiff. Viele Jahre mußte er nun beim Militär dienen und vor der Küste Borneos auf der Jagd nach Seeräubern kreuzen, bis er sich im Alter von 37 Jahren in der Hafenstadt Surabaja im Osten Javas ausmustern lassen und ein Häuschen kaufen konnte. Dort lernte er einen westfälischen Landsmann kennen, der ihm das Reparieren von Uhren beibrachte. Beiden gefiel es auf der Insel Java so gut, daß sie javanische Frauen heirateten. Von ihrem Handwerk der Uhrmacherei konnten sie gut leben.

Da logierte sich bei Uhrmacher Emde in Surabaja der holländische Missionar Joseph Kam ein. Der hatte in der Inselwelt Ostindonesiens eine weitgespannte Missionsarbeit unter geistlich fast erstorbenen Christen aufgebaut. Sie waren einst in der sogenannten holländischen Kolonialmission kaum tief bekehrt, sondern meist nur äußerlich Christen geworden. Hinter dieser von den Behörden der

Kolonialregierung im 17. Jahrhundert verordneten oberflächlichen Mission steckten wahrscheinlich mehr politische als religiöse Interessen. Die in dieser staatlichen Arbeit stehenden Pfarrer bekamen eine Geldprämie für jede Person, die sie tauften. Es war in vielen Fällen eine üble und schlimme Sache, die da im Namen und unter dem Deckmantel Jesu von kolonialen Beamten angerichtet wurde, letztlich nur, um ihre Macht zu stützen und besser abzusichern.

Wie anders war die Missionsarbeit des Joseph Kam! Er stand zwar noch im Dienst dieser staatlichen Kolonialmission, sah sein Amt aber ganz anders an. Die übermenschlich große Aufgabe der Betreuung von 50 000 Namenschristen in 80 Gemeinden in einem Umkreis von Hunderten von Meilen in der Inselwelt um Ambon konnte ihn allein noch nicht ausfüllen. So kümmerte sich Joseph Kam mit großer Hingabe um jene Stammesvölker auch auf den kleinen Inseln, die vom Islam bedroht waren. Er rief eine missionarische Bewegung einheimischer Christen ins Leben. Daneben hat er die Kirche auf den Molukken von Grund auf erneuert.

Für diese großen Missionsaufgaben konnte Kam viele Mitarbeiter gebrauchen, die er aus dem Missionsseminar von Pfarrer Jänicke in Berlin anforderte. Auf Ambon errichtete Kam ein eigenes Predigerseminar. Sein Bruder begann in der Nähe Rotterdams ein Missionsseminar in seinem Pfarrhaus, um die auf den Inseln benötigten Mitarbeiter auszubilden.

Das Recht, überhaupt in der holländischen Kolonie arbeiten zu dürfen, hatte Kam nur erhalten, weil er gleichzeitig auch die vielen Gemeinden der nominellen Christen als Kolonialbeamter betreute.

Man sieht, Joseph Kam hatte einen weltweiten Horizont und plante in den großen Dimensionen des Reiches Gottes. Er war ein Mann, der in die Weite wirken konnte und die beiden Uhrmacher begeisterte. Weil er nun in Surabaja einige Zeit auf das Schiff warten mußte, das ihn nach der Insel Ambon bringen sollte, hatte er sich bei Uhrmacher Emde einquartiert. Er nutzte die Tage des Wartens, um in Surabaja einen Kreis gläubiger Menschen im Haus des Uhrmachers Emde zu sammeln.

Was Emde da hörte, muß einen tiefen Eindruck auf ihn gemacht haben. Er war gepackt und aufgewühlt. Viel erwachte jetzt auch in ihm von dem, was er einst noch daheim vernommen hatte. Er war selbst tief bewegt. Als dann Missionar Kam endlich mit seinem Schiff nach Ambon weiterreisen konnte, beauftragte er einfach Uhrmacher Emde, den Kreis weiter zu betreuen. Das hat Emde auch getan, so gut er konnte. Jeden Abend traf man sich in seinem Haus, sang ein Lied, las aus der Bibel und betete. Emde versuchte, mit ganz einfachen Worten den Bibelabschnitt zu erklären.

Bald wuchs die Teilnehmerzahl dieser Bibelstunde immer mehr. Je bekannter die Gruppe wurde, um so mehr wurde über sie gelästert und gespottet. Leider spielte dabei die evangelische holländische Gemeinde in Surabaja eine besonders schäbige Rolle. Die Leute aus dem Kreis von Emde standen treu auch zur geistlich ziemlich toten Gemeinde und dachten nicht daran, aus der reformierten Kirche auszutreten. Sie gingen regelmäßig zum Gottesdienst, obwohl sie manchmal die einzigen Besucher waren. Dort in der Stadtkirche ließen Emde und sein Uhrmacherkollege auch ihre Frauen und Kinder taufen.

Richtig schwierig wurde es erst, als ein neuer holländischer Pfarrer an der Stadtkirche eingesetzt wurde, der Uhrmacher Emde als »Schwärmer und gefährlichen Menschen« ins Gefängnis bringen ließ. Wie häufig in der Kirchengeschichte hatte die Kirche vor nichts so viel Angst wie vor kleinen Bibelkreisen gläubiger Leute, die sie verächtlich »Konventikel« nannte. Diese Kreise waren aber meist die besten und aktivsten unterstützenden Gruppen der Mission.

Im Gefängnis kümmerte sich Emde rührend um die Inhaftierten. Jetzt bekamen die Behörden auf einmal Angst, Emde würde mit seiner Schwärmerei das ganze Gefängnis anstecken. So ließ man ihn vorzeitig frei. Nun konnte er ungehindert seine Bibelstunden fortsetzen.

In seinem kleinen Häuschen richtete Emde einige kleine Zimmer für durchreisende Missionare ein. Diese »Prophetenstübchen«, wie man sie in Erinnerung an den Propheten Elisa nannte, standen den durchreisenden Missionaren kostenlos zur Verfügung. Dies war eine große Hilfe, weil man in der Hafenstadt Surabaja manchmal wochenlang auf das nächste Schiff warten mußte.

Von den vielen Begegnungen mit Missionaren angeregt, gründete Emde einen Missionsverein. Es wurde viel gebetet in diesem

Bibelkreis in Surabaja. Obwohl alles Handwerker waren, die da zusammenkamen, fertigten sie eine Übersetzung des Neuen Testaments in malaiischer Sprache an, von der man sagte, daß jeder in der Stadt sie verstehen konnte. Bei der Übersetzung, die Gelehrte machten, hätte man dies nicht sagen können, heißt es in einer alten Missionsgeschichte. Diese Handwerker steuerten das nötige Geld zum Druck durch eigene Spenden bei, obwohl sie selbst nicht viel hatten.

Mit großer Sorgfalt und Liebe kümmerte sich Uhrmacher Emde um seine islamischen Nachbarn. Er war ja gleichsam durch seine Frau mit ihnen verwandt. Jetzt ließ Emde Traktate ins Javanische übersetzen und drucken und verteilte sie weit im Volk. Dabei mußte er auch erleben, daß die Mission unter Moslems zu den schwierigsten Arbeitsfeldern überhaupt gehört. Als er fast schon alle Hoffnung auf irgendwelche Frucht seines Wirkens aufgeben wollte, setzte ein großer Zulauf ein.

Immer mehr moslemische Javanen kamen, die im christlichen Glauben unterwiesen werden wollten. Manche reisten mehrere Tage weit her, um mehr vom Evangelium zu erfahren. Dann begehrten die ersten Bekehrten die Taufe. Darunter war auch ein einflußreicher Moslem. Ein Koranlehrer aus dem einige Stunden entfernten Dorf Wiung erschrak beim Lesen des Neuen Testaments über seine Sünde. Er erklärte seinen Bauern, daß nur Jesus Frieden und Vergebung schenken könne. Im Dorf kam es darüber zu einer Spaltung. Jeden Morgen trafen sich 25 Dorfbewohner beim ehemaligen Koranlehrer. Sie beteten zusammen, lasen die Bibel oder ein Traktat miteinander und unterhielten sich darüber.

Jetzt sperrte sich wieder der holländische Pfarrer an der Stadtkirche Surabajas. Offenbar genügte es ihm nicht, selbst in seinem Amt zu versagen. Er mußte auch noch die geistliche Arbeit der anderen blockieren. Seine Ablehnung begründete er vor allem damit, daß solche Taufen Unruhe unter den Javanen auslösen könnten. Ruhe war für diesen Pfarrer als Kolonialbeamter die erste Bürgerpflicht im Reiche Gottes.

Fünf Jahre lang mußten diese Taufkandidaten warten, bis sie endlich getauft werden konnten. Von da an wollten immer mehr Moslems Christen werden, darunter einflußreiche Leute.

Jetzt endlich konnte auch die *freie holländische Mission* einen Mitarbeiter zu Uhrmacher Emde schicken. Es war der holländische Missionar Jelle Eeltjes Jellesma, der in der Nähe ein neu gegründetes Christendorf betreute. Er hatte seine Braut auf der Insel Ambon in der deutschen Missionarsfamilie Bär gefunden. In dieser Tochter, die dann Jellesma heiratete, lag ein Stück der unsagbar schweren Lebensführung des Missionars Jakob Bär. Er nannte sie »ein Kind von Tränen und Gebet«. Nachdem sich Vater Bär, ein Basler Missionar, auf Ambon mit einer einheimischen Frau verheiratet hatte, wirkten sie auf der kleinen Insel Kisser bei Timor 15 Jahre lang unter unglaublich schwierigen Bedingungen. Drei Jahre lang erhielt er dort weder Gehalt noch Briefe. In schweren Hungersnöten lebte die Familie Bär auf der Insel Kisser von fauligen oder gedörrten Fischen und Waldwurzeln. Die Missionsleitung schrieb ihm aus der Heimat auf seine geschilderte Not, er solle nicht klagen, sondern sich »durch Zufriedenheit mit dem durchaus Nötigen als rechter Bote des Evangeliums erweisen«. Über diesen schrecklichen Nöten ist Bär früh gealtert.

Nun hatte Uhrmacher Emde in Jellesma und seiner Frau eine große Hilfe, aber auch eine mutmachende Stärkung und nicht zuletzt eine geistliche Bereicherung. Auch verpflichtete man Wilhelmine Emde, die Tochter des Uhrmachers, als Mitarbeiterin der Mission. Sie leistete ungeheuer viel, konnte aber unmöglich allein die ganze Weiterführung der Arbeit des Vaters übernehmen.

Es war schon ein merkwürdiger Weg, wie die Mission unter Moslems auf Java begonnen hatte. Surabaja war zwar voll von nominellen Christen, aber es gab anfangs außer den beiden Uhrmachern keine missionarisch gesinnten Leute. Früher, am Anfang des Jahrhunderts, hatten sogar deutsche Missionare aus dem Seminar Jänikkes auf Java gearbeitet. Dazu kamen englische Missionare, wenig später auch amerikanische. Der englische Gouverneur Sir Raffles förderte als bewußter Christ diese Missionsarbeit.

Als aber 1842 die Holländer die Kolonialherrschaft in Java übernahmen, vertrieben sie aus Rücksicht gegenüber den Moslems alle ausländischen Missionare. Die holländische Kolonialregierung nahm sorgfältig auf die Gefühle der Moslems Rücksicht. Darum verschloß sie Java, den wichtigsten Teil ihres indonesischen Kolonialreiches, vor den Missionaren.

Nun benützte Gott einen Uhrmacher als sein Werkzeug, das mehr erreichen konnte, als viele andere zu Missionaren trainierte und ausgebildete Leute. Daran wird auch ersichtlich, wie eine solche Berufung durch Gott noch wichtiger ist als alle noch so qualifizierte Ausbildung. Neben einer großen Gemeinde mit 2000 Christen zählte man bei Emdes Tod noch 32 kleinere Gemeinden, deren Entstehung er beeinflußt hatte. Javanische Reiseprediger, mit Büchern versehen, zogen durchs Land, mehrere Tagereisen weit.

Missionar Jellesma war dann der Mann, der die Arbeit wirklich hätte weiterführen können. Ihm hat man auf einem Denkmal den Ehrennamen »Vater der Javanen« gegeben. Durch die große, aufreibende Arbeit aber war seine Kraft schon früh gebrochen. Jellesma starb schon ein Jahr vor dem Uhrmacher Emde, der 1859 im Alter von 85 Jahren heimging.

Aber auch an anderen Orten Javas breitete sich das Evangelium aus. Der reiche holländische Kolonist Conrad Laueres Coolen hatte eine Dame aus adliger javanischer Familie geheiratet. Er schätzte alte kulturelle Traditionen und wußte, was diese für ein Volk bedeuteten. Auf seinem Landgut führte er mit einem landestypischen Puppentheater Geschichten des Alten und Neuen Testaments auf. Viele strömten zusammen und manche erhielten den entscheidenden Anstoß, Christen zu werden.

Heute nun, am Ende des 20. Jahrhunderts, bekehren sich nirgendwo auf der Welt so viele Moslems zum christlichen Glauben wie in Indonesien. Offenbar ist diese Form des Islam, ganz anders als sonstige in anderen Teilen der Welt, offen für das Evangelium von Jesus Christus. Manche Gemeinden wachsen jährlich sprunghaft, manche jedes Jahr um 100 Prozent.

Dabei darf aber nie vergessen werden, unter welch großen Opfern einst die ersten javanischen Christen gesammelt wurden. Es waren unzählige Missionare, die zur gleichen Zeit damals auf vielen der verstreuten Inseln, die heute zu Indonesien gehören, unter der Hingabe ihres Lebens wirkten.

## Kastenlose indische Bergstämme entdecken das Evangelium

# Ausgewiesen und verbannt um Jesu willen

*Katholische Priester bedrängt – Bibelstunden im russischen Tanzsaal – Johannes Goßner nach Berlin – Handwerker wie in der Apostelgeschichte – Das schlanke Missionsbüro – Die wachgeküßte Prinzessin – Kanalarbeiter in Kalkutta – »Keine Gräte für den Teufel!« – Widerstand und Verfolgung – Große indische Kirche*

Aus der Gefängnishaft heraus schrieb der katholische Pfarrer Martin Boos Briefe. Mit großem Interesse las sie sein Amtskollege Johannes Goßner, der auch zur Allgäuer Erweckungsbewegung innerhalb der katholischen Kirche gehörte. Keine politisch aufreizenden Themen wurden da verhandelt. Das allein erregte damals großes Mißtrauen und hartes Einschreiten, daß mehrere katholische Priester das biblische Evangelium von der Gnade Jesu entdeckten und ganz bewußt ihrer Kirche treu bleiben wollten.

Goßner übersetzte auch das Neue Testament ins Deutsche, damit es die katholischen Christen lesen können. Der Andrang zu den Predigten Goßners war gewaltig. 22 Jahre wirkte er in der katholischen Kirche in Bayern als Priester und zog mit dem biblischen Evangelium unzählige Menschen an.

Er wurde verhört, bespitzelt, zwangsversetzt. Schließlich wurde er aus Bayern ausgewiesen und meldete sich als Lehrer am katholischen Gymnasium in Düsseldorf. Die Kämpfe um seine Lehre aber gingen weiter.

Da verließ Goßner 1820 Deutschland und wurde Pfarrer an der katholischen Malteserkirche in der russischen Hauptstadt St. Petersburg. Goßner sah die großen Chancen für eine biblische Verkündigung im Zarenreich: »Es ist ein fruchtbarer Boden, ein großes, weites Feld, eine offene Tür, ja, ein großes Tor, das den Eingang in einen

Johannes Goßner

ganzen Weltteil beinahe öffnet.« In einem Palais an der Morskaja, einer der Prachtstraßen, hielt er im ehemaligen Tanzsaal Woche für Woche Bibelstunden ab. Der Saal mit seinen 1000 Plätzen war oft überfüllt.

Aber auch dort kam es zu Unruhen. Der russisch-orthodoxe Patriarch zwang den schwächlichen Zaren, gegen die Predigt von Goßner einzuschreiten. Die allmächtige Staatspolizei regierte das Land. Binnen drei Tagen mußte Goßner das Land verlassen.

In der zweijährigen Stille schrieb Goßner dann in Leipzig das wunderbare »Schatzkästlein«, ein Andachtsbuch. Jetzt löste er sich auch von seiner Mutterkirche und trat im Alter von 52 Jahren öffentlich zum evangelischen Glauben über.

Der preußische König benannte Johannes Goßner als Pfarrer an der Bethlehemskirche von Berlin. 17 Jahre lang wirkte Goßner dort als Nachfolger von Johannes Jänicke, der das erste Missionsseminar in Berlin ins Leben gerufen hatte.

Goßner war ein leidenschaftlicher Freund der Mission. Für ihn war Mission das »unerläßlichste, wichtigste und beglückendste Geschäft« eines Christen. Er nannte es die »heiligste und wichtigste Aufgabe eines jeden Christen«, die in der ganzen evangelischen Kirche auch diesen Stellenwert bekommen müßte.

Es waren dann, wie so oft in der Geschichte der Christen, Streitigkeiten und Mißverständnisse im Komitee der Berliner Mission, die zur Spaltung führten. Nun sind keineswegs Trennungen und Meinungsverschiedenheiten unter Christen immer schädlich. Sie können auch, wenn sie von Gott bestätigt sind, zu fruchtbaren und segensreichen Ausweitungen des Dienstes führen.

1836 trat Goßner aus dem Komitee der *Berliner Mission* aus. Eigentlich wollte er jetzt ganz in der Diakonie in Deutschland tätig sein. Er hatte neben seinem Pfarramt an der Bethlehemskirche Krankenvereine gegründet, auch die ersten Bewahranstalten für Kleinkinder geschaffen.

Aber sechs junge Männer, die sich schon bald bei Goßner meldeten, wollten unbedingt in die Mission entsandt werden. Bei der *Berliner Mission* hatte man sie abgewiesen oder zu längerem Warten geraten. Das tat treuen Missionsfreunden sehr weh. Die meinten, wenn solche jungen Leute zum Studieren kein Talent hätten, sollte man sie doch als Handwerkermissionare in den Dienst nehmen. Sie sollten in ihrem Beruf bleiben, aber durch »Gebet und Erleuchtung des Heiligen Geistes« ihrer Berufung in die Mission immer gewisser werden.

Einer konnte auch erzählen, daß Goßner vor Jahren in einer Versammlung auf ihn gedeutet und gesagt habe: »Du da in deiner blauen Weste, du mußt Missionar werden!« Jetzt stand er da. Goßner verstand dies als einen Fingerzeig Gottes.

Da es Handwerker waren, mußte Goßner in seiner Freizeit viel Mühe aufbringen, sie richtig auszubilden und auf den Missionsdienst vorzubereiten. Kurz darauf aber standen schon die nächsten Kandidaten vor der Tür. Bald waren es zwölf, das biblisch ideale Maß. Goßners Freude war »unbeschreiblich«. Er nannte seine Mission *»Demütige Einfalt«.*

Das Heimatbüro wurde allein von Goßner betrieben. Er war Hausvater, Sekretär und Packesel in einem. Er wollte auch keine Geldbeiträge suchen, aber Beter.

Das Vorbild von Goßners Missionaren war die Apostelgeschichte. Die missionarische Verkündigung sollte ganz schlicht Jesus, den Gekreuzigten, groß machen. Es war Goßners Idee, daß seine Missionare sich selbst das Geld für ihren Lebensunterhalt verdienen sollten. Doch bei den 141 Missionaren, die er im Lauf von 22 Jahren aussandte, stellte es sich heraus, das dieses sehr gute Prinzip auch seine Schwächen hatte. Manch einer der Missionare kam vor lauter

Gewerbe, Landwirtschaft oder Handel überhaupt nicht mehr zum Predigen des Evangeliums.

Was aber unter den Bergstämmen Bengalens geschah, das war Gottes Wunder. »Nicht von Menschen, sondern von Gott« heißt es in alten Missionsberichten. Andere nannten es die »Perle der deutschen evangelischen Missionen« oder auch das »Aschenbrödel der deutschen Missionen.«

Tatsächlich wurde da unter den kastenlosen Kols in den Bergen westlich Kalkuttas eine Prinzessin wachgeküßt, wie es im Märchen heißt.

Eigentlich wollten die in Kalkutta eingetroffenen Missionare weiter zu den Karen in Burma. Doch da sahen sie bei einem Morgenspaziergang in der Großstadt jene schmutzigen, halbnackten, dunkelhäutigen Kanalarbeiter, auf die die Hindus ganz verächtlich herabsahen, weil sie zu den Ureinwohnern gehörten. Sie mußten Abwasserkanäle reinigen und Straßen fegen. Dafür bekamen sie nur einen Hungerlohn. Sie erzählten dann den Missionaren von ihrer Heimat in den Bergen, wo sie auch schlecht behandelt und ausgebeutet würden. Englische Offiziere hatten sich schon bemüht, Missionare zu finden, um diesen unterdrückten Bergstämmen zu helfen. Die Kols lebten früher am Ganges und wurden dann von den Hindus in die dichten Dschungelwälder der Berge zurückgedrängt.

Seit 1845 arbeiteten die Missionare Goßners nun schon fünf Jahre im Hochland unter den verschiedenen Kolsstämmen, ohne irgendwelche Frucht zu sehen. Die Furcht vor der Macht böser, dämonischer Geister beherrschte diese Bergstämme. Mutlos schrieben sie heim: »Wir haben die Erde aufgerissen und gesät, aber Frucht will sich nicht zeigen.«

Goßner schrieb ihnen zurück: »Ob sich die Kols bekehren oder nicht, das sei euch gleich! Wenn sie das Wort nicht annehmen, sollen sie es zum Gericht hören. Ihr aber sollt fortfahren zu beten und zu arbeiten. Wir wollen hier auch für euch beten.«

Die Arbeit der Missionare in der glühenden Hitze forderte bald Opfer. Vier Mitarbeiter waren in kurzer Zeit gestorben. Auch hier war der Friedhof das erste Grundstück, das die Mission besaß. Dann wurde eine Schule errichtet. Neue Missionare kamen nach.

Wenig später kam der Durchbruch. Die ersten vier Kols konnten getauft werden. Wie freute sich Goßner, als er das hörte: »Die Kols müssen wir alle kriegen. Der Teufel soll keine Gräte behalten, weil der Heiland sie wegwerfen müßte, da sie faule Fische sind und nichts taugen.« Bald schon zogen die ersten Evangelisten der Kols durch die Dörfer.

Die Kols taten sich viel leichter mit der Bekehrung zu Jesus Christus als die Hindus. Sie brauchten nicht auf ihre Familien Rücksicht zu nehmen. Es gab kaum Feindschaft in der Nachbarschaft. Die Bekehrten waren die eifrigsten Missionare. Erst später regte sich Widerstand. Es kam zu Anklagen vor Gericht und Plünderungen. Selbst Frauen wurden geraubt. Unter diesen Bedrückungen aber reiften und festigten sich die Gemeinden.

Goßner berichtete in seinem Missionsblatt, wie ein vornehmer Heide zu einem der ersten Christen sagte: »Ich will mir eine neue Axt kaufen, nur um dich damit totzuschlagen; denn du bist es, der unseren ganzen Stamm entehrt und verführt.« Da antwortete der Christ: »Aus jedem Blutstropfen, den ich um Jesu willen vergieße, werden Tausende von Christen geboren werden!« Mutig bekannten diese Christen ihren Herrn auch im schrecklichen indischen Aufstand. »Jesus ist so groß und du bist so klein. Du willst mich zwingen, den Herrn zu verlassen?« sagten die Kols entschlossen. »Wie dumm bist du. Nie werde ich denn Herrn verlassen, auch wenn ich sterben muß.«

Es zog die Menschen in großer Zahl an, weil die Christen sich von Anfang an entschlossen von heidnischem Aberglauben und bösen Dingen trennten. Sie wollten sehr gewissenhaft den »christlichen Weg« noch besser kennenlernen. Die Vorsteher der Gemeinde wachten auch genau über das alltägliche Leben der Gemeinde. So entwickelte sich ein Christentum, das eng mit dem Leben des Stammes verbunden war.

Als Goßner mit 85 Jahren starb, sagte einer bei seiner Beerdigung: »Er hat mehr gearbeitet als alle andern!« Es war in der Tat genial, was hier ein Einzelner weitsichtig wirken konnte.

Im Jahr 1900 waren schon weit über 50 000 kastenlose Kols getauft. Schulen entstanden, Heime für Aussätzige, ein Predigerseminar, Krankenstationen und ein Krankenhaus. Das Neue Testament wurde in die Kolssprache übersetzt. Obwohl viele der Christen nach dem Tod Goßners mit ihren Missionaren zur anglikanischen Kirche wechselten, entstand doch eine große und lebendige lutherische Kirche mit über 200 000 Mitgliedern unter den Kols, nicht weit entfernt von der *Santalmission* des norwegischen Lars Olsen Skrefsrud.

# Was Liebe aus einem Strafgefangenen machen kann

*Jugendliebe – Wegen Raubüberfällen im Gefängnis – Lars Olsen Skrefs-rud wird Missionar – Ehefrau im Brautkleid beerdigt – Von Hindus verachtete Bergvölker – Sprachforscher und Völkerkundler – Große Ernte*

Am Ende des 20. Jahrhunderts gibt es unter der Bevölkerung des indischen Bundesstaates Westbengalen nur eine kleine Minderheit von 0,6 Prozent Christen. Die Metropole Kalkutta ist ein riesiges und bedrückend elendes Slumgebiet.

Noch immer sind die Ureinwohner der Bergstämme in den Augen der Hindus als »Outcasts« verachtet und benachteiligt. Das rassistische Kastendenken des Hinduismus gibt anderen Völkern keine Chance, als gleichwertig angenommen zu werden.

Dort unter den Santals, die heute fast zwei Millionen Menschen zählen, begann 1867 Lars Olsen Skrefsrud seine große Missionsar-beit. Daß dieser Norweger sich im Mittelpunkt des Santallandes nie-derließ, hatte seine besonderen Gründe.

Ursprünglich arbeitete auch Lars Olsen Skrefsrud vier Jahre mit der Mission von Johannes Goßner unter den Ureinwohnern, den Kols. Aus Blättern und Zweigen baute er sich ganz primitiv eine Hütte.

Dann ließ er Anna Osum, seine Braut, nachkommen. Schon vorher hatte sie ihm voll Hingabe und Opferbereitschaft geschrieben: »Ich folge dir nach, verliere den Mut nicht!« Im Alter von 25 Jahren heiratete Lars Olsen Skrefsrud in Bengalen. »Du hast mich durch deine Fürbitte auch in den schwersten Jahren der Erniedrigung getra-gen!« sagte der glückliche Bräutigam zu seiner Braut. Ihr verdankte er unsagbar viel in seinem Leben.

Es war eine wunderbare Jugendliebe. Anna hatte auch dann nicht mit Lars Olsen Skrefsrud gebrochen, als er wegen schweren

Lars Olsen Skrefsrud

Raubes vier Jahre im Gefängnis saß. Dort als Häftling Nr. 658 wurde ihm die Berufung zum Missionsdienst zur Gewißheit.

Als Vorbestrafter bekam er nach der Lehre bei einem versoffenen Kupferschmied keine Arbeit. Die norwegische Mission aber konnte sich mit dem Gedanken nicht anfreunden, einen ehemaligen Sträfling als Missionar auszusenden.

Da empfahl ein Herrnhuter Missionar Skrefsrud das Missionsseminar von Johannes Goßner in Berlin. Weil ihm das Reisegeld fehlte, ließ sich Skrefsrud als Schiffsjunge anheuern. So kam er nach Deutschland und wurde Missionar von Johannes Goßner. Die Mission hatte aber kein Geld, um ihn auszusenden. So wanderte Skrefsrud über München nach Triest und erhielt als besonderes Entgegenkommen vom Kapitän preisgünstig einen Deckplatz. So erreichte Lars Olsen Skrefsrud Indien.

Aber dann starb in Indien seine geliebte Ehefrau nach wenigen Jahren ganz plötzlich. Im Brautkleid beerdigte er sie. Am liebsten wollte er jetzt schweigen. Um der vielen Menschen willen aber mußte er am Grab von der Liebe Gottes sprechen. Und er erzählte von der nie endenden Herrlichkeit bei Jesus.

Das war dann schon in Eben-Ezer, der Missionsstation unter den Santals. Es war nach vier Jahren zum Streit mit älteren Kollegen aus der Goßner-Mission gekommen. Skrefsrud trennte sich mit anderen und suchte eine neue Aufgabe. So kam er zu den Santals.

Diese Santals gehörten als Ureinwohner Indiens zu den Ärmsten der kastenlosen Armen. Als »Waldmenschen« oder auch als

Santals

»Waldaffen« von Hindus verachtet, lebten sie lange Zeit rechtlos. Sie waren despotischen Herrschern, undurchsichtigen Geldleihern und bestechlichen Polizisten hilflos ausgeliefert. Ihre Sprache, die noch niemand aufgeschrieben hatte, war schwierig zu erforschen.

Für die Missionsmethode Skrefsruds war kennzeichnend, daß er sich ganz auf die Kultur der Santals einließ. Darin war er seiner Zeit weit voraus. Er konnte sagen: »Wir sind zu den Santals gekommen, um ihnen das Christentum zu bringen, und nicht, um ihnen ihr Volkstum zu nehmen.«

So lebte Skrefsrud ganz mit den Santals. Er ging mit ihnen auf die Jagd, nahm an ihren Beerdigungen und Hochzeiten teil und beobachtete ihre Sitten. Er studierte ihre Mythologie und ihre sozialen Bindungen.

Wie die Einheimischen saß er mit verschränkten Beinen auf dem Boden, aß mit der Hand und schlief in den Ställen.

Dem besonders sprachbegabten Skrefsrud ist es zu verdanken, daß die mündlichen Überlieferungen dieses Volkes nicht verloren gingen. Das macht ihn auch für Völkerkundler wichtig und bedeutsam. Er schrieb später in der Santalsprache eine völkerkundliche Studie über Traditionen und Institutionen dieses Volkes.

Er wirkte auch als Sozialreformer und hob den Lebensstandard der Santals, ohne ihre Lebensgewohnheiten und ihren Lebensstil zu verändern.

Skrefsrud griff ebenso die santalsche Musik auf und übersetzte christliche Lieder, die rasch überall gesungen wurden. Schon nach einem Jahr konnten die ersten drei Christen getauft werden.

Stetig wuchs die Schar der Christen. Die zum Glauben gekommenen Santals führten viele ihrer Familienangehörigen und Bekannten zu Christus. Sie übernahmen auch die erste Unterweisung im Glauben bis zur Taufe.

Dieser Schritt war nicht leicht. Die Santals sind zwar gute Tänzer, aber auch ausgiebige Säufer eines Reisbiers, das abends literweise getrunken wird. Streng achteten die Santalchristen darauf, überhaupt keinen einzigen Schluck mehr zu trinken, wenn man den Weg mit Jesus ging.

»Oft wünsche ich«, schrieb Skrefsrud einem Freund in Schottland, »Sie könnten uns besuchen. Es würde Sie 20 Jahre jünger machen, wenn Sie sehen, was der liebe Herr unter uns wirkt. Ich kann es nur mit den Ereignissen in den Tagen der Apostel vergleichen. Während der letzten Tage habe ich 200 Menschen getauft. Die Zahl derjenigen anzugeben, die jetzt gerade Taufkandidaten sind, ist ganz unmöglich.«

Schon 1874 feierten sie an Weihnachten das Abendmahl mit 1000 Christen. Und das waren nicht nur Namenschristen. Von dort drang das Evangelium auch zu Nachbarvölkern.

Nach acht Jahren gab es 32 Schulen mit über 500 Schülern. Auch ein Internat mit 80 Jungen und 30 Mädchen. Als Skrefsrud starb, zählte die Santalkirche 15 000 Menschen.

45 Jahre lang hatte Skrefsrud unermüdlich gearbeitet. Als er den 70. Geburtstag feierte, stand ihm noch einmal der Anfang seines Lebens vor Augen:

Die Türen des Osloer Gefängnisses schließen sich. Ein junger Sträfling, noch keine 20 Jahre alt, Anführer einer Einbrecherbande und der Schrecken des Gudbrandstals, sitzt seine Strafe ab.

Was Gottes Liebe aus einem gescheiterten Leben machen kann!

## 53 Jahre als Pioniere im südlichen Afrika

# Bibel und Pflug

*Robert Moffat – Oase in der Wüste – Bibelübersetzung – Veredelte Menschen – Schlechtes Vorbild der Weißen – Nur das Evangelium kann soziales Elend heilen – Livingstone nach Afrika gerufen – Brückenkopf bis zum Sambesi – Häuptling fürchtet sich vor Auferstehung*

Robert Moffat gehört zu den ganz großen Pionieren der Weltmission. Im Alter von 21 Jahren wurde der gebürtige Schotte von der *Londoner Missionsgesellschaft* nach Südafrika ausgesandt, ohne daß er je eine theologische Ausbildung erhalten hätte. Durch die Begeisterung seiner Mutter für Mission und durch eine eigene bewußte Glaubensentscheidung wurde er in die Mission gerufen.

48 Jahre lang arbeitete der zähe und unerschrockene Mann unter den Betschuana in Kuruman tief im Landesinnern im südlichen Afrika nördlich des Oranjeflusses und machte aus der Wüste eine herrliche Oase. Als gelernter Gärtner lag ihm das besonders. Damit spornte er die Afrikaner an, es in der Bestellung der Felder ihm gleich zu tun.

Als erster begann er, Setschuana, die Sprache der Einheimischen zu erforschen und dann die Bibel zu übersetzen. Bis dahin war nur das Holländische verwendet worden. Es war eine ungeheure Leistung und die erste Bibelübersetzung in eine afrikanische Sprache, die vorher noch nicht erforscht worden war.

Weil die Sprache so schwierig zu lernen war, entschloß sich Moffat zu einem radikalen Weg. Er verließ für viele Wochen seine Familie und das Missionshaus, um ganz mit den Einheimischen zusammenzuleben und ihre Bräuche kennenzulernen.

Moffat erzählt selbst vom Ende der langen Übersetzungsarbeit: »Ich kann nicht beschreiben, wie es mir ums Herz war, als ich den letzten Vers geschrieben hatte. Ich konnte kaum glauben, daß die Arbeit so vieler Jahre wirklich vollendet sei.« 29 Jahre lang hatte er daran gearbeitet.

Robert Moffat

Damit erreichte er die einheimischen Menschen. »Nun sehe ich, wie die Betschuanas dieses Wort in ihrer eigenen Sprache lesen«, schrieb Moffat. »Es sind Gemeinden entstanden. Vor allen Augen ist nun offenbar, wie wirksam – verglichen mit bloß menschlichem Einfluß – die Macht des Evangeliums ist.« 1829 fanden die ersten Taufen statt. »Wir waren wie die Tiere. Was sollen wir tun?« So fragten jetzt viele unter den vorher so hartherzigen Betschuanas. Eine große Bewegung ging durchs Volk.

Robert Moffat dachte daran, daß dem christlichen Glauben die wirtschaftliche Entwicklung folgen müsse. »Bibel und Pflug« war seine Parole. Damals war das Denken der Europäer ganz von der industriellen Revolution geprägt.

Moffat erinnerte an die eingeborenen Völker, die durch den Kontakt mit Weißen ausgestorben sind. Hier im Betschuanaland hoffte Moffat, daß das eingeborene Volk wachsen werde, weil es durch den christlichen Glauben »veredelt« worden sei.

Voller Sorge blickte er aber auf den schlechten Einfluß weißer Händler. Ihr Benehmen machte Moffat schamrot. Manche der Einheimischen sagten: »Wir Betschuanen waren schlecht genug, aber der weiße Mann übertrifft uns weit.«

Was Moffat unermüdlich in seinem gewaltigen Einsatz antrieb, war die im Opfertod Jesu geschehene Versöhnung. Die frohe Botschaft von der Gnade Gottes sollte bis an die Enden der Erde verkündigt werden.

»Wer kann nach so unzähligen Beweisen noch an der Kraft des Evangeliums zweifeln?« fragte Moffat. »Menschen werden aus der tiefsten Unwissenheit, in der sie versunken sind, zu Erben der Herrlichkeit erhoben.«

Dann wies er darauf hin, wie das soziale Elend nur durch das Evangelium geheilt werden kann:

»In diesem Glauben habe ich gelebt und gearbeitet mit der festen Überzeugung, daß ich meine Kraft nicht umsonst verzehrte.«

Moffat war schuld daran, daß der Weg des großen Forschers David Livingstone nach Afrika führte. Ursprünglich hatte sich Livingstone als Kandidat für China bei der *Londoner Mission* beworben. Weil dort aber Krieg herrschte, riet man ihm, nach Afrika zu gehen. Livingstone hatte in dieser Zeit Gelegenheit, mit Robert Moffat über die Möglichkeiten des Missionsdienstes im südlichen Afrika zu reden.

Moffat riet ihm, nicht an eine schon bestehende Station zu gehen, sondern sich ein neues Gebiet für den Missionseinsatz zu suchen: »Wenn du tief ins Innere gehen willst, wo ich eines schönen Morgens den Rauch von tausend Dörfern gesehen habe, in denen noch nie ein Missionar gewesen ist.« Dabei dachte er speziell an die weiten Ebenen im Norden seines Missionsgebietes. Livingstone nahm die Aufgabe an und gründete 250 Kilometer nördlich von der Wohnung Moffats die Station Mabotsa. Zwei Jahre später heiratete er Mary, die Tochter Moffats.

Damit hat Moffat einen Brückenkopf zur Ausweitung der Mission in den Norden bis zum Sambesi hin geschaffen und seinem Schwiegersohn David Livingstone entscheidend den Weg in die Aufgabe gewiesen, die so bedeutsam für die Erforschung und Missionierung Afrikas wurde.

Als Moffat nach Afrika kam, war der Weg nach Norden vielfach verschlossen. Überfälle von Räubern und wilde Tiere machten das Leben sehr gefährlich.

Moffats enge 30jährige Freundschaft zum grimmigen und gefürchteten afrikanischen Häuptling Moselekatse öffnete späteren Missionaren den Zugang zu dem Stamm der Matebelen. Moffat selbst gründete dort die erste weiße Siedlung im heutigen Simbabwe.

Noch bevor die ersten Betschuanen in der Missionsstation Kuruman getauft werden konnten, suchte Robert Moffat den König des Volkes der Wanketsi, Makaba, auf. Sie unterhielten sich über die Auferstehung der Toten. »Werden alle, die auf dem Schlachtfeld gefallen sind, wieder ins Leben kommen?« fragte der erschrockene König. »Ja!« sagte Moffat. »Und alle, die von Löwen, Tigern, Hyänen und Krokodilen verschlungen sind, werden sie wieder lebendig werden?« – »Ja, sie werden im Gericht erscheinen!« – »Und alle, deren Leichname im Sand der Wüste verwest und deren Asche in alle Winde zerstreut ist, werden sie auferstehen?« – »Gewiß, nicht einer wird vergessen werden!« Da sagte der König zu Moffat: »Mein Vater, ich liebe dich sehr. Was du aber von der Auferstehung sagst, ist zu hart. Ich will nicht mehr hören, daß die Toten auferstehen. Die Toten können nicht auferstehen! Die Toten werden nicht auferstehen!« – »Warum soll ich nicht mehr von der Auferstehung reden?« fragte Moffat. »Ich habe Tausende erschlagen und sollen die auferstehen?« sagte der Häuptling betroffen.

Auch wenn Moselekatse kein Christ wurde, erlaubte er später dem Sohn Moffats, in seinem Stammesgebiet eine Missionsstation zu eröffnen.

Obwohl die Gemeinde in Kuruman nie mehr als 200 Glieder hatte, reichte ihr Einfluß weit hinaus. Nach 53 Jahren kehrte Moffat wieder heim nach England. Das Einleben dort war nicht leicht. Nur einmal hatte er in all den Jahren einen Heimaturlaub angetreten. Nach wenigen Monaten starb seine Ehefrau in England. Moffat wirkte noch 13 Jahre in England und motivierte viele zur Mission in Afrika.

## Ein Leben für das unerforschte Afrika

# »Für Christus wage ich alles!«

*Kein Opfer! – »Das herrliche Afrika!« – Quelle der Sklaverei bekämpft – Das Elend des Höllenhandels – Jeder Schritt eine Qual – Von Stanley aufgespürt – Betend auf den Knien für Afrika – Ehe mit Mary Moffat – Afrika wirtschaftlich entwickeln – Alles für Gottes Reich*

Im Jahr 1857 stand der 44jährige David Livingstone vor den Studenten der englischen Universität von Cambridge. Er bat die jungen Leute dringend, dem damals nur wenig bekannten Afrika als Missionare zu Hilfe zu kommen:

»Ich selbst habe nie aufgehört, mich zu freuen, daß Gott mich in einen solchen Beruf gestellt hat. Die Leute reden von einem Opfer, das ich gebracht haben soll, weil ich viele Jahre meines Lebens in Afrika war. Kann man das ein Opfer nennen, womit man doch nur Gott einen kleinen Teil der Schuld bezahlt, die man nie ganz bezahlen kann?

Ist das ein Opfer, was uns selbst am tiefsten befriedigt? Was in sich selbst lohnt durch gesunde Tätigkeit, durch das Bewußtsein, Gutes zu tun, durch Frieden im Innern und eine herrliche Hoffnung auf eine großartige Ewigkeit? Weg mit diesem Wort! Weg mit solchen Gedanken! Es ist ganz und gar kein Opfer. Sagt lieber, es sei ein großes Glück! Sorge, Krankheit, Leiden, Gefahr, Entbehrung der gewöhnlichen Annehmlichkeiten und Freuden des Lebens – das alles mag uns einen Augenblick unsicher und mutlos machen; aber auch nur einen Augenblick. All das ist nichts im Vergleich mit der Herrlichkeit, die nach allem in uns und für uns offenbar werden soll. Ich habe niemals ein Opfer gebracht.

Ich bitte, lenkt eure Aufmerksamkeit auf Afrika. Ich weiß, daß ich in einigen Jahren in dem Land sterben werde, das jetzt offen steht. Sorgt, daß es nicht wieder verschlossen werde! Ich kehre nach Afrika zurück und will dort versuchen, dem Handel und dem Christen

Livingstone

tum einen Weg zu bahnen. Vollendet das Werk, das ich angefangen habe! Ich hinterlasse es euch.«

David Livingstone wollte Missionar sein, nicht Geograph. Er wußte sich von Jesus Christus gesandt und in die Pflicht genommen, um »diesen armen Geschöpfen das Evangelium zu bringen und dem unerforschten Land eine ehrenhafte Zivilisation« zu erschließen. In diesem Dienst machte er gerne nebenher seine geographischen Studien. Aber die Hauptsache seines Lebensberufs sollte nicht zur Nebensache werden.

Dabei war Afrika für Livingstone alles. »Wie bewegend ist der Marsch durch die noch unerforschte Wildnis und auf den über tausend Meter hohen Ebenen. Die Muskeln gewinnen ihre Geschmeidigkeit wieder. In der reinen Luft kreist das Blut kräftig und frisch durch die Adern. Die immer drohenden Gefahren halten einen in Atem. Ein echtes Gemeinschaftsgefühl verbindet uns mit den rauhen Reisegefährten. – Afrika! Welch ein herrliches Land, um den Appetit zu reizen, die Haut zu bräunen, die Muskeln zu stählen, daß sie hart werden wie Taue. Wenn die Arbeit für Gott geschieht, fällt einem ohnedies alles leichter.«

Seinen letzten Kampf widmete Livingstone, der Menschenfreund, ganz dem schändlichen Verbrechen der Sklavenjagd und des scheußlichen Menschenhandels. Er mußte die versteckten Banden arabischer Sklavenhändler zurücktreiben, ihnen das Handwerk legen. Es waren die einzigen Feinde seines Lebens, die er wirklich haßte. Er nannte sie die »offene Wunde am Leib Afrikas«. Darum

Livingstone auf dem Sambesi

zog er nach Norden zu den innerafrikanischen Seen. Nie wollte er sich an die schrecklichen Unmenschlichkeiten gewöhnen, die dort geschahen.

Es waren hauptsächlich Araber, die den Sklavenhandel betrieben und damit ihre Macht immer weiter in Ostafrika ausdehnten. Von 1862-1867 wurden mindestens 100 000 Sklaven über den Handelsplatz Sansibar ausgeführt. Die arabischen Sklavenjäger drangen immer tiefer nach Süden vor.

Für Livingstone war es besonders schwer, daß die von ihm entdeckten Handelswege jetzt hauptsächlich von Sklavenhändlern benutzt wurden. Er schrieb an seine Tochter, es treffe nicht zu, was man oft höre, daß die Greuel im Roman *Onkel Toms Hütte* übertrieben seien: »Übertreibung ist gar nicht möglich!«

Livingstone sah schnell, daß beim Sklavenhandel »der Teufel an der Quelle sitzt«. Dort wollte er die Greuel der Sklaverei stoppen.

Außer unzähligen Sklaven wurden auch Tausende umgebracht, als ihre Dörfer niedergebrannt wurden. Viele starben durch Vertreibung, Verwundungen aus den Kämpfen oder einfach am Hunger.

Unter unsäglichen Anstrengungen schlug Livingstone sich am Ende seines Lebens im Jahr 1866 monatelang wieder bis zum Tanganjikasee nach Udjidji durch, dem heimlichen Zentrum des elenden Sklavenhandels. Dort mußte er das Evangelium von Jesus predigen.

Unterwegs erschütterten ihn die menschlichen Gerippe, Spuren des »Höllenhandels«. Überall kam er durch verwüstete Dörfer. Er war betroffen über das Ausmaß der Zerstörung und des Mordens, das die Sklavenjäger angerichtet hatten.

Er traf auf Leute, denen alle Lebensmittel geraubt worden waren. Die Frauen sammelten auf den Feldern Insekten, Wurzeln oder wilde Früchte, um bis zur nächsten Ernte zu überleben. Manche trugen Schürzen von Palmblättern, weil die Händler ihnen selbst die Kleider weggenommen hatten.

Livingstone schreibt von der Reise mit dem Boot auf dem Schirefluß: »Tote Körper schwammen täglich an uns vorüber. Am Morgen mußten die Ruderräder von den Leichnamen befreit werden ... Das Herz tat einem weh, wenn man die weitverbreitete Verwüstung sah. Die Flußufer, einst so volkreich, waren jetzt ganz still. Die Dörfer waren niedergebrannt. Viele Gerippe lagen neben dem Weg. Geisterhafte Gestalten von halbtoten Jungen und Mädchen mit matten, leblosen Augen krochen neben einigen der Hütten herum.«

Zwei seiner Träger entliefen mit der Medikamentenkiste. Livingstone war es wie ein Todesurteil. »Nichts geschieht ohne Gottes Willen«, schrieb er in sein Tagebuch. »Auch im finstern Tal wacht Gott über uns.«

Wochenlang hielt das Fieber an. Livingstone hatte keine Medizin mehr. Sein Körper war so schwach, daß er nur noch mit Mühe gehen konnte. Jeder Schritt war eine Qual. Der kleinste Löffel Brei löste schon eine schlimme Ruhr aus.

Schrecklich litt er an seiner Einsamkeit. Er wollte Afrika von dieser schrecklichen Unmenschlichkeit des Sklavenjochs befreien und scheiterte doch an seiner Schwäche und seiner Ohnmacht. »O wie erflehe ich unter Seufzen von dem Allmächtigen die Vollendung

meines Werks!« schrieb er in sein Tagebuch. Nur der Blick auf den gekreuzigten Jesus gab ihm Mut.

Wenig später, am 10. November 1871, traf er mit zerfetzten Schuhen, krank und abgezehrt, in diesem verlassenen Dorf im Innersten Afrikas Henry Morton Stanley, den Reporter des *New York Herald*. Wie unter Gentlemen üblich, war auch die Begrüßung mitten im Busch:

»Dr. Livingstone, wie ich vermute?« So begann Stanley.

»Seien Sie willkommen, mein Herr«, antwortete Livingstone. »Aber mit wem habe ich die Ehre? Für mich ist es eine Fügung Gottes, daß ich Sie treffe. Seit Monaten, nein seit Jahren habe ich keinen Weißen mehr gesehen . . . «

Livingstone weigerte sich standhaft, mit Stanley nach Europa zurückzukehren. Seine Aufgabe sei noch nicht erfüllt. »Jesus, mein König, mein Leben, mein alles! Ich will mich dir ganz hingeben. Nimm mich an. Und, barmherziger Vater, laß mich mein Werk zu Ende führen in Jesu Namen.« So schrieb er noch an seinem

59. Geburtstag wenige Wochen vor seinem Tod in sein Tagebuch. In einer kleinen Grashütte in Ilala, am Südufer des Tanganjikasees, starb er 1873 – allein auf seinen Knien im Gebet für Afrika.

Es war 33 Jahre her, daß Livingstone als Missionar in Kuruman begonnen hatte. Dort wirkte der Schotte Robert Moffat, als »Apostel der Betschuanen« bekannt. Der kämpfte gegen die greulichen Sitte, daß Kinder, die die Eltern nicht mehr wollten, lebendig in der Erde verscharrt wurden. Oder daß Alte und Gebrechliche außerhalb der Krale den Löwen und Schakalen zum Fressen überlassen wurden. Furchtbar lag auch der dunkle Schatten einer dämonischen Zauberei auf diesen Menschen, die nur mit Mühe in dem heißen und unfruchtbaren Land überlebten.

Livingstone hatte in seiner Jugend harte Arbeit kennengelernt. Mit zehn Jahren mußte er die Schule verlassen und Geld in einer Baumwollspinnerei verdienen. Nebenher lernte er Lateinisch und Griechisch, besuchte Abendkurse und studierte dann Medizin und Theologie.

Eigentlich fühlte er sich als Missionar nach China berufen. Ganz anders als er dachte, führte sein Weg nach Afrika, das ihm zur Leidenschaft wurde.

Äußerst hart gegen sich, mit genauester Zeiteinteilung opferte er sich selbst. Schon bald gründete er, zum Mißfallen der südafrikanischen Buren, mehrere Missionsstationen.

In Kuruman fand er auch seine Ehefrau Mary, die 23jährige Tochter des dortigen Missionspioniers Moffat. Die Art, wie Livingstone seine Ehe führte, kann nicht gutgeheißen werden. Hochschwanger führte er seine Frau mit Kleinkindern auf den gefährlichen Expeditionen mit, oft fieberkrank, bis er sie endlich nach England schickte. Es mag zynisch klingen, wenn er seiner Frau nach England schrieb: »Versammle die Kinder alle um dich, und küsse sie von mir. Sag ihnen, daß ich sie der Liebe Jesu anvertraut habe.«

Was Livingstone wirklich tief in seinem Herzen für seine Frau empfand, wurde erst sichtbar, als Mary 1862 im Alter von 41 Jahren im Boot auf dem Sambesi am Fieber starb. Livingstone weinte wie ein Kind, erzählten seine Freunde. »Der Mann, der so oft dem Tod ins Gesicht geblickt und unzähligen Gefahren getrotzt hatte, war nun ganz gebrochen.« Ihn bedrückte, was er in den letzten zehn Jahren seiner Frau und seinen Kindern zugemutet hatte. In seinem Tagebuch heißt es: »Zum ersten Mal in meinem Leben wollte ich sterben.«

Mit der Schirmmütze eines Seemanns und Augen eines Habichts wollte Livingstone der Mission den Weg ins Innere Afrikas weisen. Er horchte auf, als er bei Afrikanern Geschichten von einem großen See hörte. Als er den See fand, hörte er von einem Fluß, der in ihm den Gedanken weckte, ob nicht ein schiffbarer Weg ins Innere Afrikas führe.

So durchquerte er als erster Weißer die unendliche Wüste Kalahari, entdeckte Seen, Flüsse, Wasserfälle. Immer war er von dem barmherzigen Gedanken bewegt, wie das Fieber und die gefährliche Tsetsefliege bekämpft werden könnten. Er wollte aus Liebe für die notleidenden Menschen Wasserstraßen für den Verkehr nutzbar machen, das Land entwickeln, damit die Menschen überleben könnten.

Für ihn stand fest, daß der Sklavenhandel nur durch Aufbau von Gewerbe, Handel und Industrie wirklich zerstört werden kann.

30 000 Meilen zog er durch Afrika, von unzähligen Fieberanfällen geschüttelt. Von der Küste Mosambiks bis hinüber nach Angola. Ausgeplündert, halb verhungert, ausgemergelt von der Ruhr, oft nur knapp dem Tod entronnen, wollte er, der nur schlecht predigen konnte, Afrika mit dem Evangelium von Jesus durchdringen.

»Nie habe ich mich für etwas anderes als einen Diener Gottes ausgegeben, der – gleich einer Magd – dem Wink seines Herrn willig folgen will. Ich habe mit Ziegel und Mörtel, am Schmiedefeuer und an der Hobelbank genau so für das Reich Gottes gearbeitet, wie wenn ich das Evangelium verkündigte oder meinen ärztlichen Auftrag erledigte. Ich weiß, daß ich nicht mehr mir selbst gehöre!« So beschrieb Livingstone selbst seinen Auftrag in seinem Tagebuch.

Kaum ein halbes Jahrhundert später konnten die Missionen ihren Finanzbeitrag für Afrika auf das Zehnfache steigern. Andere führten die Pläne Livingstones zur Abschaffung des Sklavenhandels und zur Verbesserung der Lebensbedingungen in Afrika weiter. Mehr als hundert Missionen mit insgesamt über 2000 Mitarbeitern und 20 000 einheimischen Pastoren und Lehrern wirkten in dem Gebiet, wo Livingstone gelebt und gewirkt hatte. Dafür hatte er gearbeitet.

## Von der Lüneburger Heide
## ins südliche Afrika

# Eine nur scheinbar gescheiterte
# Expedition

*Louis Harms – Helfer in Hermannsburg – Schnapsflasche in der Kirche – Neugier für Mission – Seminar mit zwölf Handwerkern – Schiff Kandake – Abessinien unzugänglich – Anfang in Südafrika – Mekane Yesus Kirche in Äthiopien*

Eigentlich sollte der junge Theologe Louis Harms seinem alten und kranken Vater im Pfarramt helfen und ihn entlasten. Das war früher üblich. Man ging nicht mit Erreichen des Alters von 65 Jahren in den »Ruhestand«, sondern bekam einen Hilfsprediger zur Seite.

Louis Harms' Art zu predigen, wühlte die Menschen auf. Einer stellte bei Harms fest: »Er sagte kein Wort auf der Kanzel, von dessen absoluter Richtigkeit er nicht restlos überzeugt war.« Es gab bis zu seinem Kommen in Hermannsburg kein lebendiges Glaubensleben, sondern nur ein namentliches Dazugehören. Noch bei Vater Harms konnte es bei einer Trauung passieren, daß während des Gottesdienstes in der Kirche die Schnapsflasche herumgereicht wurde. Der Vater aber konnte, weil er selbst im rationalen Denken der Aufklärung lebte, kein neues geistliches Leben vermitteln, bloß dem Mißbrauch energisch wehren.

Nun aber kamen abends nach dem Gottesdienst von Louis Harms an Pfingsten viele Leute ins Pfarrhaus. Ein tiefgreifender Wandel war geschehen. Aus »pro-forma-Christen« bildete sich eine geistlich lebendige Gemeinde. Sie wollten mehr davon hören, was Mission sei. Warum man Leute Heiden nenne? Und Louis Harms erzählte. Schon lange verfolgte er den Aufbruch der großen Missionsbewegung.

Unter den jungen Leuten äußerten viele den Wunsch, sich als Missionare aussenden zu lassen.

197

Harms wählte aus ihnen zwölf aus und unterrichtete sie mit Hilfe seines Bruders vier Jahre lang. Ohne daß er dafür betteln mußte, erhielt er immer die nötigen Lebensmittel und Finanzen, um dieses Missionsseminar in Hermannsburg durchführen zu können.

Außer den Missionskandidaten hatte er auch andere aufgenommen. Er nannte sie »Kolonisten«. Sie sollten im Rahmen der Mission als Helfer Dienst tun. Darunter befanden sich auch ehemalige Matrosen der deutschen Flotte, die miterlebt hatten, wie schlimm Schwarze oft zu leiden haben.

Nun hatte man die Idee, draußen in Afrika ein eigenes christliches Dorf als Mittelpunkt der Missionsniederlassung zu gründen. Es sollte eine richtige »Bauernmission« werden, die praktisch keine Kosten verursacht. Doch darin hatte Harms sich getäuscht. Es sollte so nicht gelingen können.

Wohin sollten aber diese Missionare entsandt werden?

Harms dachte immer an Ostafrika, wo das Evangelium noch kaum verkündigt wurde. Die »Gallas«, wie man damals die kuschitischen Oromos nannte, hatten es ihm angetan. Man sah in diesen kriegerischen, hochgewachsenen Menschen die »Germanen Afrikas«.

Um Kosten für Transport, Ausrüstung und Nachschub zu sparen, beschloß man den Bau eines eigenen Missionsschiffes. »Kandake« sollte es heißen, in Erinnerung an jene Königin, deren Minister einst von Philippus an der Straße nach Gaza getauft wurde. Daß der Heidepastor darüber verspottet wurde, hat ihn nicht aufhalten können.

Im November 1853 lichtete die »Kandake« ihre Anker in Hamburg. Vorher war Harms mit seinen sechzehn Missionaren niedergekniet und hatte sie alle zum Dienst gesegnet. Harms tat nie etwas, ohne vorher mit Gott auf den Knien zu ringen.

Welch eine Enttäuschung, als der Versuch, sich unter den Gallas anzusiedeln, mißlang. Die ganze weite Reise um das Kap der Guten Hoffnung in Südafrika herum war vergeblich gewesen! Der arabische Sultan in Sansibar ließ sie nicht zu den Gallas vordringen. Der schwäbische Missionar Johannes Rebmann, den sie an der Ostküste Afrikas trafen, riet ihnen, wieder zurück nach Südafrika zu den Zulus zu gehen.

So gründeten sie 1854 in Natal die erste Missionsstation und nannten sie nach ihrer Heimat Hermannsburg. Bald traf noch einmal ein neuer Kandidatenkurs zur Verstärkung ein. 1857 wurden die Hermannsburger auch nach Transvaal gerufen, weil die Buren Streit mit den englischen Missionaren bekamen. Wie das Leben manchmal mitspielt, soll es dabei auch noch eine kleine Namensverwechslung gegeben haben. Die Buren dachten an die gute Arbeit, die sie bei den Herrnhutern in der Kapprovinz gesehen hatten und verwechselten nun die Namen. Geschadet hat dieser Irrtum nichts. Im Gegenteil, im fruchtbaren Transvaal konnten sich die Hermannsburger Missionare, die meist Bauern waren, noch besser entfalten.

Aber auch die ursprünglichen Pläne der Mission in Abessinien erfüllten sich, wenn auch viel später. 1927 konnte die Arbeit im Westen des ostafrikanischen Landes begonnen werden, die schnell zum raschen Wachsen der äthiopischen *Mekane-Yesus-Kirche* führte.

Als Louis Harms am 14. November 1865 nach langem, schwerem Leiden starb, hatte er 31 Missionare auf 24 Missionsstationen ausgesandt.

# »Satan ist mächtig,
# aber Gott ist allmächtig!«

*Hudson Taylor – Ein Chinese den Chinesen – Glaubensmission – Abschied von der Mutter – In das Inland Chinas – Kein Schuldenmachen – Gottes Befehle wichtiger als menschliche Gesetze – Macht des Gebets – Die Last der Millionen Chinas – Der Brief McCarthys – Das Wachsen des Werks*

Im Alter von 21 Jahren betrat 1853 James Hudson Taylor chinesischen Boden. Hinter ihm lag eine fünfeinhalb Monate lange Reise mit dem Segelschiff, ohne daß dazwischen ein Hafen angelaufen worden wäre. Mit Freude, Neugier, aber auch im Bewußtsein großer Einsamkeit ging Taylor an Land.

Damals hatte das Evangelium in China nur wenige Menschen erreichen können. In elf der 18 Provinzen arbeitete kein evangelischer Missionar. In den übrigen sieben Provinzen drang das Evangelium fast nicht über den Küstenbereich hinaus.

Bis zum Jahr 1860 arbeiteten in dem riesigen Land überhaupt nur 214 Missionare. 44 waren in China gestorben.

1842 waren die Grenzen Chinas mit brachialer Gewalt geöffnet worden. Mit einem Krieg setzte England den Import indischen Opiums durch. Das war aber wohl nur der konkrete Anlaß für den Krieg. Viel tiefer wog eine schwere Spannung, weil die chinesische Regierung schon lange ihre Vertragspflichten verletzte. Der Handel wurde entgegen den Vereinbarungen beschränkt und die Ausländer unerträglich schlecht behandelt. Das alles aber kann das Unrecht der westlichen Länder nicht verkleinern. Die verletzten Gefühle der Chinesen haben bis heute die Mission in China schwer belastet, als ob die Mission nur mit Hilfe der Kanonenboote in ihr Land gebracht worden wäre.

Die kurzlebige *Gesellschaft zur Evangelisation in China,* durch die James Hudson Taylor nach China gekommen war, war schlecht

James Hudson Taylor

organisiert und versagte völlig. Deshalb trennte sich Taylor bald ganz von ihr und machte sich allein von Gott abhängig. Er kleidete sich nach chinesischer Sitte, heftete sich auch einen Zopf an, um sich so mit dem chinesischen Volk zu identifizieren. Er quartierte sich in einem einfachen chinesischen Haus mitten unter Chinesen ein. Diese Schritte brachten ihm von manchen anderen Missionaren herbe Kritik und Ablehnung, ja Verachtung ein.

1860 mußte Taylor aus Krankheitsgründen nach England zurück. Man meinte damals, er könne nie wieder ausreisen. Doch fünf Jahre später, 1865, gründete er ohne jede Unterstützung irgendeiner Kirche die neue *China-Inland-Mission*.

Damit war ein ganz neuer Typ einer Missionsgesellschaft ins Leben gerufen worden, die Glaubensmission. Vor allem war damit eine ganz spezielle Art des Glaubens gemeint, nämlich das ganze Vertrauen auf Gott in finanzieller Hinsicht und die Unabhängigkeit von Kirchenorganisationen. Man wollte bei den Glaubensmissionen nicht um Geld werben, sondern ganz von Gott abhängig bleiben. Darum wurden auch keine festen Gehälter bezahlt.

Hinter den Glaubensmissionen stand damit auch ein ganz bewußtes biblisches Glaubensbekenntnis, wie es Jesus nach Matthäus 6,33 ausdrückte: »Trachtet zuerst nach dem Reich Gottes und nach seiner Gerechtigkeit, so wird euch das alles zufallen.«

Diese Missionen waren keiner einzelnen Konfession verpflichtet, sondern allein den in vielen Denominationen gemeinsamen

Grundsätzen des Evangeliums, wie es etwa in der Glaubensbasis der Evangelischen Allianz ausgesprochen ist. Die existierenden Kirchen wurden damit bejaht, wenn es auch jedem einzelnen Missionar überlassen blieb, wo er seine Heimat fand.

Schon im 18. Jahrhundert hatten Missionen über alle Konfessionsgrenzen hinweg das gemeinsame christliche Zeugnis gesucht. So arbeiteten in den Glaubensmissionen Missionare mit ganz verschiedenem Kirchenverständnis eng zusammen. Dabei war jetzt neu, daß man sich auch im Verständnis von Taufe und Abendmahl freigab.

Um so mehr Wert legte man auf biblische Treue im Glauben. Man wollte bibelfeste Missionare, weil die Bibel vom Geist Gottes eingegeben ist. Bewußt wollte man auch für einfache, schlichte Mitarbeiter offen sein, weil viele andere traditionelle Missionen im Lauf der Jahre damals einem Hang zu starker Professionalisierung erlegen waren.

Die Missionsleitung sollte ihren Sitz in China haben, nicht in England. Evangelisation hatte deutlich Vorrang vor Gemeindebau und -betreuung.

James Hudson Taylor war ein Mann des Glaubens. Im Alter von 17 Jahren entdeckte er in einer Schrift über das »vollendete Werk Christi« den Frieden des Glaubens, der ihn tief beglückte. Er hielt sich an das Wort Jesu: »Es ist vollbracht!« und nahm es im Vertrauen an. Gleichzeitig war er seiner Berufung gewiß, als Missionar nach China zu gehen, um Menschen zu Jesus zu bringen.

Als Student der Medizin übte er grenzenloses Gottvertrauen in ganz praktischen Dingen. Als er sich in der Anatomie durch eine Wunde an seinem Finger an einer Leiche vergiftete, erlebte er nach schweren Wochen der Krankheit wunderbare Genesung.

Da trat eine fast unüberwindliche Schwierigkeit auf. Es war Liebe auf den ersten Blick, als er der Bekannten seiner Schwester, einer Musiklehrerin, begegnete. Als sie aber nicht bereit war, mit ihm nach China zu gehen, löste er unter schweren Kämpfen die Beziehung.

Beim Abschied von der Mutter auf dem Schiff im Hafen von Liverpool empfand er den Schmerz des Abschieds: »Niemals werde ich den Tag vergessen, wie ich mit meiner geliebten Mutter in die Kabine ging, die nun ein halbes Jahr meine Wohnung sein sollte. Mit liebender Hand strich sie über das schmale Bett. Sie setzte sich neben mich und stimmte mit mir ein in das letzte Lied, das wir vor der Trennung sangen. Dann knieten wir nieder und sie betete – das letzte Muttergebet. Sie gab mir den Segen und ging an Land, als das Abfahrtssignal ertönte. Als wir durch die Schleusen fuhren und die Trennung zur Tatsache wurde, entfuhr ein solcher Angstschrei dem Mutterherzen, daß ich es nie vergessen werde. Es ging mir wie ein Schwert durch die Seele. Niemals bis zu diesem Augenblick hatte ich so erfaßt, was das bedeutet: ›So sehr hat Gott diese Welt geliebt, daß er seinen einzigen Sohn dahingab!‹«

Kaum in China angekommen, geriet Hudson Taylor in Konflikt mit den wenigen in China arbeitenden Missionaren. Die hielten sich meist nur in den internationalen Niederlassungen auf und blickten verächtlich auf die Chinesen herab. Nach den Gesetzen durften Ausländer nur in den fünf Hafenstädten wohnen. Taylor aber wollte das Innere Chinas mit dem Evangelium erreichen.

Taylor war sich seines Auftrags und seiner Sendung ganz gewiß. »Betet für mich«, schrieb Taylor nach Hause, »manchmal lastet die Verantwortung schwer auf mir, da ich unter so vielen der einzige Lichtträger bin. Aber das ist nicht richtig! Jesus ist es ja, der aus mir herausleuchten muß, ich brauche es nicht selbst zu machen.«

Er schrieb im Mai 1855: »Ich war auf dem Weg zur nächsten Stadt traurig und niedergeschlagen. Wo man auch hingeht, nichts als Städte und Dörfer voller Menschen, von denen kaum einer jemals den köstlichen Namen gehört hat, in dem allein Heil ist. Wenn man sie nur besucht, ihnen Schriften gibt, eine kurze Ansprache hält und dann weitergeht, was hat man eigentlich für sie getan? Man muß einen starken Glauben haben, wenn man nicht verzweifeln will.«

Wenn ich nur vier oder fünf entschiedene junge Männer als Helfer hätte, schrieb er an seine Eltern. Er sah die vielen Möglichkeiten für die Mission in dem Riesenreich. Er selbst aber war durch Krankheit sehr erschöpft.

In diesem Zustand wagte Taylor 1865 die Gründung seiner eigenen *China-Inland-Mission*. Missionare sollten mit keiner anderen Garantie nach China hinausziehen als mit ihrer Taschenbibel. Die Verheißungen Gottes genügen. Der Herr wird nichts Gutes mangeln

lassen denen, die aufrichtig wandeln. Und wer nicht aufrichtig wandeln möchte, soll lieber zu Hause bleiben. Gott hat alles Gold und Silber, auch das Vieh auf tausend Hügeln. Wir brauchen nicht einmal Vegetarier zu werden.

»Unser Vater besitzt Erfahrung!« schrieb Taylor. »Er weiß sehr wohl, daß seine Kinder jeden Morgen hungrig aufstehen, und er sorgt immer für ihr Frühstück, und abends läßt er sie nie ohne Abendbrot zu Bett gehen. Gottes Werke, nach Gottes Willen getan, werden nie an Mitteln Mangel haben.« Er erinnerte an drei Millionen Israeliten, die Gott 40 Jahre durch die Wüste führte, »auch wenn wir nicht erwarten, drei Millionen Missionare nach China zu senden. Aber Gott hätte Mittel genug, sie alle zu ernähren.«

Darum durften für die Mission auch keine Schulden gemacht werden. »Was heißt Schuldenmachen wirklich? Es bedeutet, daß Gott dich nicht versorgt hat. Du hast ihm vertraut, aber er hat dir kein Geld gegeben, nun versorgst du dich selbst und borgst! Wenn wir nur bis zum richtigen Augenblick warten – Gott kann nicht lügen, Gott kann nicht vergessen: Er hat versprochen, uns in jeder Not zu versorgen.

Es würde mich nicht beunruhigen, wenn ich Missionare hätte und kein Geld; denn es ist des Herrn Sache, sich der Seinen anzunehmen. Er verlangt nicht von mir, daß ich seine Verantwortung übernehme. Aber Geld zu haben und keine Missionare, das ist wirklich ernst.«

Noch war das Innere Chinas vertraglich nicht für Fremde offen. Eindeutig war aber die Haltung Taylors: »Wenn der Herr Jesus einen klaren Befehl gibt, haben wir dann noch zu fragen, ob es möglich ist, ihn auszuführen? Begegnet nicht jedem Einwand und jeder Schwierigkeit seine Versicherung: Mir ist gegeben alle Gewalt im Himmel und auf Erden; und daß er bei uns ist alle Tage bis an der Welt Ende?

Gefahren und Schwierigkeiten werden zahlreich und groß sein, aber mit Jesus, als unserem Führer, können wir ruhig vorwärts gehen. Alle Gefahren, Schwierigkeiten und Versuchungen, die uns unsere eigene Schwäche, Armut und Not zeigen, müssen uns gerade zwingen, immer mehr von der Stärke, dem Reichtum, der Fülle Jesu zu nehmen, auf ihn uns völlig zu verlassen. Wenn wir opferbereite Arbeiter finden, die Gott treu bleiben, brauchen wir nicht zu fürchten, daß Gott ihnen nicht treu bleiben könnte.«

Hudson Taylor war ein Mann des Gebets. Anfangs betete er um fünf Mitarbeiter. Fünf Jahre später hatte er sie. Dann wagte er, um 24 bereite und geeignete Mitarbeiter zu beten, je zwei für die zwölf Provinzen Chinas. Jedes Jahr steigerte er die Zahl. Im Jahr 1886 betete er um 100 zusätzliche Mitarbeiter. Neun Jahre später war die Zahl der Missionare der *China-Inland-Mission* auf die Hälfte aller in China tätigen Missionare angewachsen.

Er war gerettet worden, um zu dienen. Da gab es keinen Mittelweg. Die Last der vielen hundert Millionen Chinesen lag ihm schwer auf der Seele. »Denke, mehr als zwölf Millionen Menschen sterben jedes Jahr ohne den Trost des Evangeliums!«

Darum verlangte er viel von seinen Missionaren. »Unsere Arbeit ist etwas Besonderes. Wenn ihr Luxus braucht und frei sein wollt von Sorgen ... dann kommt nicht zu uns! Wenn ihr nicht wollt, daß eure Frau eine echte Missionarin wird, nicht bloß Gattin, Freundin, Hüterin des Hauses ... dann kommt nicht zu uns! Sie muß chinesisch lesen können, ehe ihr heiratet. Sie muß glücklich sein, wenn sie allein unter den Chinesen ist, sofern die Pflicht eure zeitweilige Abwesenheit von daheim verlangt. Wenn euch diese Bedingungen zu hart und diese Opfer für das unglückliche China zu groß erscheinen, so kommt nicht zu unserer Mission! Dieses alles sind nur Kleinigkeiten, verglichen mit den Kreuzeslasten, die ihr vielleicht einmal für euren Herrn und Meister tragen werdet. China kann nicht durch egoistische, bequeme Männer und Frauen für Christus gewonnen werden.«

In seiner Frau Maria geb. Dyer, einer Missionarin, hatte er eine große Unterstützung, bis sie im Alter von 33 Jahren plötzlich starb. Sie durchlitt mit ihren Kindern mutig die schweren und gefährlichen Unruhen von Jangtschou. Als die englische Regierung diese Unruhen als eine »schwere Schande« mit der militärischen Gewalt der Kanonenboote tilgen wollte, fiel Hudson Taylor in tiefe Depressionen.

Ein Brief des Missionars McCarthy richtete ihn wieder auf. »Bekümmert dich deine Schwäche, so ist deine Hilfe bei Christus. Warten, statt kämpfen und mühen. Aufsehen auf ihn und seine Kraft. Ruhen in der Liebe des allmächtigen Heilands. All das war nicht neu – und doch: Mir ist es neu! Als sei das Morgenlicht eines herrlichen Tages für mich aufgegangen. Als sei ich an ein Ufer gekommen, dessen Wasser unendlich ist. Als ob ich angefangen hätte von einem Trunk zu trinken, der allen Durst löscht. Christus ist alles! Das erscheint mir als die Kraft, die einzige Kraft zur Arbeit. Das ist der einzige Grund zur unvergänglichen Freude.«

Hudson Taylor fühlte sich ganz erhoben: »Ich brauche mich nicht selbst zur Rebe zu machen. Der Herr Jesus sagt mir, daß ich eine Rebe bin. Ich bin Teil von ihm und brauche das nur zu glauben und danach zu handeln.«

Andere merkten, wie fröhlich Taylor geworden war: Nun ruhte er in Jesus und ließ Jesus wirken. Schwierigkeiten beunruhigten ihn nicht mehr wie früher. Er warf wie nie zuvor seine Sorgen auf Gott.

Er schrieb an seine Schwester: »Last und Spannung ist weg. Der vergangene Monat war vielleicht der glücklichste meines Lebens. Mit einem Wort: Ich war blind und bin sehend!«

Taylor hatte auch mit dem auf seine Person zugeschnittenen Leitungsstil viele neue Aufgaben angreifen können. Viele fähige Missionare bewarben sich. 30 Jahre nach der Gründung der neuen Mission waren 641 Missionare ausgereist. Schon an der Grenze Turkestans und Tibets wurde das Evangelium verkündet.

Es gab ein gewaltiges Aufsehen, als das Team der sportlich berühmten sieben Cambridge-Studenten sich als Missionare bei Hudson Taylor bewarben. Sie kamen aus gesellschaftlich einflußreichen Familien, waren weit bekannt und intellektuell sehr begabt.

Taylor selbst war von aller intellektueller Arroganz frei. Viele der chinesischen Taufbewerber kamen wie die meisten seiner Missionare aus ganz einfachen Verhältnissen.

Ihn bewegten im Gebet die unerreichten Massen Chinas. Darum rief er immer wieder auch andere zum Gebet für die Millionen Chinesen auf. Er suchte immer mehr Missionspioniere, die bereit waren, in jene unerreichten Gebiete zu ziehen. Im Jahr 1934, knapp 20 Jahre nach dem Tod von Hudson Taylor, hatte die *China-Inland-Mission* 1368 Mitarbeiter.

Ganz fest war Taylor der Überzeugung, daß, wenn die Not auch unermeßlich groß ist, Gott noch unendlich größer ist. Wenn die Schwierigkeiten sich häufen, dann können wir ihm unser ganzes Vertrauen entgegenbringen. Wir werden nicht enttäuscht!

Taylor hat sein Leben lang erfahren, was er selbst einmal so ausdrückte: »Wenn Gott einmal etwas tut, dann tut er es gründlich.«

### Die blutige Spur der Märtyrer in Uganda

# Noch nie starben Menschen so tapfer!

*Stanley am Hof König Mutesas – Alexander Mackay – Boykott der Pagen – Martyrium – Bischof Hannington ermordet – 53 Freiwillige – Opfer des Fiebers – Mission unter Pygmäen – Schnelles Wachsen der Gemeinden – Geistliche Aufbrüche*

Man schrieb das Jahr 1862. Die ersten weißen Entdecker, John Speke und James Grant, hatten sich bis nach Uganda im Landesinnern Ostafrikas, am Äquator, vorgewagt.

Es gab damals keine gebahnten Straßen. So konnte man keine Wagen benützen. Wegen der tückischen Tsetsefliege waren auch Lasttiere ungeeignet. Die störrischen Esel machten oft mehr Not, als sie helfen konnten. So war man ganz auf Menschen als Träger angewiesen, was etwas die Schwierigkeit der damaligen Expeditionen aufzeigt.

Die Forscher auf dem Weg zum Victoriasee wurden von dem jungen König Mutesa freundlich empfangen.

13 Jahre später traf auch der englische Entdecker Henry Morton Stanley dort am Hof des Königs der intelligenten und liebenswerten Menschen des Bagandastammes ein.

Stanley stand noch ganz unter dem tiefen Eindruck seiner Begegnung mit dem alten Missionar Livingstone, den er nach monatelangem Suchen aufgespürt hatte. Die Aufgabe der Mission war ihm so wichtig geworden, daß er jetzt auch dafür am Hof des ugandischen Königs warb. Sicher war ihm die Rolle noch etwas ungewohnt, als er sich 1875 in der königlichen Rundhütte mühte, König Mutesa die wichtigsten Wahrheiten des christlichen Glaubens einsichtig zu machen. Er wurde dabei von seinem afrikanischen Dolmetscher Muftaa unterstützt, der ein freigewordener Sklave und bekennender Christ war.

Diese Gespräche scheinen nicht nutzlos gewesen zu sein. In einem Brief, der in der englischen Zeitung »Daily Telegraph« abge-

Henry M. Stanley

druckt wurde, bat Stanley dringend um Missionare für dieses lange Zeit verschlossene Land Ostafrikas: »Welch reife Ernte bietet sich hier ... Wir brauchen einen praktischen christlichen Mann, der den Leuten zeigt, wie sie Christen werden können. Der sie aber auch lehrt, Krankheiten zu heilen, Häuser zu bauen, vernünftig Ackerbau zu betreiben. Kurz, der an alles Hand anlegen kann. Ein solcher Mann würde der Retter Afrikas werden.«

Erstaunlich rasch, schon einige Monate später, trafen die ersten Missionare ein. Der schottische Ingenieur Alexander Mackay war einer von ihnen – ein unerschrockener Mann, der die Ugandamission durch seine vielfältigen Gaben ganz besonders prägen sollte. Auch hier waren es nicht theologisch geschulte Missionare, sondern im brennenden Glauben stehende Männer, die man oft abschätzig Laien nennt. Sie wollten Menschen im Glauben zu Jesus führen.

Dieser Techniker Mackay war die vorwärtstreibende Kraft der Mission in Uganda. In einem Pfarrhaus in Berlin hatte er sich einst ganz bewußt für Jesus Christus entschieden, als er die Biographie von John Coleridge Patteson las. Der war als Missionar auf den Santa-Cruz-Inseln in Melanesien im Pazifik ermordet worden. Beeindruckend ist, wie Patteson ein humorvoller Mann war, aber auch von großer Disziplin und einem festen Glauben.

Mackay litt darunter, daß man sich in Europa so wenig für das missionarische Weitersagen des Evangeliums einsetzte. Er schrieb später einmal aus Afrika: »Das christliche Europa hat bis jetzt mit der

Mission nur gespielt. Es ist Zeit, das Werk mit Ernst anzufassen. Aber wann wird's geschehen?«

Bei der Verabschiedung der ersten Missionare 1876 sagte Mackay als Jüngster ganz am Schluß: »Eins haben meine Brüder nicht gesagt. In dem nächsten Halbjahr wird wahrscheinlich die Todesnachricht von einem oder mehreren von uns eintreffen. Wenn diese Nachricht vom Tod kommt, dürfen Sie nicht verzagen, sondern schicken Sie gleich einen, der in die Lücke tritt.«

Alexander Mackay

Frustrierend war am Hof des ugandischen Königs Mutesa, wie sich evangelische und katholische Missionare gegeneinander ausspielen ließen. Mackay konnte nicht verstehen, warum die Katholiken ausgerechnet auch unter den Bagandas ihre Mission beginnen wollten, wo doch hundert andere Stämme noch keine Mission hatten. »Hat denn jedes weiße Volk eine eigene Religion?« fragte der König. Hinzu kam der Einfluß der trickreichen islamischen Händler, auch der Sklavenjäger. Mackay erforschte fleißig die Landessprache und lehrte hauptsächlich die am Hof verkehrenden Häuptlinge, das Wort Gottes in ihrer Sprache zu lesen.

So konnten im Jahr 1882 die ersten fünf jungen Männer getauft werden. Es folgten bald ein Häuptling, ein Priester und zwei Töchter des Königs. 21 Personen feierten das Abendmahl als Gemeinde.

Dann starb König Mutesa. Er war ein Herrscher mit ungeahnter Machtfülle, der sein Volk relativ gut, aber auch sehr launisch führte. Dazu gehörte auch, daß er fast täglich einen oder mehrere Untertanen hinrichten ließ.

Im Gegensatz zu seinem Nachfolger Mwanga war er ein freundlicher und kluger Mann gewesen. Das Land war handwerklich hoch entwickelt und das Sozialsystem geordnet.

Mwanga aber, der Nachfolger auf dem Königsthron, war ein Feind der Christen. Nicht daß er sie verfolgen wollte, aber an der von ihm geübten Praxis der Homosexualität, die er von Arabern übernommen hatte, kam es zum Konflikt mit den Christen.

Die jungen Pagen am Königshof hatten sich, als sie Christen wurden, gegen die homosexuellen Praktiken des Königs gesperrt. Daß es überhaupt jemand wagen konnte, ihm als Häuptling zu widersprechen, trieb den König zu schrecklichen Wutausbrüchen.

Die ersten drei Jungen wurden schon in den ersten Monaten der Amtszeit des neuen Königs verhaftet. Als sie keine Reue zeigten, wurden sie ausgepeitscht und verhöhnt. Dann band man sie an der Richtstätte an einen Baum und errichtete einen Scheiterhaufen. Man quälte die Pagen, von denen einer erst neun Jahre alt war, und verstümmelte sie mit einem Messer. Mitten in den Flammen hörte man die Jungen noch ein Lied anstimmen. Das Sterben der Märtyrer muß auf die Henker einen großen Eindruck gemacht haben. »Noch nie starben in Uganda Menschen so tapfer«, sagten sie, »wie diese Christen.« Sie hatten den Tod nicht gefürchtet.

Wenige Monate später wurden dann nach neuen erregten Zornausbrüchen des Königs 32 junge Männer auf einem großen Scheiterhaufen verbrannt.

Man konnte nicht mehr genau in Erfahrung bringen, wieviele junge Männer damals standhaft um ihres festen Glaubens willen starben. Keiner versuchte, sein Leben durch Abschwören vom Glauben zu retten. Die mutige Zuversicht, mit der sie in den Tod gingen, beeindruckte das Volk der Baganda sehr. Der König aber spottete unter dem Gelächter des Hofs: »Gott hat sie doch nicht aus meiner Hand errettet!«

Die Missionare schrieben einen Brief an die Christen: »In den alten Zeiten wurden Christen gehaßt, gehetzt, verjagt, verfolgt um Jesu willen. So ist es auch noch heute. Verleugnet den Herrn Jesus nicht, so wird er auch euch nicht verleugnen, wenn er kommen wird in seiner Herrlichkeit.« Auf der Rückseite stand 1. Petrus 4, 12-13:

»Laßt euch durch die Hitze nicht befremden, die euch widerfährt … freut euch, daß ihr mit Christus leidet, damit ihr auch zur Zeit der Offenbarung seiner Herrlichkeit Freude und Wonne haben mögt.« Schon vorher war der englische Missionsbischof James Hannington gefangengenommen worden. Er hatte das Land Buganda, wie damals das Königreich hieß, vom Osten her auf dem kürzesten Weg zu erreichen versucht. Er hatte keine Ahnung, daß dies der übliche Angriffsweg der Feinde der Bagandas war. »Wer durch die Hintertür kommt, muß sterben.« So hieß es damals am Königshof nach einer alten Prophezeiung, ihr Land solle von Osten erobert werden. Auch stifteten in dieser Zeit die deutschen Kolonialtruppen im Osten durch ihr militärisches Vorgehen viel Unruhe.

Der große und starke Hannington wurde an der Grenze Ugandas von 20 Kriegern überfallen und zu Boden geworfen. Trotz heftiger Gegenwehr wurde er überwältigt, gestoßen und fortgerissen.

Sieben Tage saß Hannington in seinem Zelt in Gefangenschaft. Er sang Lieder wie »Sicher in Jesu Armen« und »lachte über seine schreckliche Lage«. Noch hatte er genügend zu essen, auch Schreibzeug. Er führte sein Tagebuch weiter.

Am letzten Morgen seines Lebens, am 29. Oktober 1884, schrieb er: »Ich bekomme keine Nachrichten. Ich habe mich aber gestärkt an dem 30. Psalm, dessen Kraft ich recht empfunden habe:

›Ich preise dich, Herr; denn du hast mich aus der Tiefe gezogen und lässest meine Feinde sich nicht über mich freuen …

Ich aber sprach, als es mir gut ging: Ich werde nimmermehr wanken. Denn, Herr, durch dein Wohlgefallen hattest du mich auf einen hohen Fels gestellt. Aber als du dein Antlitz verbargest, erschrak ich.‹

In der letzten Nacht heulte eine Hyäne neben mir. Sie roch wohl den Kranken, aber ich hoffe, sie soll mich noch nicht kriegen.«

Am Nachmittag wurde Bischof Hannington mit allen seinen Begleitern mit Speeren niedergemacht. Einer der englischen Begleiter überlebte schwer verwundet, weil er sich totstellte, und konnte später alles berichten. Die letzten Worte Hanningtons waren: »Sagt eurem König, daß ich für Uganda sterbe. Ich habe den Weg dorthin mit meinem Leben bezahlt!«

In England hatte die Nachricht von der Ermordung des Bischofs eine große Wirkung. 53 junge Männer meldeten sich freiwillig zum Dienst in der Mission.

Als Nachfolger für Hannington sollte Bischof Parker kommen. Er starb aber schon unterwegs am Fieber.

Alexander Mackay hatte sich in all den schweren Jahren außerordentlich bewährt. Der bekannte Entdecker Henry Stanley, der eben mit einer Karawane durchzog, wollte ihn zur Erholung an die Küste mitnehmen. Mackay aber schrieb ihm: »Bei dem schrecklichen Arbeitermangel darf keiner den Platz verlassen. Schicken Sie mir zuerst 20 Männer, dann komme ich vielleicht und helfe noch andere 20 zu suchen.«

Wenige Wochen später war Mackay, kaum 40 Jahre alt, tot. Auch er wurde ein Opfer des Fiebers.

Obwohl der grausame König Mwanga in einer Revolution gestürzt und verbannt werden konnte, sah es wenig später zwischen 1888 und 1894 so aus, als wenn die gesamte Mission völlig vernichtet wäre. Die Araber wollten alle weißen Missionare gefangennehmen. Nur mit Not konnten diese mit einem Boot flüchten. Ihre Häuser wurden zerstört. Hinzu kamen schlimme Rivalitäten zwischen katholischen Missionaren, die von Frankreich gedeckt wurden, und evangelischen, die sich auf deutschen und dann englischen Schutz verlassen wollten. Erst nachdem 1890 die Kolonialgrenzen endgültig

festgelegt waren, wurde 1894 das englische Protektorat Buganda errichtet, das später dann Uganda hieß.

Jetzt erst konnte sich das Land entwickeln. Der große Eifer der
Baganda, von Jesus überall weiterzusagen, ließ die Kirchen schnell
wachsen. Von Ugandern getragen, begann bald eine Mission unter
den scheuen und gefährlichen Pygmäen mit ihrem Zwergenwuchs.

Schnell wuchs die Zahl der Taufwilligen. Von den Bagandas
drang das Evangelium in die anderen Nachbarreiche vor, die später
zusammen Uganda bildeten.

Bischof Alfred Robert Tucker dachte weit voraus und wollte
eine afrikanische Volkskirche, in der Einheimische und Fremde gleich-
berechtigt nebeneinander dem Herrn dienen sollten.

In die Spuren Mackays aber trat der Laienmissionar G. Pilkington. In drei Jahren übersetzte er die Bibel in die Landessprache. Er
erkannte auch rasch, wie müde, leer und geistlich ausgebrannt die
Gemeinden waren. Es bedrückte ihn, wie viele getauft wurden, die
gar nicht mit Jesus lebten. So gab es bald viele Ugander, die bloß dem
Namen nach Christen waren. Deshalb begann Pilkington mit Missi-
onsveranstaltungen, in denen Menschen erzählten, wie sie zu Christus fanden.

Alle lauschten ergriffen, wenn Leute erzählten, welche Bibel-
worte ihnen wichtig geworden waren. Ein großer Hunger nach Gottes Wort entstand. Viele Schriften wurden gedruckt. 80 Evangelisten
wurden ausgebildet. Pilkington wurde der erste Wegbereiter der ostafrikanischen Erweckung, die Jahrzehnte später unzählige Gemeinden mit neuem Leben in echter Gemeinschaft belebte.

In der Stille auf einer Insel im Victoriasee bat Pilkington um den
Heiligen Geist. Er wurde aber nicht mit heiligen Gefühlen oder geistlichen Erleuchtungen gefüllt, sondern mit ganz praktischen Entdek-
kungen. Er sah sein falsches Verhältnis zu seinen Missionarskollegen.
Und er erkannte seinen Hochmut gegenüber den afrikanischen Christen. Dann entdeckte er ganz neu Jesus, der unsere Gerechtigkeit,
Versöhnung und Heiligkeit ist. In dieser neuen Freude an Jesus
wirkte Pilkington nun in die Weite.

Menschen begannen gestohlene Dinge zurückzubringen. Die
bekehrten Leute brannten für Jesus. Sie waren so eifrig, daß sie in

ferne Ortschaften wanderten. Durch diese afrikanischen Evangelisten kamen viele zum Glauben. Das Evangelium wurde immer weiter ins Land hineingetragen.

# Konsulin unter Ratten in einer Lehmhütte

*Mary Slessors schwere Jugend – »Gefahren zählen nicht!« – Grausame Zauberpraktiken – Als Frau hohes Ansehen – Heimweh – Keine Erfolgsberichte – Gefühl für afrikanische Sitten*

Ausgesprochen schwer taten sich Missionare mit der 27jährigen Schottin Mary Slessor, die 1876 in das für sein ungesundes Klima und den Sklavenhandel berüchtigte Gebiet von Calabar im heutigen Südosten Nigerias ausreiste. Genausowenig konnte sich Mary Slessor in den gesellschaftlichen Rahmen der Missionarsfamilien einfügen. Als alleinstehende Frau mußte sie sich auf dem Missionsfeld ihren Weg erkämpfen.

Man kann darüber rätseln, warum sie, die sich selbst ein wildes Mädchen nannte, so aus dem Rahmen fiel. Ihre Jugendzeit war trostlos und unheimlich. Ihr betrunkener Vater warf die kleine Mary oft mitten in der Nacht auf die Straße. Harte Arbeit bestimmte ihr Leben. Es begann mit 11 Jahren in einer Textilfabrik. Mit 14 Jahren arbeitete sie schon zehn Stunden täglich und versorgte mit dem verdienten Geld die neunköpfige Familie. Nach der Fabrikarbeit war zu Hause noch eine Menge zu tun.

Auch in der Mission wollte Mary Slessor hart arbeiten. Darum fiel ihr anfangs das lange Warten, bis sie ins Landesinnere aufbrechen durfte, ungeheuer schwer. »Man braucht eine ganz besondere Gnade, die einen befähigt, bloß still hinzusitzen«, schrieb sie bald nach ihrer Ankunft in Afrika nieder. »Es ist unsagbar schwierig zu warten.«

Ihrer besorgten Mutter sagte sie vor der Ausreise: »Gefahren zählen nicht, wenn nur Jesus bei mir ist.«

Es dauerte drei lange Jahre, bis sie endlich im Dschungel nach ihrem Gutdünken einen primitiven afrikanischen Lebensstil verwirklichen durfte. Sie baute sich eine einfache Lehmhütte und aß, was die

217

Afrikaner eben so aßen: Bananen, Wurzeln und Fisch. Von dem wenigen Geld, das ihr die Mission für ihren Lebensunterhalt gab, sandte sie das meiste nach Hause.

Die evangelistische Arbeit im Land der vielen Flüsse war sehr schwierig. Die dort wohnenden afrikanischen Stämme hatten, nachdem der Sklavenhandel mit Gewalt unterbunden worden war, keinen eigenen Lebenswillen mehr. Der Handel mit Schnaps blühte. Zauberei und Spiritismus waren tief in der Bevölkerung verwurzelt. Man hatte Angst vor bösen Geistern, Fetischmännern und Zauberern. Menschen wurden ihnen geopfert und dann gegessen. Zwillingsgeburten galten als Zeichen der Besessenheit von bösen Geistern. Grausam wurden beide Neugeborene umgebracht, aber auch die Mutter verstoßen.

Unermüdlich kämpfte Mary Slessor gegen diese grausamen Praktiken an. Sie befreite solche dem Tod geweihten Zwillinge und adoptierte eine ganze Anzahl von ihnen. Auch kümmerte sie sich um die ausgestoßenen Mütter. Für Afrikaner war es völlig unbegreiflich, wie sie als Frau sich rasch Ansehen auch in vielen Stammeskämpfen und kriegerischen Auseinandersetzungen erwarb. Oft verhinderte sie durch ihre Vermittlung ein Blutvergießen.

Bei Missionsleuten mag es naheliegen, daß man extremen Mut, große Einsatzfreude und außerordentliche Hingabe auf das besondere Wesen und den Charakter eines Menschen zurückführt. Dabei wird dann oft vergessen, wie viele dieser herausragenden Eigenschaften erst im Glauben entdeckt und im Gehorsam des Dienstes als Gaben erlernt wurden.

So war Mary Slessor ihrem natürlichen Wesen nach eine schwache Frau. Nur trat das in ihrem von Glauben und Dienst geprägten Leben ganz zurück. Die Ecken und Kanten ihres Charakters mögen noch als originelle Eigenart empfunden werden. Anders ist dies schon, wenn man ihre auch wieder sehr wenig belastbare Persönlichkeit betrachtet.

Schwer setzten Malariaanfälle ihrer Gesundheit zu. Sie litt – was man bei ihr nicht vermuten würde – stark unter Heimweh. Einmal überfiel sie im Urwald so schlimm ein Gefühl der Hilflosigkeit und Angst, daß sie nicht mehr beten konnte. Sie konnte nur das Wort

»Vater!« stammeln und weiterziehen. Es ist der lebendige Gott, der schwache Menschen begabt und brauchbar macht zum Dienst. Das wird dort am deutlichsten, wo die Schwächen und Grenzen eines menschlichen Charakters offenbar werden.

Während eines krankheitsbedingten Urlaubs an der Küste verliebte sie sich in einen Missionslehrer. Weil aber dessen Gesundheit den Strapazen im Landesinneren nicht gewachsen war, löste sie diese Verbindung wieder auf. Sie war auch nicht für ein gemeinsames Leben geschaffen. Selbst andere Missionarinnen konnten nicht leicht mit ihr auf engstem Raum zusammenleben.

Es war Mary Slessors Ziel, immer tiefer ins ungesunde Landesinnere vorzustoßen. Sie war fest davon überzeugt, daß Frauen für solch eine Pionierarbeit viel besser befähigt sind als Männer, weil sie auch weniger Angst vor den unbekannten Stämmen haben.

Sie litt darunter, keine begeisterten Berichte von großen Massenbekehrungen nach Hause zu den Missionsfreunden schicken zu können. Sie war sich bewußt, daß ihre Arbeit weithin die Verkündigung des Evangeliums nur vorbereitete, obwohl sie selbst viel predigte und evangelisierte. So kümmerte sie sich um Schulen, lehrte praktische Fertigkeiten, schlichtete als britische Vize-Konsulin schwierige Streitfälle ganz unkonventionell. Meist ließ sie sich in ihrem Empfinden nicht von britischen Gesetzen, sondern von der afrikanischen Sitte bestimmen.

So war auch ihr Lebensstil. Es gab keine festen Zeiten, weder für Mahlzeiten, Gottesdienste noch für den Schulbeginn. Sie sorgte sich nicht um Hygiene und überlebte doch viele andere Missionare, die sorgfältig auf ihre Gesundheit achteten. In ihrer Lehmhütte kümmerte sie sich nicht um Ratten, Kakerlaken, Schaben oder Ameisen. Ganz unkonventionell war auch ihre Kleidung, meist nur ein Baumwollkleid direkt auf der Haut.

Als sie 1915 in einer Lehmhütte starb, hatte sie fast vierzig Jahre härtesten Pionierdienst in Afrika abgeleistet. Auf ihren Spuren konnten andere dann weiterarbeiten, Gemeinden gründen und evangelisieren. Ihr wichtigster Dienst war, daß sie durch das Evangelium die unheimlichen Lebensgewohnheiten ganzer Stämme veränderte. Das Gebiet von Calabar war einst berüchtigt durch Sklavenhandel. Jetzt holten selbst Häuptlinge bei ihr Rat. Sie vereinigte alles in ihrer Person: Gesetzgeber und Arzt, Lehrer und Freund aller, denen sie den »Jesus-Weg« zeigte.

## Die blutige Verfolgung stärkte die Märtyrerkirche von Madagaskar

# Sie fürchteten weder der Königin Grimm noch den Tod

*Sumpffieber packt erste Missionare – König wünscht Handwerker – Grausame Justiz – Sklaverei – Putsch der Ranawalona – Das Morden beginnt – Haß gegen die Christen – Frauen mutige Märtyrerinnen – Am Seil über dem Abgrund – Wie die Träumenden – Wirkungen des Wortes Gottes – Einheimische Evangelisten*

Schon portugiesische Seefahrer, die im Jahr 1506 die viertgrößte Insel der Welt – das fruchtbare Madagaskar – erreichten, wollten dort das Christentum verbreiten.

Die Größe der Insel ist gewaltig. Von der Nordspitze bis zum Südzipfel ist es so weit wie von Stuttgart nach Athen. Die Breite entspricht immerhin noch der Strecke von Stuttgart bis Hamburg.

Auch wenn die Entfernung nach Afrika nicht sehr weit ist, zählt die Bevölkerung Madagaskars nicht zu den afrikanischen Völkern, sondern gehört durch ihre malaiischen Wurzeln zu den südostasiatischen Völkern. Die Madagassen stammen von den Altindonesiern der Südsee ab und sind in ihrem Wesen außergewöhnlich gastfrei, zuvorkommend und höflich.

Feindselig und kämpferisch gab sich aber die Bevölkerung Madagaskars gegenüber den fremden Eroberern. Nur kurze Zeit nach der Entdeckung durch die Portugiesen wurde die neu gegründete Kolonie zerstört.

Auch alle katholischen Versuche der Missionierung auf Madagaskar scheiterten. 1674 wurden 75 Kolonisten von den Eingeborenen grausam ermordet. Zwei weitere Versuche der römischen Lazaristen verpufften im 18. Jahrhundert.

Es war eine ungünstige Zeit, als im Jahr 1818 die *Londoner Missionsgesellschaft* ihre ersten Mitarbeiter auf die Insel sandte. Damals hatte gerade der englische Gouverneur von Mauritius einen mit dem madagassischen König geschlossenen Vertrag schmählich gebrochen. Die Feindschaft gegen England schlug unter der Bevölkerung hohe Wellen.

Es waren aber auch die gesundheitlich gefährlichsten Monate, als die Missionare Bevan und Jones von Mauritius über die Insel Bourbon an der Küste von Madagaskar eintrafen. Es regnete in Strömen, dazu war es sehr heiß in den feuchten Sümpfen und Urwäldern des schmalen Küstensaums. Das Fieber lag über dem Land, das sich in Morast verwandelte.

Nach kurzem Aufenthalt auf Madagaskar starb das kleine Töchterlein von David Jones. Aber auch die anderen waren schon schwer krank. Für die Eltern war es besonders schlimm, daß sie, selbst vom Fieber völlig geschwächt, nicht einmal das sterbende Kind in seinen letzten Stunden pflegen konnten. Nach Tagen der Bewußtlosigkeit starb die Mutter. Auch die Tochter von Missionar Bevans starb, und wenige Tage später er selbst und seine Frau. In wenigen Tagen mußten fünf Gräber geschaufelt werden. Missionar David Jones blieb als einziger übrig. Trotzdem stand es bei ihm ganz unerschütterlich fest, daß Gott ihn hierher in dieses Land gerufen hatte. Er dachte nicht an Aufgeben oder Rückzug. Jetzt erst recht mußte Madagaskar für Jesus erobert werden!

Aber auch David Jones wurde vom Sumpffieber gepackt. Einheimische trugen den Todkranken auf ein Schiff, das Vieh transportierte. Man legte ihn auf Futtersäcke und überließ ihn seinem Schicksal. Auf der Seefahrt nach Mauritius erholte Jones sich schnell. Nach einem Jahr kehrte er wieder nach Madagaskar zurück.

Glücklicherweise wurde bald die Feindschaft mit den Engländern am Königshof überwunden. Dadurch konnte auch Missionar David Jones das ungesunde, fieberverseuchte Küstenland verlassen und in die auf einem Bergrücken liegende Hauptstadt Tananarive umziehen.

Die Reise durch die einsamen Sümpfe und Urwälder an der Küste war schwierig und entbehrungsreich. Ein Wagen mit Rädern konnte dort nicht verkehren. Im Wasser nur mit dem Kanu, im bergigen Dickicht im Tragsessel oder zu Fuß bis ins fruchtbare Hochland überwand man Graslandschaften, wuchernde Sträucher und gefährlich schlüpfrige Felspfade.

Der 23jährige König Radama, der am christlichen Glauben selbst kein Interesse hatte, erlaubte jetzt der *Londoner Mission,* »so viele Missionare zu schicken wie sinnvoll«, um das Volk von Madagaskar »in der christlichen Religion und in allen nützlichen Arbeiten zu unterrichten«. Wie die meisten afrikanischen Fürsten damals war der König nur an all den schönen Handelsgütern interessiert, die Europa produzierte. Darum bat er um die Entsendung von Handwerker-Missionaren. Sie sollten die Madagassen in allen begehrten technischen Fertigkeiten anleiten. Gleichzeitig wurden zehn junge Madagassen nach England geschickt, um dort eine Berufsausbildung zu erhalten.

Uneingeschränkte Macht hatte der König in der Hauptstadt Tananarive. Als Oberpriester konnte er über ganze Landstriche ein angebliches »Gottesurteil« verhängen. Dabei mußte ein aus der giftigen Tangenanuß hergestelltes Getränk getrunken werden. Nur wer nicht tot zusammenbrach, war unschuldig. Man kann vermuten, daß manche Verantwortliche an diesem Getränk manipulierten. Richter und Wahrsagern fiel nämlich der Besitz der durch Gift Getöteten zu. Das war eine einfache Gelegenheit, sich auf schnelle Weise zu bereichern; denn eine richterliche Kontrolle oder Überprüfung gab es nicht.

Wenn der König sich beleidigt fühlte, kannte er keine Achtung des menschlichen Lebens mehr. So wurde ein Sklave, der an der königlichen Tafel eine Schüssel zerbrach, auf Anordnung des Königs hinausgeführt, damit so etwas nicht mehr geschehen konnte. Der Offizier verstand sofort und brachte den Sklaven um. Ergeben meldete er wenig später dem König dessen Tod.

Um das grausame Geschehen der Christenverfolgung auf Madagaskar richtig einordnen zu können, muß man wissen, daß damals auf Madagaskar alle Hinrichtungen Freudenfeste waren. Tausende von Zuschauern ergötzten sich daran. Die Gefühle der Untertanen waren durch viele Grausamkeiten äußerst abgehärtet. Es gab viele Todesstrafen: Kreuzigung, Aushungern, Enthauptung, langsames Verbrennen bei schwachem Feuer und manches andere.

Seeräuber und Sklavenhändler jagten jährlich Tausende von bejammernswerten Bewohnern Madagaskars und verkauften sie als Sklaven nach Mauritius, Westindien, Nord- oder Südamerika. Auch die wohlhabenden Madagassen hielten sich ihre Haussklaven, über die sie wie über ein Stück Besitz verfügen konnten. »So darf es nicht weitergehen!« Das stand für die Missionare fest. »Das Evangelium muß die Unmenschlichkeit stoppen.«

Als König Radama 1828 erst 36jährig starb, war er bis zum Ende den Missionaren sehr distanziert gegenübergestanden. Dem Evangelium gegenüber war er in den letzten Jahren immer verschlossener und ablehnender geworden. Mit großem Prunk wurde der König bestattet. Die Mauern des Palastes, der hoch die Stadt überragt, waren mit weißen Trauertüchern behängt. Auf dem Grab wurden sechs der Lieblingspferde des Königs geschlachtet.

Überraschend erhielt nun nicht der 18jährige Prinz, der die Missionsschule durchlaufen hatte, die Königswürde. Ranawalona, eine der zwölf Frauen des toten Königs, erschlich sich selbst mit brutaler Gewalt und Bestechung den Königsthron.

Ihre erste Tat war die Ermordung des Kronprinzen. Dann waren seine Verwandten an der Reihe. Kaltblütig und grausam entledigte sich die neue Königin ihrer eigenen Mutter, ihres Bruders und anderer Familienangehörigen. In grenzenloser Angst tötete sie selbst die Freunde, die sie an die Macht gebracht hatten. Überall witterte sie Konkurrenten. Aus Angst vor der Untreue von Häuptlingen ging das Morden ganzer Dörfer im Land weiter.

Trotz dieser schrecklichen Umtriebe konnten 1831 die ersten 28 Christen getauft werden. Darunter waren frühere Zauberpriester. In den kommenden Jahren folgten immer mehr Taufen. Etwa 15 000 Jugendliche hatten bis zu dieser Zeit die vielen Missionsschulen besucht. Überall in der von Ahnenfurcht und Geisterglauben beherrschten Insel spürte man den befreienden Geist Jesu. Eine Druckerei druckte christliche Bücher.

Da entlud sich Anfang des Jahres 1835 der ganze aufgestaute Haß der grausamen Königin gegen die wachsenden Christengemeinden. Der konkrete Anlaß war, daß der Sohn eines hohen Hofbeamten sich als Christ weigerte, am Götzenopfer der Königin teilzu-

nehmen. Das war in den Augen der erregten und aufgebrachten Königin nicht allein eine Mißachtung der Geister, sondern ein für das Bestehen des Staates höchst gefährliches politisches Vergehen.

Einige Wochen später wurde jeder christliche Gottesdienst durch Gesetz verboten. »Herr, hilf uns, wir verderben!« hatte der Text der letzten Predigt in einer der Kapellen geheißen. Nicht allein die Getauften, sondern auch alle, die bei den Missionaren das Lesen gelernt oder

Gottesdienste besucht hatten, mußten sich den Richtern stellen. Neue Testamente und christliche Bücher mußten abgeliefert werden.

Manche der madagassischen Christen versteckten mutig ihre Testamente. Andere schlichen sich bei Nacht in die Häuser der Missionare und stärkten sich dort unter Gottes Wort und Gebet. Allein 400 Offiziere und Adlige verloren als Christen ihre Stellung. Nach 18 Monaten wurden auch die letzten Missionare, die bis dahin unter schwerstem Druck weiterzuarbeiten versuchten, des Landes verwiesen. Insgesamt 25 Jahre dauerte die schreckliche Verfolgung.

Die ersten Märtyrer in Tananarive waren Frauen. Die Tochter einer vornehmen Familie, die ihr großes Haus für Gebetsversammlungen zur Verfügung gestellt hatte, wurde fünf Monate lang eingesperrt und dann als Sklavin verkauft.

Die junge Christin Rasalama wurde gefoltert, gequält und dann hoch über der Hauptstadt mit einem Speer durchbohrt. Als sie an der verschlossenen Kapelle der Christen vorbeigeführt wurde, rief sie: »Dort habe ich die Worte meines Heilands gehört!« Singend ließ sie sich zur Hinrichtung führen.

Eine Gedenkstätte erinnert heute in der Hauptstadt Tananarive an den 28. März 1849. Mit zugestopftem Mund, damit sie nicht mehr singen konnten, wurden 15 Christen auf die Felsenklippe hoch über der Stadt geschleppt. Dort ließ man sie an einem Seil über den Rand des Abgrunds hängen.

Neben dem Seil stand ein Mann mit einem scharfen Messer.

»Willst du aufhören zu beten?« Noch einmal versuchte man es mit Einschüchterung, um sie zum Widerruf zu bewegen.

Einer nach dem anderen rief aus der Tiefe laut und vernehmlich »Nein!« Dann wurde das Seil gekappt.

Die letzte unter den hinausgeführten Christen war eine Frau. Um ihr Leben zu retten, befahl die Königin, man solle sie so stellen, daß sie mitansehen mußte, wie alle Verurteilten in der Tiefe zerschellten. Dennoch bekannte sie sich fest zu ihrem Glauben und weigerte sich, zu den Ahnengeistern zurückzukehren.

»Du bist verrückt!« sagte der Richter und sandte sie als »Wahnsinnige« zur Königin zurück. Sie überlebte als einzige und blieb doch ihrem Herrn treu.

Vier weitere Christen wurden, weil sie zum Adel gehörten, nicht die Felsenklippe hinabgestürzt. Unterhalb des Felsens wurde für sie ein Scheiterhaufen errichtet. Die zwei Männer und ein Ehepaar gingen, an Pfählen festgebunden, singend in den Tod.

Eine große Zahl von Christen wurde auf andere Weise bestraft. 37 Prediger wurden mit Frau und Kindern in die Sklaverei verkauft, ihre Häuser geplündert. 100 wurden ausgepeitscht und zu lebenslanger Zwangsarbeit verurteilt. Hunderte von Christen wurden mit hohen Geldstrafen belegt. Auch der Prinz Ramondscha war unter den Bestraften. Er wurde degradiert und mußte eine hohe Geldstrafe zahlen.

Die Verfolgung endete erst mit dem Tod der Königin im Jahre 1861.

In der Chronik der *Londoner Missionsgesellschaft* kann man lesen: »Als der neue Tag anbrach, da kamen aus den Verstecken in den Wäldern Männer und Frauen, die jahrelang heimatlos und ausgestoßen gewesen waren. Sie kamen zurück, als wären sie von den

Toten auferstanden. Einige trugen noch tiefe Narben, die Fesseln und Ketten ihnen zugefügt hatten. Andere wiederum waren beinahe zu Skeletten abgezehrt durch lange Hunger- und Fieberleiden. Sie konnten kaum den Weg gehen, der sie zur Hauptstadt führte. Ihre Brüder kamen ihnen von dort entgegen und halfen ihnen. Als sie ihre geliebte alte Stadt wiedersahen, da stimmten sie das Lied an: ›Wenn der Herr die Gefangenen Zions erlösen wird, da werden wir sein wie die Träumenden.‹ Und alle stimmten fröhlich ein: ›Der Herr hat Großes an uns getan!‹«

Jetzt konnte man sehen, wie durch die Verfolgung die Zahl der Christen auf das Vierfache angewachsen war. Dies war nur möglich, weil damals schon das Neue Testament in madagassischer Sprache vorlag. Es wurde mit der Hand abgeschrieben, wo es gedruckt nicht zu erhalten war.

Entscheidend wichtig für die Mission auf Madagaskar war, daß das Wort Gottes ganz allein, ohne Anmerkung oder Kommentar, die Christen im Glauben gefestigt hatte, besser als es je ausländische Missionare hätten tun können. Von Anfang an war es für die Christen Madagaskars typisch, sich selbst für das Weitertragen des Evangeliums zu den Ungläubigen verantwortlich zu wissen. Weite Wege in stechender Sonne wurden selbstverständlich zurückgelegt, um in fernen Dörfern von Jesus zu erzählen.

Auch nach der Verfolgung blieben sie nicht nur sonntags, sondern oft auch die Woche hindurch beieinander, um sich im Wort Gottes gegenseitig zu ermahnen und zu trösten. Keiner Lehre wollten sie sich öffnen, die sie nicht im Wort Gottes fanden.

# Ein Original Jesu Christi
# aus der Heidenwelt

*Samuel Hebichs Berufung – Angriffige Straßenpredigt – Kuhmist und Steine – Unter englischen Soldaten – »Hebichs own« – Mit Brüdern auf engstem Raum – Realistisch – Nach 25 Jahren in die Heimat – In Basel wie bei einem indischen Götzenfest – Nein zur Ehe – Die schlichte Beerdigung*

Auf der Rheinbrücke bei Basel stand ein Schüler des Missionsseminars und warf seine griechische und hebräische Grammatik in den Fluß mit den Worten: »Damit du nicht sagen kannst, du hättest Abraham reich gemacht!«

Daraufhin wollte ihn das Komitee aus dem Missionshaus entlassen. Hebich schlug auf den Tisch: »Ihr könnt mich gar nicht entlassen. Gott hat mich gerufen.«

Dieser junge Mann war Sohn eines liberalen Pfarrers aus Nellingen auf den württembergischen Fildern und ein guter Degenfechter, Rationalist durch und durch. »Nun bist du ein Mann!« sagte sein Vater zu ihm, als er mit 13 Jahren eine Tabakspfeife geschenkt bekam.

»Solltest du allein recht haben?« schrieb ihm der Vater nach seiner Bekehrung mit 20 Jahren in einem »schrecklichen Brief«. In einer Kaufmannslehre in Lübeck kam es zur entscheidenden Lebenswende. Er hatte einen Freund gesucht. Nun fand er den ewigen Freund, den er nicht gesucht hatte. Eine große Befreiung bedeutete ihm die Vergebung seiner Sünde.

1834 wurde Hebich mit zwei anderen Missionaren nach Indien ausgesandt. *Die Basler Mission* hatte sich nun entschieden, an der südlichen Westküste Indiens mit einer eigenen Arbeit zu beginnen. Bisher hatte man die Missionare der englischen Kirchenmission überstellt.

Hebich tat sich auch in Indien mit dem Sprachstudium sehr schwer. Ungeduldig wollte er seine Zeit nicht »verschwenden«, son-

Samuel Hebich

dern gleich »losschlagen«. Was er im Reden in der fremden Sprache nicht erreichte, ersetzte er durch die Wucht seiner originellen Persönlichkeit. Am liebsten predigte er rastlos auf Straßen und Plätzen. Hart griff er selbstsichere Leute an. Zu suchenden Menschen sprach er mit herzlicher und gewinnender Liebe, um sie zu Jesus zu führen. Das Evangelium zu predigen war ihm trotz der Strapazen des heißen Klimas nur Lust und Freude.

Man versuchte, seine Predigten mit ohrenbetäubendem Lärm zu übertönen. Sein Zelt wurde zertrampelt, er wurde verhöhnt. Sogar töten wollte man ihn. Doch er ließ sich nicht beirren.

Oft besuchte er die hinduistischen Götterfeste. »Die stolzen, hochmütigen Brahmanen, die Erdengötter Indiens, packt er ebenso hart und schonungslos und frisch an, als er sich mit suchender, herzgewinnender Liebe sich dem geringsten Paria naht«, schrieb Dr. Gundert. »Seine Predigten machen fortwährend starken Eindruck auf die Massen. Alle Welt spricht nachher noch wochenlang darüber.« Manche kamen nur auf die Götzenfeste, um Hebich zu erleben.

Bei Tumulten, wo sie auf alle erdenkliche Weise versuchten, Hebich zu stören, zu verspotten und zu schmähen, bewarfen sie ihn zuerst mit Kuhmist, dann mit Sand und Steine. Schließlich hetzten sie eine ganze Herde Tempelelefanten auf ihn. Die machten aber, als sie den bärtigen Prediger sahen, kehrt und rannten auf ihre Treiber los. Daß einer der Elefanten in der Nacht darauf starb, war für die abergläubischen Hindus ein Zeichen Gottes.

Bei einem anderen Fest wiegelten Brahmanen das Volk auf. Sie schrien: »Greift ihn!« Schon flogen Kuhmist und Steine, aber gegriffen haben sie Hebich nicht. »Wir kriegten alle unser Teil!« erzählte Hebich. »Josef trug das schönste Zeichen davon. Die Augenbrauen wurden ihm von einem Stein zerschnitten.« Schon wenig später predigte er weiter. Und Hebich sagte von seinem indischen Mitarbeiter Josef: »Noch nie hab ich mein Büble so fröhlich gesehen wie damals. Sie sangen das Lob Gottes und beteten den ganzen Tag.«

So phantastisch und außergewöhnlich seine Methoden auch waren, sie waren sehr wirksam. Was aus seinen missionarischen Bemühungen hervorkam, waren keine Scheinblüten, sondern hatte Bestand über seinen Tod hinaus.

Am meisten bewirkt hat Hebich unter den englischen Soldaten der Garnison in Kannanur. Er war durch und durch Praktiker, dazu fröhlich, ernsthaft und voller Liebe. Er verkündigte das Evangelium einfach und direkt.

Als er einen englischen Major besuchen wollte, wurde er abgewiesen. Der Bursche sagte: »Der Major ist nicht hier!« Hebich merkte aber, daß etwas nicht stimmte. Er schob den Burschen auf die Seite und ging mit seinem Regenschirm durch alle Räume: Schlafzimmer, Wohnzimmer, Arbeitszimmer, Bad, Küche und wieder zurück ins Wohnzimmer. Wirklich, niemand war da.

Doch da, die Fransen vom Sofa bewegten sich sanft. Und Hebich rief: »Heraus mit dir, du Feigling! Und dann setze dich her und höre, was dir Gott sagen läßt! Vor seinem Auge kannst du dich nicht verbergen!«

So drückte er mit seiner Originalität dem aus vielen Völkern bunt zusammengewürfelten englischen Regiment in Kannanur seinen Stempel auf. Man nannte sie das Hebich-Regiment – »Hebichs own«. Diese Ehre, ein Regiment mit einem Namen zu benennen, kommt sonst nur Mitgliedern aus der königlichen Familie zu.

Daß das Zusammenleben von Christen auf engstem Raum in einer gemeinsamen Aufgabe in der Fremde nicht leicht ist, weiß jeder. Erschwerend kommt hinzu, daß Missionare besonders kritisch von Menschen einer anderen Kultur beobachtet werden. Auch für Hebich war das Zusammenleben mit seinem ganz gegensätzlich veranlagten, acht Jahre jüngeren, hochbegabten Mitmissionar Dr. Hermann Mögling nicht leicht.

Mögling war durch und durch intellektueller Ästhet. Auch wollte er den Hindus ganz Hindu werden. Er wollte kein Fleisch essen, lehnte dazu ein festes Gehalt ab. Die älteren Missionare aber legten gerne etwas Geld im Hinblick auf ihre spätere Heirat zurück. Doch schon den Gedanken an eine Frau lehnten die jungen, radikalen Missionare wieder ganz ab.

Als Hebich und Mögling eine neue Station bezogen, ritt Hebich, der unbekümmerte Realist, auf seinem Pferd. Mögling, der Idealist, lief sich die Füße wund aus Überzeugung.

Später mußte Mögling alle seine extremen Ansichten erst noch ausprobieren, bevor er kuriert werden konnte. Er vermietete das schlichte Missionshaus, das er völlig überspitzt als »Palast« bezeichnet hatte. Er schlief mit den Schülern auf einer Matte, versteigerte den Hausrat und warf die Missionskasse in einen Brunnen.

Zum Glück traf in diesem Augenblick der erfahrene Basler Missionar Dr. Häberlin ein, der im Dienst der *Britischen Bibelgesellschaft* stand. Er brachte Mögling von seinen steilen Vorsätzen herunter, so daß dieser wieder reumütig ins Missionshaus zog und sich bei den älteren Missionaren entschuldigte: »Von geringen äußeren Dingen hatte ich innere Kraft und Erfolg erwartet. Ich wollte an allen Rädern treiben, weil mir keines geschwind genug lief.«

Ob nicht ein westlicher Mensch genauso primitiv und anspruchslos leben kann wie Arme in der Dritten Welt, haben viele bis heute immer wieder probiert.

Aber auch mit Hebichs starker Persönlichkeit hatte die Missionsleitung in Basel manche Probleme, weil er sich schlecht einordnen ließ. Der Inspektor schrieb bei einer Reise in seinen Bericht: »Predigen ist seine Passion. Er predigt mit der ganzen Kraft seines Leibes. Es wundert mich nur, wie er das aushält.«

Nach 25 Jahren ununterbrochener Arbeit in den ermüdenden Tropen in Indien wurde Hebich in die Heimat zurückgerufen. Obwohl er durch Krankheit geschwächt und nie mehr ganz im Vollbesitz seiner Kräfte war, begann nun eine ausgedehnte Reisetätigkeit als Missionsevangelist.

Schon bei seiner ersten Predigt in Basel entstand solch eine große Unruhe, daß Hebich meinte, es sei in der frommen Stadt genauso gefährlich wie auf einem indischen Götzenfest. Im großen Rat und in der Regierung Basels wurde verhandelt, ob Hebich überhaupt noch weiter predigen dürfe. Sein Bußruf traf ins Schwarze. Mit 44 zu 42 Stimmen wurde es ihm weiter gestattet.

Als feststand, daß er aus gesundheitlichen Gründen nicht mehr nach Indien zurückkehren konnte, versetzte man ihn nach drei Jahren in den Ruhestand.

Im Blick auf seine Einsamkeit und Hilfsbedürftigkeit wollten ihn Freunde noch im Alter verheiraten. Er sträubte sich: »Mich nimmt doch keine!« Die Freunde überredeten ihn aber, in Metzingen sei eine, die müsse er sich ansehen. Hebich ließ sich drängen, ging hin und begann so: »Du willst mich heiraten?« Darauf sie: »Nein, einen solchen Menschen wie dich heirate ich nicht!« Hebich soll sich dann lachend auf die Schenkel geklopft haben: »Solch ein Weib laß ich mir gefallen!« Fröhlich ging er nach Hause und hatte endlich Ruhe von allen, die ihn verkuppeln wollten.

Nach einer mehrjährigen schriftstellerischen Wirksamkeit verstarb Samuel Hebich im Alter von 65 Jahren in Nellingen. In Korntal wurde er so beerdigt, wie er es verfügt hatte. Nur ein Gebet wurde gesprochen, sonst nichts.

Auf seinem Grabstein auf dem Korntaler Friedhof direkt vor der *Freien Hochschule für Mission* steht das Wort, das ihm so wichtig war:

»Ein Zeuge Jesu Christi aus der Heidenwelt«

## Unter den mörderischen Kopfjägern der Dajaks auf Borneo

# Eine bittere, aber notwendige Erfahrung

*Dajak auf Borneo – Unheimliche Sitte der Kopfjägerei – Ablehnung des Evangeliums – Schulen als Hilfe? – Blutiger Aufstand der Moslems – Im Fluß ertrunken – Unter höhnischem Gelächter ermordet – Haß der Welt – Mißverständliche Berichte für die Heimat*

Durch den Brief eines englischen Missionars, im Basler Missionsmagazin abgedruckt, erfuhren die Christen in Deutschland erstmals etwas von dem, was sich im Innern der riesigen Insel Borneo verbarg. Von seinem Arbeitsgebiet in Java aus hatte ein englischer Missionar Borneo besucht. Nun berichtete er, die dort lebenden Dajaks wären wohl bereit, Christen zu werden. Unter den Moslems hätten sie viel zu leiden. Diese malaiisch-moslemischen Fürsten seien das »Pestübel für das Land«. Er sei von den Dajak oft gebeten worden, Lehrer zu ihnen zu senden.

Zu gleicher Zeit erzählte ein früherer Bewohner Borneos, ein Holländer, der jetzt im Rheinland lebte, den Leitern der *Rheinischen Mission* in Barmen, er sei bis zu den Dajak im Landesinnern vorgestoßen. Dort hätte er ihnen die scheußliche und schreckliche Sitte der Kopfjägerei vorgehalten. Doch ein Häuptling habe ihm gesagt: »Wenn die Kopfjägerei etwas Böses ist und dem großen Geist mißfällt, warum haben uns das die weißen Leute nicht längst gesagt?«

Nach der unheimlichen Sitte der Dajak konnte kein Mann heiraten, wenn er nicht seiner Braut die Schädel von Menschen vorlegen konnte, die er erschlagen hatte. In Banden von oft über 40 Kriegern lauerten sie im Dickicht auf ihre Opfer, egal ob Frau, Kind oder Mann. Mit Jubel wurden die Köpfe der Erschlagenen nach Hause gebracht, um damit das Haus zu zieren. Die fürchterliche Blutrache aber schrie nach Vergeltung. Eine junge Frau der Dajak legte damals genauso viel Wert auf menschliche Köpfe wie ein westliches Mädchen heute auf Schmuck. Die Köpfe vererbten sich vom Vater zum Sohn. Das Ansehen eines Menschen hing von den Köpfen der Erschlagenen ab, die ihm gehörten.

Eine Inspektion des geplanten Arbeitsgebiets wurde von der Mission in Barmen in die Wege geleitet. Missionar Barnstein besuchte mehrere Ort auf Borneo, obwohl die holländische Kolonialregierung große Bedenken hatte.

Die Wahl für die erste Missionsstation fiel nicht, wie der englische Missionar geraten hatte, auf die Stadt Pontianak im Westen Borneos, sondern auf Banjermasin im Süden der Insel. Barnstein war begeistert, daß ein Häuptling mit ihm sogar eine »Blutsbrüderschaft« schloß. Bei dem Zeremoniell wurde mit dem Messer an der Schulter eine Wunde eingeritzt und das Blut dem Trank beigemischt.

Allerdings sollte diese Begeisterung bald einer großen Enttäuschung weichen. Der Weg des Evangeliums auf Borneo war schwierig. Er war getränkt mit Blut, Schweiß und Tränen. Weder der Häuptling noch seine Leute zeigten irgendwelche Neigung, je Christen zu werden.

Die Gegend um Banjermasin ist voll sumpfiger Wälder. Abends schwirren unzählige Scharen von Stechmücken durch die Luft. Nur ein einziger Fluß fließt durch die Stadt. Auf Borneo sind die Flüsse oft die einzigen Straßen, auf denen man reisen kann. Die Hafenstadt selbst hatte damals eine fanatisch malaiisch-moslemische Bevölkerung unter einem Sultan.

So begann die Arbeit der Missionare aus Barmen schwieriger als vorher gedacht. Die Malaien waren feindselig, die Chinesen ganz ablehnend, die Europäer wollten sich ungehemmt und ungeniert ausleben. So wandten sich die Missionare an die Dajak, die meist außerhalb von Banjermasin in Siedlungen am Rand der verzweigten Flüsse lebten.

»Wir brauchen euren Erlöser nicht!« sagten die Dajak stolz.

Leider versuchten die Missionare immer wieder, durch die Kolonialregierung der Holländer Druck auf die Dajak auszuüben. Missionar Becker schrieb: »Man muß alle erdenklichen Mittel ergreifen, um die Leute zu nötigen, zum Gehör des Wortes Gottes zu kommen.« Er bat die Kolonialmacht um Ablösung des Häuptlings.

Das war das Schlimmste, was geschehen konnte. Nie kann es gutgehen, wenn gläubige Leute zu unheiligen, weltlichen Mitteln greifen, um der Sache Gottes auf die Füße zu helfen. Auch war es eine schlechte Methode, Schuldsklaven mit Geld freizukaufen. Davon gab es genug unter den Dajak.

Bald wohnten um die Siedlungen der Mission herum über tausend solcher freigekaufter Sklaven. Das brachte die Mission in ein schiefes Licht, als ob sie Sklaven halten und sich nur an Sklaven wenden würde. Dann führte die Kolonialregierung, um die Mission zu unterstützen, die Schulpflicht ein. Missionar Becker schrieb begeistert nach Hause: »Nun ist ein Frühling angebrochen, wie ihn Borneo seit Erschaffung der Welt nicht gesehen hat!«

So blind konnte nur der sein, der äußeren Betrieb mit geistlicher Frucht verwechselte. Selbst die Schule wollten viele Dajak nicht besuchen. Sie hatten berechtigte Angst, sie müßten Christen werden. Den Göttern ihrer Vorfahren hatten sie aber Treue geschworen.

Was auf diese Weise durch Zwang erreicht wurde, wandte sich später oft wieder gegen die Mission. Viele der Schüler kämpften später mit ihrem in den Schulen erhaltenen Wissen gegen das Christentum.

Nach drei Jahren zählte man auf Borneo in acht Stationen 100 getaufte Christen. Schulen und Kirchen waren gebaut. Die ganze Bibel war schon in die Dajaksprache übersetzt.

Da brach 1859 der große Aufstand gegen die holländische Kolonialregierung los. Fanatisierte Moslems begannen einen Sturm der Verwüstung. Ausgelöst wurde das alles durch eine holländische Einmischung in Fragen der Erbnachfolge des Sultanats in Banjermasin. Da man in Java rechtzeitig von dem geplanten Mordkomplott gegen alle Europäer erfuhr, konnte man noch ein Kriegsschiff nach Banjermasin entsenden, das dort den Ausbruch der Feindseligkeiten verhinderte. Aber außerhalb der Hauptstadt war das Morden nicht mehr zu stoppen.

Am Kapuasfluß hielten sich gerade die beiden Familien Wigand und Kind bei Missionar Rott auf. Sie wollten neue Stationen beziehen. Dort aber waren die Dajak durch die malaiischen Moslems aufgehetzt.

Früh am Morgen wurde Missionar Rott, als er aufstand, von einem Speer getroffen. Von allen Seiten strömten Dajak in das Missionshaus. Frau Rott versuchte noch, die Wunde ihres Mannes zu verbinden und wollte mit den Leuten sprechen. Sie wurde aber verhöhnt. Da baten die Missionarsfamilien um freien Abzug. Es sah so aus, als ob dieser ihnen gewährt würde. Sie liefen zum Fluß, aber die Boote waren nicht mehr da. Währenddessen wurden sie laufend mit Giftpfeilen beschossen.

Es blieb ihnen nichts anderes übrig, als sich immer tiefer in den Fluß hineintreiben zu lassen. Dort versanken sie, einer nach dem anderen. Es waren die nur kurz vorher verheirateten Eheleute Kind, Familie Wigand mit einem kleinen Baby, Missionar Rott mit Tochter Maria – insgesamt sieben Todesopfer.

Frau Rott wurde besinnungslos von einem Dajak aus dem Fluß gezogen. Sie hielt noch ihr zweites Kind fest im Arm. Man brachte sie zum Führer der Moslemrebellen. Dort fand sie auch ihr jüngstes Kind wieder. Ein Dajakmädchen hatte es gerettet und war mit ihm in den Dschungel geflohen. Nach drei Tagen Gefangenschaft erreichte ein Schiff aus Banjermasin diesen Ort und befreite Frau Rott mit ihren Kindern.

Am Kahajanfluß starb Missionar Hofmeister. Er hatte dem Häuptling noch einen Besuch abgestattet. Auf dem Rückweg wurde er verwundet, konnte aber noch sein Haus erreichen. In dieser aussichtslosen Lage betete er mit seiner Frau, trat dann vor das Haus und sprach zu den Rebellen. Unter höhnischem Gelächter wurde er getötet. Seiner Frau, die sich über ihn warf, wurde der Kopf abgeschlagen. Nur die vier Kinder ließ man leben. Sie wurden erst viel später völlig verwahrlost aufgefunden und nach Banjermasin gebracht.

Sämtliche Stationen waren zerstört. Erst 1866, nach sieben Jahren, erlaubte die holländische Regierung nach massiven Protesten, die zerstörten Stationen wieder aufzubauen. Das Wichtigste aus all dem furchtbaren Erleben blieb aber die schmerzliche und bittere Erfahrung, daß evangelische Mission nie mit dem alten, kirchenherrlichen »Nötigt sie hereinzukommen!« arbeiten darf. Mit Druck ist noch nie ein Mensch wirklich Christ, also Jünger Jesu, geworden.

Es mag sein, daß Missionare manchmal den entsendenden Heimatgemeinden Erfolgsberichte liefern wollen. Bei allem Verständnis wird hier aber eine völlig falsche Einstellung zur Missionsarbeit sichtbar. Weiß man da noch um den Haß der Welt, der Jesus trifft? Hat man da wirklich vergessen, daß Mission nur unter dem Kreuz geschehen kann und – wenn sie echt ist – auch Teil hat an dem Leidensweg der Passion Jesu?

Das war auch der Grund, warum einst Zinzendorf kein Freund von Veröffentlichungen aus der Mission war. Wer jetzt zu stolze Worte mache, könne »später nichts Solides mehr sagen«. Er fürchte, »das gäbe mehr Anstoß«, als alles vorher Berichtete an »Erbauung« bringen könne.

So hat die *Herrnhuter Brüdergemeine* mit der Mission nicht im Großen geworben, sondern die Berichte im kleinen Kreis der Beter gelesen. Dort erzählten auch die zurückkehrenden Missionare – und dort entstanden viele der Missionslieder.

Wer mit Mission in einer breiten Öffentlichkeit werben will, muß zusehen, daß er die Sache der Mission nicht an der entscheidenden Stelle verfälscht und zu einem weltlichen Ding macht.

## »Vorwärts!« unter feindlichen Bataks auf Sumatra

# Mit Gott rechnen wie mit Zahlen

*Ludwig Nommensen – Auf den Spuren der ermordeten Missionare –
Geboren, als sie starben – Durch Unfall ein Krüppel – Geduldsprobe –
Drohungen, die nicht schrecken – Gift im Essen – Ahnengeister fordern
Opfer – Der entlarvte Lügengeist – Heirat – Am Tobasee – Begegnung
mit dem Mörder – Eine nationale Batakkirche*

Im Hochtal von Silingdong, in den Bergen Sumatras, wanderte ein
einsamer Europäer: Ludwig Ingmar Nommensen.

Allein, nur von zwei braunen batakischen Jungen begleitet,
hatte er sich unter schweren Strapazen bis hierher vorgearbeitet. Sie
waren durch tiefe Sümpfe gewatet, von unzähligen Moskitos gesto-
chen, von Blutegeln ausgesaugt worden. Sie hatten sich über schwin-
delerregende Hängebrücken, nur aus Seilen geflochten, über ab-
grundtiefe, unheimliche Schluchten und reißende Flüsse gewagt und
wieder steile Felshänge erklommen.

Wenn man sich durch die letzten Dschungelwälder durchge-
kämpft hatte, konnte man auf dieses herrliche Tal von Silingdong
herunterblicken. Bäche und Flüsse sorgten für reichlich Wasser.
Grüne Reisfelder, weidende Kuhherden, Pferde und Büffel zeigten,
wie fruchtbar das Leben dort sein mußte.

Und doch trieb den entschlossenen und unbeugsamen Nommensen mehr. Er blickte auf die mit Palisaden eingezäunten Dörfer.
Jedes Haus glich einer Festung, auf Pfählen erbaut. Mutige Kämpfer
wohnten hier, die mit ihrer scharfen Lanze vor keiner Gefahr zu-
rückwichen. Keiner verließ sein Haus ohne Waffe. Die Menschen
waren mißtrauisch.

Nommensen dachte in diesem Augenblick an die amerikanischen Missionare Lyman und Munson. Sie wollten auch zu den
Menschen in diesem Tal. Schon sehr weit hatten sie sich bis zu den
ersten Dörfern der kriegerischen Batak durchgeschlagen. Sie ließen

sich in ihrem kühnen Wagemut nicht von der Warnung eines Häuptlings abhalten: »Es ist gefährlich, wenn ihr ohne Einladung hier weitergeht!« Dann war plötzlich der Weg versperrt. Nur wenig Zeit blieb ihnen, um mit einem Dolmetscher den finster dreinblickenden, bewaffneten Bataks ihre friedlichen Absichten mitzuteilen. Schon schwirrten Speere im ohrenbetäubenden Geschrei der Kämpfer. Beide Missionare sanken getroffen zu Boden. Der Häuptling des Dorfes schlug eigenhändig ihre

Ludwig Nommensen

Köpfe als ruhmreiche Trophäe ab. Die Leichen wurden in die Hütten geschleppt und von den Kannibalen nach altem Brauch im Kessel gekocht. Einer der batakischen Träger wurde an einen Pfahl gebunden, ihm wurden die ersten Fleischstücke bei lebendigem Leib herausgeschnitten und verzehrt.

Das war genau im Jahr 1834 passiert, in dem er, Ludwig Ingmar Nommensen, einst im entlegenen ostfriesischen Nordstrand als Sohn des Schleusenwärters geboren wurde.

Das karge Leben an der Nordseeküste mit Bohnen und Kartoffeln sowie die harte Arbeit beim Hüten der Schafe rüstete ihn für seine Lebensaufgabe. Nur ein Jahr durfte er zur Schule. Dann mußte er Geld verdienen, zuerst beim Hüten der Gänse, dann als Laufbursche bei einem Dachdecker und schließlich als Pferdejunge.

Im Alter von zwölf Jahren aber fesselte ihn ein schwerer Unfall ans Krankenbett. Ein Wagen war über seine beiden Beine gefahren. Es sah so aus, als ob er nie mehr würde gehen können. Da las er im

14. Kapitel des Johannesevangeliums: »Wenn ihr den Vater etwas bitten werdet in meinem Namen, so will ich es tun.«

Nommensen betete: »Jesus, wenn du mich gesund machst, will ich für dich als Missionar zu den Heiden gehen.« Nommensen wurde gesund.

Er wäre auch, als er 20 Jahre alt war, auf eigene Faust nach Afrika ausgereist. Die Kapitäne aber heuerten ihn nicht als Matrosen an. So nutzte er jede freie Minute, um Sprachen zu lernen und Geld zu verdienen.

Über Missionsblätter hörte er schließlich von der *Rheinischen Mission* in Barmen. Als auf seine Bewerbung keine Nachricht kam, reiste er einfach dorthin und stellte sich vor. Der dortige Leiter ließ ihn mit voller Absicht zwei Stunden warten, bis er ihn empfing. Wie gelassen und freundlich das der 24jährige Ludwig Nommensen ertrug, machte dem Leiter einen ungeheuren Eindruck.

So wurde er nach gründlicher Ausbildung und dem Erlernen der batakischen und malaiischen Sprache auf diese Insel Sumatra ausgesandt. Damals wohnten nur vier Millionen Menschen, der zehnte Teil der heutigen Bevölkerung, dort. An der Küste lebten Malaien; diese waren schon im Mittelalter stark von indischer Kultur geprägt und dann islamisch geworden, auch kulturell lebten sie streng getrennt von den Kopfjägern der Batak.

Hier im Tal von Silingdong, mitten unter den mißtrauischen und kämpferischen Batak, wollte Ludwig Nommensen 1864 sein Haus bauen. Er trug keine Waffen zu seiner Sicherheit bei sich. Unerschütterlich war sein Vertrauen auf Gott.

Es gab einen unwahrscheinlichen Menschenauflauf, als der blonde und weißhäutige Nommensen eintraf. Daß er ihre Sprache benützte, konnte ihr Mißtrauen nicht überwinden. Entschlossen kletterte Nommensen die Leiter zum dörflichen Versammlungshaus hoch, um den Häuptling zu sprechen.

»Was willst du hier?« Nommensen sagte ruhig: »Bei euch wohnen.« Erregt redeten die Dorfbewohner stundenlang aufeinander ein. »Wir lassen keinen Fremden bei uns wohnen!«

Als es Abend wurde, fragten sie ihn, wann er endlich ginge. »Ich gehe nicht«, sagte Nommensen. »Ich will ein Haus bauen.«

»Das werden wir niederbrennen!« drohten die Leute. Nommensen erwiderte ruhig: »Dann baue ich es wieder auf!«

Es war unsäglich schwer, überhaupt ein Gelände zum Bau eines Hauses zu bekommen. Beim Beschaffen der Baumaterialien wiederholten sich die Schwierigkeiten. Sie drohten, sperrten sich, behinderten die Arbeit. Nommensen aber war gleichmütig, von großer Geduld und entwaffnender Fröhlichkeit. »Wir hacken dir beide Beine ab!« schrien sie einmal. Nommensen lachte sie an: »Freunde, das meint ihr nicht so!«

Der Häuptling drohte mit einem Gleichnis: »Wenn man ein Reiskorn auf die Straße wirft, werden es dann nicht die Hühner aufpicken?« Nommensen blickte die Umstehenden ruhig an und sagte: »Wenn der Mann, der das Reiskorn hingeworfen hat, die Hühner verjagt, dann werden sie das Reiskorn nicht fressen.« Sie ahnten, daß er damit den mächtigen Beschützer meinte, der nicht zuließ, daß ihm etwas geschehen könnte.

Einer der Zauberer schlich sich, während Nommensen Patienten behandelte, mit einem Trick in die Küche und schüttete das Gift des Mypach-Baumes ins Essen. Vor dem Haus wartete er, bis der Missionar unter schrecklichen Schmerzen sich auf dem Boden winden und sterben würde. Nommensen aß und blieb am Leben. Das muß einen tiefen Eindruck auf den Mann gemacht haben, der später der erste Christ der Batak wurde.

Die ganze Macht des Ahnenkultes konnte das Wirken Nommensens nicht länger dulden. Auf dem Markt von Sitahuru fand ein großes Opferfest zu Ehren der Geister statt. Als Höhepunkt sollte der fremde Weiße erschlagen werden. Überall sprachen die Menschen davon, auch Nommensen erfuhr es. Da stand für ihn fest, daß er dorthin mußte.

Tausende bewaffneter Batak kamen zusammen. Nommensen trat entschlossen in ihre Mitte und forderte sie auf, die Waffen niederzulegen. Unbegreiflich, daß sie es taten.

Dann begannen die Opferriten. Ein geschmückter Stier wurde geweiht. Mit erregenden Tänzen wuchs die Stimmung. Ein Mann im Trancezustand schrie: »Der Ahnengeist verschmäht eure Opfer, weil ihr nicht mehr nach seinen Ordnungen lebt.«

Dann rief einer, daß nun ein Mensch sterben müßte, um die Geister zu besänftigen. Da brüllten die Batak: »Tötet ihn!« Sie faßten ihre Lanzen fest.

Nommensen sprang in die Mitte. Der von Geistern besessene Mann fiel auf den Boden und schwieg. Nommensen rief: »Ihr seid betrogen. Der Geist ist ein Lügengeist. Wie kann er verlangen, jedes Jahr einen Menschen zu opfern?« Dann sprach er vom Werk Satans, des Lügners. »Gott hat euch lieb und will, daß ihr frei werdet vom Betrug Satans!«

Ein Jahr später konnte Nommensen die ersten Kannibalen taufen: Vier Männer, vier Frauen und fünf Kinder. Diese Batak wurden deshalb aus ihrem Stamm ausgestoßen. Trotzdem freute sich Nommensen. Die Leute sollten bei ihm bleiben. Gemeinsam bauten sie einige Hütten, einen Schutzwall und einen Graben. Die erste christliche Siedlung entstand im Batakland: Huta Dame – Friedensdorf.

Dort zog auch 1866 seine Frau Karoline ein. Stundenlang bestaunten und betasteten die Bataks die Braut. Noch nie hatten sie eine weiße Frau gesehen.

Zur Unterstützung kam auch Missionar Johannsen mit, ein Lehrer und Sprachwissenschaftler. Sie gründeten neue Missionsstationen und drangen schließlich 1876 auch an den geheimnisvollen Tobasee vor. Die mächtigen Oberpriester wollten das mit allen Mitteln verhindern. Jeden Tag waren die Missionare in großer Lebensgefahr.

Nommensen fand nach langem Suchen im Urwald auch den Mann, der einst die Missionare Munson und Lyman ermordet hat. Entgeistert blickte der Nommensen an und brachte kein Wort heraus. Nommensen setzte sich zu ihm und sprach freundlich mit ihm. Doch der Mann sprang auf und rannte davon. Zwei Tage wartete Nommensen auf ihn, doch der Mann kehrte nicht zurück.

In jedem Dorf, in dem sich Menschen bekehrten, wurden sofort Älteste eingesetzt. Unermüdlich arbeitete Nommensen am Aufbau einer einheimischen Batakkirche. Die eng verflochtene, intensive Dorfgemeinschaft sollte erhalten bleiben. Keine alte Tradition sollte unnötig zerstört werden, wenn sie nicht ihrem Wesen nach heidnisch war.

Er gründete ein Seminar zur Ausbildung von Evangelisten und Lehrern. Wer konnte den Bataks besser das Evangelium verkünden als sie selbst? Er »erfand« für die vielen Dörfer das neue Amt eines Lehrers, der gleichzeitig den Predigtdienst versah.

Als er 1918 auf Sumatra starb, war seine Frau Karoline schon über 50 Jahre tot. Seine zweite Frau war 1909 gestorben. Auch den Tod von vier Kindern mußte er erleben. Einer seiner Söhne wurde von chinesischen Kulis an der Westküste ermordet.

Aber Nommensens Werk, das er in 57 Jahren getrieben hatte, ging weiter. Er hatte von anderen immer »vorwärts!« gefordert. Das war seine Losung: »Gott bei seinem Wort nehmen, mit ihm zu rechnen wie mit Zahlen, und mitten im Kampf schon auf den Sieg zu blicken.« In 500 Gemeinden sammelten sich 180 000 Bataks. Eine große Kirche war entstanden, die das ganze Volk der Batak in einer Massenbewegung durchdringen sollte.

## Mission aus der diakonischen Sozialarbeit heraus

# »Wir sind unsterblich, solange wir eine Aufgabe haben!«

*Ernst Johanssen, der Freund Bodelschwinghs – Erste Taufen in den Usambara-Bergen – Nach Ruanda ins Herz Afrikas – Afrikaner entsenden Evangelisten – Vertrieben – Kinderelend der Industrialisierung – Ludwig Dolls Krankheit – Das Beispiel Georg Müllers – Mission am Pokomo*

»Wir sind unsterblich, solange wir eine Aufgabe haben.« Das sagte der kühne Missionspionier Ernst Johanssen auf einer riskanten Autofahrt in Ostafrika. So fest und zuversichtlich vertraute er selbst in kritischen Lagen auf Gottes treue Führung und Leitung.

Auf dem elterlichen Rittergut Sophienhof in Schleswig-Holstein lernte Johanssen einst Vater Friedrich von Bodelschwingh, den Gründer der Anstalten in Bethel, kennen. Dieser rief ihn in die Missionsarbeit nach Ostafrika. Die beiden hatten manche Ähnlichkeiten miteinander. Sowohl in der radikalen Hingabe wie in der feurigen Liebe für die ihnen anvertrauten Menschen, dazu waren sie zäh und ausdauernd.

Johanssen zog es in die Usambara-Berge im Küstenland des heutigen Tansania in Ostafrika. Zuerst waren es junge Leute, die auf die Missionare zugingen und sie baten, heimlich getauft zu werden. Die Missionare aber verlangten von ihnen ein öffentliches Bekenntnis. »Dann werden unsere Eltern sehr zornig!« sagten die jungen Leute.

Am Abend vor der Taufe erzählten sie ihren Eltern von ihrer bevorstehenden Taufe. Die Mütter weinten, die Väter tobten und fluchten. »Du darfst nie mehr nach Hause kommen. Du bist nicht mehr unser Sohn!« riefen sie. »Und du bekommst auch keine Frau!« Sie nahmen ihnen ihre Bräute weg. Die Eltern fürchteten den Zorn der Ahnen und der Zauberer. Die jungen Leute aber blieben fest. Sie wollten keine Frau, sie wollten getauft werden. Dieser feste Entschluß der jungen Leute bewegte das Volk der Schambala tief. Die Tür begann sich zu öffnen.

Doch noch jahrelang gab es heftigen Widerstand. So in der alten Königsstadt Wuga, vor der einst schon der Pionier Ludwig Krapf gestanden war. Man erwog, die Arbeit wieder aufzugeben. Die Missionare aber wollten aushalten. Der Häuptling ließ unter der Bevölkerung ausrufen, jede Hilfeleistung für die Fremden sei verboten. Wer von ihnen Lohn erhalte oder Handel mit ihnen treibe, werde mit der Pfändung von zwei Ziegen bestraft. Da war es eine Freude, als der Häuptling später sein Verbot selbst aufhob. Man nannte ihn später den »Vater« der Schambala-Kirche.

»Nur nicht zu langsam, sie sterben sonst darüber!« Dieses Wort schrieb Bodelschwingh schon schwerkrank im Blick auf die neue Missionsarbeit in Ruanda. Lange Zeit war dieses sagenhaft mächtige Königreich im innersten Herzen Afrikas den Europäern verborgen geblieben. Erst 1906 erfuhren Missionare durch einen gläubigen Goldsucher etwas von diesem mächtigen Reich. Erst als die Engländer eine Eisenbahn zum Viktoria-See bauten, war Ruanda leicht zu erreichen. 1907 brauchte Johanssen mit der Bahn zwei Tage, wo Stanley einst 104 Tage unterwegs war. Von dort wanderte Johanssen in beschwerlichen Märschen bis nach Ruanda. In den ersten Jahren entstand trotz großem Einsatz keine Gemeinde. Der Umgang mit dem despotischen König war schwierig; aber auch die Spannung zwischen den herrschenden Tutsi und den viel zahlreicheren Hutu, die ganz abhängig gehalten wurden, war belastend.

Es gelang Johanssen, die kleinen Schambala-Gemeinden in den küstennahen Bergen von Usambara am Indischen Ozean für die große Aufgabe der Missionierung Ruandas zu gewinnen. Afrikaner selbst sollten, 1000 Kilometer von ihrer Heimat entfernt, den dort lebenden Völkern von Jesus weitersagen. Die Gemeinden daheim standen betend hinter ihren schwarzen Evangelisten.

Die Arbeit war schwierig. Die von den Tutsi unterdrückten Hutu in Ruanda verehrten ihre Ahnen und praktizierten viel dämonische Zauberei. Dazu brach mächtig der Islam dort ein und warb mit großem Einfluß um die Leute. Die deutsche Kolonialregierung legte dazu noch manche Schwierigkeiten in den Weg.

Dann kam der 1. Weltkrieg. Hart traf Ernst Johanssen die Vertreibung aus seinem geliebten Missionsgebiet in Ruanda durch die Belgier. In dieser Zeit erlebte er erschütternd die Macht des Todes. Drei seiner Söhne fielen im Krieg.

Nach dem Krieg durfte er nicht mehr zurückkehren. Es war furchtbar für Johannssen. Er schrieb: »Ich leugne es nicht. Ich war aufs tiefste erschüttert. Der gestrige Tag war einer der traurigsten meines Lebens. Bittere Tränen traten immer wieder in die Augen. Zunächst war mir dieser Weg Gottes verborgen und unverständlich.«

Erst später erkannte er auch in diesem schweren Weg die Hand der Führung Gottes. Nur so kam er ins Haya-Land, westlich des Viktoria-Sees, wo die anglikanischen Missionare aus Personalmangel ihre Arbeit aufgeben mußten. Dort gründete er weitere Missionsstationen.

Es waren insgesamt drei wichtige Missionsgebiete, die von Ernst Johanssen stark geprägt wurden. Ihm war es die Lebensaufgabe, zu allen Menschen das Evangelium von Jesus Christus zu bringen. Nicht aber, wie das ein Briefträger vielleicht tut, sondern wie ein Zeuge, der Jesu Macht und Liebe selbst in seinem Leben erfahren hat. Die Hörer müssen davon einen Eindruck bekommen, sonst ist es kein Zeugnis.

Er konnte direkt und unerschrocken auf Menschen zugehen. Ein Afrikaner erzählte, wie ihn einst, als er noch nicht Christ war, Johanssen als Hirte ansprach. Er wies ihn auf den Irrtum hin, er sei kein Hirte. Darauf Johanssen: »Du bist ein Hirte. Wenn die Leute, mit denen du zusammenlebst, verlorengehen, weil sie nichts von Jesus gehört haben, so will ich sie von dir fordern!«

Johanssen gehörte zur *Bethel-Mission*, die 1886 in Berlin entstand und ganz eng mit der diakonischen Arbeit von Friedrich von Bodelschwingh verbunden war. Ganz ähnlich geschah eine solche Verknüpfung von Diakonie und Mission auch am Niederrhein in der Grafschaft Moers.

Die schnelle Industrialisierung hatte im 19. Jahrhundert im Ruhrgebiet entsetzliches Elend über viele Kinder gebracht. Pfarrer Andreas Bräm aus Neukirchen am Niederrhein sah die Not. Er rief in die Gemeinden hinein: »Euch allen, denen das Elend der verwahr-

Beim Maismahlen

losten Kinder zu Herzen geht, rufe ich zu: Fangt an im Namen Jesu, welcher will, daß allen Menschen geholfen werde, wenigstens ein einziges Kind zu retten oder retten zu helfen.« Mit seiner Bürgeraktion vermittelte er Pflegekinder in bäuerliche Familien, weil er auf die heilenden, helfenden Kräfte der Familie setzte. Mit seinem »Verein zur Erziehung armer, verlassener und verwahrloster Kinder in Familien« legte er den Grund zum *Neukirchener Erziehungsverein.*

Die Fülle all dieser Aufgaben lastete schwer auf Pfarrer Bräm. Deshalb wurde ihm ein Hilfsprediger im Jahr 1872 zugeteilt, Ludwig Doll. Noch im gleichen Jahr wurde Doll Bräms Nachfolger in der Neukirchener Gemeinde.

Nun hatte Ludwig Doll leider eine angegriffene, schwache Gesundheit. Schon als Kind war er mehrfach am Rand des Todes. Auch kurz nach seinem Amtsantritt in Neukirchen litt er schwer. Nächtelang konnte er nicht schlafen. Er litt körperlich und psychisch sehr.

Gerade in dieser Zeit wurden seine Predigten gerne gehört und seine Seelsorge in der Gemeinde sehr geschätzt. Viele Menschen entdeckten neu, wie die Kraft Jesu Christi wirklich erfahren werden kann. Sie machten ihren Glauben fest.

Damals hielt auch der bekannte Waisenhausvater Georg Müller aus Bristol Vorträge am Niederrhein. Es machte auf Doll großen Eindruck, wie solch ein großes Diakoniewerk mit fünf Waisenhäusern und 2000 Kindern ohne Schulden durchkommen konnte, allein durch Beten und Glauben.

Als Doll Müller so predigen hörte, dachte er an das, was ihn bedrückte und als Last auf ihm lag. Damals war es schwierig, Kinder im Waisenhaus aufzunehmen, wenn nicht irgendwelche Spender mit einer Patenschaft die finanziellen Kosten übernahmen. Müßte man hier nicht kühn und mutig neue Wege gehen? Warum sollte nicht auch in Deutschland gelingen, was in England möglich war?

Nachdem man lange gebetet hatte, wagte man einen großen Glaubensschritt, den Anfang eines eigenen Liebeswerkes. 1878 bezogen die Hauseltern mit dem ersten Waisenkind ein paar Zimmer. Wenig später zog man mit mehreren Kindern in ein gemietetes Haus. Die Arbeit wuchs.

Man wollte nie um Gaben betteln, sondern aus dem getrosten Vertrauen des Glaubens heraus tätig sein. Man machte auch keine Schulden. Die Ausgaben mußten sich ganz streng nach den Einnahmen richten. Ein freier Kreis von Freunden und Spendern, meist Leser des Blattes »Missions- und Heidenboten«, unterstützten die Mission.

Damals bei der Gründung des Waisenhauses sprach Ludwig Doll erstmals öffentlich auch von der nötigen Mission. Schon 1882 konnte dann ein früheres Wirtshaus als Missionshaus eingeweiht werden. Der Tanzsaal wurde zum Lehrsaal. Zu diesem Fest in der »bekehrten Kneipe« kam Georg Müller aus Bristol nach Neukirchen. Dort, in diesem Missionshaus, wurden die Kandidaten unterrichtet und für die Mission in Übersee vorbereitet.

Bei der Einweihung berichtete Doll, wie er vor einigen Jahren in schwerer Krankheit gebetet hatte: »Was willst du, Herr, daß ich tun soll?« Damals hatte er gelobt: »Wenn der Herr mich wieder gesund macht, will ich etwas Besonderes für die Mission tun!« So legte er den Grund zur *Neukirchner Mission.*

Doch Ludwig Doll sollte die Ausreise seiner ersten Missionare nach Java und Ostafrika nicht mehr miterleben. Schon im Jahr der Einweihung des Missionshauses hatte er mehrfach einen Blutsturz. Freunde beteten mit dem Kranken nach der Weisung des Apostel Jakobus. Für kurze Zeit ging es ihm etwas besser.

Im darauffolgenden Jahr verschlimmerte sich die Krankheit. Es folgten schwere Wochen des Leidens und der Schmerzen. Seine letzte Predigt am Himmelfahrtsfest konnte er nicht mehr bis zum Ende durchhalten. Man mußte ihn von der Kanzel tragen. Am 23. Mai 1883 holte ihn Gott in seinen Frieden. Seine letzten Worte waren »Herr, wenn ich nur dich habe …« Weiter kam er nicht mehr.

Ludwig Doll hatte die Aufgabe noch vollenden können, zu der ihn Gott, der Herr, gerufen hatte. Das Missionswerk war in Gang gesetzt. Ein Jahr später reisten die ersten Missionare nach Afrika und Asien aus.

1887 begann die Missionsarbeit unter dem Volk der Pokomo am Tanafluß im heutigen Kenia, Ostafrika. Der Anfang war sehr schwer. Die Missionare gaben sich deshalb selbst als Motto: In Geduld, leidend und sterbend.

Menschlich gesehen war die Lage von Anfang an aussichtslos. Räuberische Somalis überfielen die Missionare. Ihr Haus, das sie gerade bauten, wurde niedergebrannt.

Ein junger Missionar mußte nach zwei Monaten begraben werden. Ein anderer Missionar verlor seine Frau bei der Geburt des ersten Kindes. Gebrochen verließ der Witwer Afrika.

Jetzt blieb nur Friedrich Würtz ganz allein zurück. Nach der neunten Ruhr, die ihn furchtbar schwächte, schrieb er heim: »Ich blicke auf Jesus. Und da wird mir wohl, denn Mission ist seine Sache. Und wir armen Missionare sind von ihm geliebt. Ich werde immer mehr davon überzeugt, daß alles darauf ankommt, daß ich ihn habe und in ihm erfunden werde. Es sei fröhlich, arbeitend, leidend oder sterbend.«

Und dann: »Der Herr helfe! Wir sind fest entschlossen, nicht aufzugeben.«

1893 beschloß der Stamm der Pokomo, die okkulten Geheimbünde aufzugeben und Christen zu werden. Würtz wollte aber eine persönliche Entscheidung eines jeden einzelnen. Da kamen endlich acht Schüler:» Wir haben so lange in der Türe gestanden, wir wollen nun auch endlich hineingehen!« Das bekräftigten sie später auch öffentlich in einer Versammlung vor dem ganzen Volk.

So konnten die ersten Afrikaner tatsächlich sechs Jahre später, wenige Tage vor der Heimreise von Friedrich Würtz, am Pokomo getauft werden. Diese Reise sollte seine letzte sein. Würtz starb in Marseille am Schwarzwasserfieber.

**Im Kampf gegen die Prostitution von Kindern in Indien**

# 55 Jahre ohne Heimaturlaub

*Amy Carmichael – Der Berufung gewiß – Spontanes Spenden bei der Keswick-Konferenz – Auf Umwegen nach Indien – Gemeinschaft wie eine Familie – Ehelos – Nichts aus eigener Kraft – 20 Jahre bettlägerig*

Als Amy Beatrice Carmichael in Dohnavur in Südindien die Not des Handels mit Kindern zur Tempelprostitution aufdeckte, hielten das selbst viele Missionare in Indien für schlicht unmöglich. Daß Kinder mit den Göttern verheiratet wurden, um sich dann in den Hindutempeln den Männern hingeben zu müssen, wollten sie einfach nicht glauben. Es gelang aber Amy Carmichael, die indische Öffentlichkeit wachzurütteln.

Zweifellos war Amy Carmichael eine eigenwillige Frau. Schon als sie 1892 in die Mission wollte, berief sie sich auf eine persönliche innere Berufung Gottes, die nur sie allein verstehen konnte. Selbst die große *Keswick-Glaubenskonferenz*, eine Konferenz zur Vertiefung biblischen Glaubens und Lebens, die sie dann aussandte, stellte sich zuerst gegen ihre Entscheidung. Für sie aber war unbedingter Gehorsam gefordert.

Eigentlich wollte man auf der *Keswick-Konferenz* kein Opfer für die Missionsarbeit einsammeln, obwohl dort immer Missionare aus aller Welt berichteten. Ein Student gab dann ohne Aufforderung zehn englische Pfund in einem Umschlag, seine gesamten Ersparnisse, mit dem Vermerk: »Wenn andere sich daran beteiligen, soll damit ein eigener Missionar von Keswick ausgesandt werden.« Man wartete, was geschehen würde. Ohne daß ein Missionsopfer angekündigt wurde, gaben spontan viele Teilnehmer beim Schlußlied ihre Gaben zum Podium. Die zusammengekommene Summe von 860 englischen Pfund war sehr viel in diesen Tagen. Nun setzte man diesen Betrag ein, um Amy Carmichael nach Japan auszusenden.

Unglücklich und krank kehrte sie nach 15 Monaten aus Japan zurück. Nach einem kurzen Aufenthalt reiste sie nach Ceylon und schließlich nach Indien aus, wo sie ihr neues Betätigungsfeld finden sollte. Mit Hilfe von indischen Christinnen erforschte sie heimlich den schrecklichen Handel mit kleinen Mädchen, die zur Tempelprostitution verkauft wurden. Was sie hier in der hinduistischen Religion entdeckte, war schockierend. Sie nahm solche Mädchen unter ihren Schutz und wurde deshalb häufig mit dem Tod bedroht.

In ihrer Dohnavur-Gemeinschaft hatte sie nach zwölf Jahren 130 Kinder. Alle waren indisch angezogen, hatten indische Namen und lebten wie eine Familie zusammen. Die Kinder bekamen Schulausbildung, wurden versorgt und auch geistlich betreut. »Man kann Kinder nicht so versorgen, daß man nur ihre Seelen in den Himmel schubst. Seelen sind ganz eng verknüpft mit dem Leib. Und weil man sie nicht einfach loslösen kann, muß man beides zusammen betreuen.«

Dort in der Dohnavur-Gemeinschaft wurden auch indische Krankenschwestern, Lehrer und Evangelisten ausgebildet.

Sie selbst entschied sich, ehelos zu bleiben und alles für die Gemeinschaft zu opfern. Sie gründete die *Schwestern vom gemeinsamen Leben*, eine Schwesternschaft mit anfangs sieben Frauen, die wie eine Familie zusammenlebte. Die Ordnung ging auf den Mystiker Gerhard Groote und das Modell der Brüder vom gemeinsamen Leben zurück.

Sie wollte in ihrem vielfältigen Wirken nichts mehr aus eigener Kraft tun, sondern die ganze Tiefe des geistlichen Lebens ausschöpfen. »Aber du, Herr, vermagst es wohl!« war ein Wort, das sie einst in ihrer Jugend in einer Gebetsversammlung traf und das jetzt ihr Motto wurde. So konnte sie in aller körperlichen Schwachheit die sieghafte Kraft Gottes ausleben.

In den letzten 20 Jahren ihres Lebens behielt sie die Leitung des Werks, war aber durch einen Unfall gesundheitlich stark beeinträchtigt und bettlägerig an ihr Zimmer gebunden. Sie lebte ganz in der Bibel und schrieb aus dieser Stille des Hörens auf Gottes Wort Andachtsbücher und Geschichten aus ihrer Arbeit, insgesamt 35 Bücher.

Sie starb 1951 in Dohnavur im Alter von 83 Jahren.

### Eine Leidenschaft für das unheimliche Grenzgebiet zur Sahara

# Eine Mutter gibt nicht auf und riskiert das Unmögliche

*Das Scheitern Roland Binghams – Die Mutter von Walter Gowans – Der Ruf beim Nachmittagskaffee – Gründung der Sudan Interior Mission – Ein opferbereiter Schwiegervater – Nochmals mißglückt – Dritter Versuch und erste Missionsstation – Neue Rückschläge – Ein Wall gegen den Islam – 800 afrikanische Missionare allein aus Nordnigeria*

Früher nannte man das riesige Gebiet südlich der Sahara quer durch Afrika hinweg nach einer alten arabischen Bezeichnung »Land der Schwarzen«, also Sudan.

Als 1893 Roland Bingham sich mit zwei Missionaren von Lagos auf den Weg in den damals völlig unerforschten und bedrohlichen Norden machte, lebten in diesem Gebiet etwa 60 Millionen Menschen – ein Drittel der Bevölkerung Afrikas. Bingham ließ der Gedanke nicht mehr los, daß diesen Menschen noch nie das Evangelium von Jesus verkündigt worden war.

Andere Missionare, die sie in Nigeria trafen, schüttelten nur den Kopf über diesen unsinnigen Wagemut der jungen und unerfahrenen Missionare. Auf schlimmste Weise sollten sie recht behalten. Bingham mußte fieberkrank an der Küste zurückgelassen werden. Die beiden anderen Missionare wanderten etwa 1400 Kilometer nach Norden. Beide starben im Abstand von drei Wochen an Malaria. Einer von ihnen war kurz zuvor noch in die Gefangenschaft von Sklavenhändlern geraten.

Es liegen nur wenig Aufzeichnungen über das Mißlingen dieser Expedition vor. Man muß annehmen, daß die jungen, wagemutigen Leute auch schlecht ausgerüstet waren. Roland Bingham reiste zurück nach England, tief gebrochen in schweren Anfechtungen seines Glaubens. »Warum mußten ausgerechnet diese so früh sterben, die sich mehr als alle andern für die Ausführung des Missionsbefehls Jesu einsetzten? Warum starben sie gerade dann, als sie anfingen, das Evangelium zu den Millionen in der Finsternis zu bringen?«

Einer dieser so früh verstorbenen Missionare war Walter Gowans, ein junger Kanadier schottischer Abstammung. Er hatte alle möglichen Missionsfelder geprüft, wo Gott ihn wohl haben wollte. Dann war er fest davon überzeugt, daß sein Weg in

Roland Bingham

den bedrohlich unheimlichen Sudan führen wird. Die Ausreise scheiterte aber zuerst, weil niemand ihn dabei finanziell unterstützte. Keine Mission wollte das Risiko übernehmen, einen Missionar in dieses von Krankheiten verseuchte Gebiet zu senden.

Nun war es immer so in der christlichen Missionsbewegung: Je größer die Schwierigkeiten, um so stärker der Wunsch, sie zu überwinden. Auch für diese unerforschten Länder gelten die Verheißungen Jesu.

Da gab es eine Frau, die nicht aufgab, Gowans' Mutter. Es sind diese merkwürdigen, zufällig erscheinenden Abläufe, die man in der Geschichte der Mission immer wieder antrifft. Diese Frau suchte weiter nach einem geeigneten Kandidaten, der ihren Sohn in dieses Abenteuer für Gott begleiten sollte. Es war für sie das Höchste und Größte, das Leben für die Sache Gottes in dieser Welt einzusetzen. Ihre Tochter arbeitete schon als Missionarin in China. Sie brannte mit Leib und Seele für die Mission.

Als Gowans' Mutter in den USA Roland Bingham in einer Versammlung sprechen hörte, war sie überzeugt, daß er der von Gott bestimmte Mann sei. Bingham arbeitete damals in der *Heilsarmee* als Offizier, wo er auch als junger Mann zum persönlichen Glauben an Jesus Christus gekommen war.

Die Mutter Gowans' muß viel Überzeugungskraft gehabt haben. Nur ein Gespräch zwischen Bingham und Mutter Gowans bei einem Nachmittags-Kaffee war nötig gewesen. Eindrucksvoll schilderte sie die Not der Menschen, die in Finsternis und trostloser Angst am Rand der Sahara leben. Sie bildete ganz allein das Missionskomitee. Am nächsten Morgen meldete sich Roland Bingham und erklärte sich bereit, 14 Tage später mit dem Schiff auszureisen, um mit Walter Gowans zusammen die Missionsarbeit im Sudan zu beginnen. Er fand in den Vereinigten Staaten auch noch einen dritten Freund, der sich ihnen anschloß.

Nun aber nach dem Tod seiner beiden Freunde war Roland Bingham in einer schweren Krise. Es dauerte lange, bis sein Glaube wieder auf festem Grund stand. Eine Besuchsreise in Kanada half ihm dabei. Im Blick auf die schlimmen Krankheitsnöte, die in Afrika herrschten, besuchte er erst noch einen grundlegenden medizinischen Kurs an einem amerikanischen Hospital. Auch an einem Bibelkurs am Seminar des bekannten Bibellehrers A. B. Simpson in New York nahm er teil, den auch schon seine beiden verstorbenen Missionarskollegen besucht hatten.

Während dieser Zeit wurde ihm ein Pfarramt angeboten. Doch Bingham ließ die Last der unerreichten Millionen im Sudan nicht los. Er mußte den Auftrag seines verstorbenen Freundes ausführen. Doch vorher brauchte er eine tragfähige Missionsorganisation. Da alle bestehenden Missionen sich weigerten, gründete Roland Bingham ohne jede Unterstützung einer Kirche 1898 die *Sudan Interior Mission*, also schon fünf Jahre nach dem ersten Vorstoß in Afrika. Mit dem Namen Sudan, in den sie vorstoßen wollten, wurde im letzten Jahrhundert der unermeßlich große Gürtel südlich der Sahara zwischen Atlantik und Indischem Ozean bezeichnet, nicht der heutige Staat südlich von Ägypten.

Da für die Arbeit die Unterstützung fast völlig fehlte, wurde von allen Kandidaten das feste Vertrauen auf Gott vorausgesetzt, der für seine von ihm berufenen Mitarbeiter auch die nötigen finanziellen

Mittel geben würde. Sie beteten nicht um leichtes Leben, sondern um einen starken Glauben, der Unmögliches leisten kann.

Im gleichen Monat, in dem die Mission gegründet wurde, heiratete Roland Bingham Helene Blair, deren Vater er besonderen Dank schuldete. Vor seiner ersten Ausreise nach Afrika hatte Vater Blair sein ganzes Bankguthaben abgehoben und ihm zur Verfügung gestellt. Nun dachte Bingham, daß er von solch einem Vater auch noch mehr Opfer für die Mission erwarten konnte, und heiratete seine Tochter.

Als Roland Bingham zwei Jahre später mit zwei anderen Freiwilligen wieder nach Afrika ausreiste, wurden sie in Lagos wieder ganz entmutigt. Alle dort lebenden Missionare bezeichneten ihre Pläne, in den Sudan vorzudringen, als völlig undurchführbar. Dazu kam auch noch, daß Roland Bingham wieder schwer an Malaria erkrankte. Zuerst wollten seine beiden Begleiter allein weiter, dann verloren sie aber angesichts all der pessimistischen Warnungen jeden Mut. So kehrten alle mit dem nächsten Schiff zurück.

Bingham war völlig am Ende. »Wenn ich nur in Afrika gestorben wäre!« schoß es ihm durch den Kopf. Alles, was er sich vorgenommen hatte, war mißlungen. Später bezeichnete er diese Zeit als die dunkelste in seinem Leben. Dennoch gab er nicht auf.

Er fand vier weitere Kandidaten, die den dritten Versuch in den Sudan hinein wagen wollten. Im Jahr 1901 brachen sie auf und gründeten die erste Station in Patigi, etwa achthundert Kilometer stromaufwärts am Niger.

Aber auch jetzt kamen wieder schwere Rückschläge. Nach zwei Jahren war von den vier Missionaren nur noch einer übrig. Einer war gestorben. Zwei mußten heimgesandt werden, weil sie so krank waren, daß sie nie mehr zurückkonnten.

In den ersten zehn Jahren kamen nur ganz wenige Afrikaner zum Glauben an Jesus Christus.

Daß die Missionare jetzt länger aushalten konnten, war der medizinischen Malaria-Prophylaxe mit Chinin zu verdanken. Auch nicht gering geschätzt werden darf aber das fürbittende Gebet der Missionsfreunde, wobei die Mutter des verstorbenen Missionars Gowans die treuste Beterin war. Das war Bingham ein großer Trost angesichts der heftigen Angriffe der finsteren Mächte, unter denen er ganz besonders litt.

Früh erkannten die Missionare, daß sie sich auch der schlimmen Krankheiten annehmen müssen. Die Auswirkungen der Lepra fielen ins Auge. Unzählige Kranke wurden behandelt.

Diese Arbeit der *Sudan-Inland-Mission* war strategisch ebenso wichtig wie die der *Vereinigten Sudan-Mission*. Um 1900 drang der Islam wie eine übermächtige Flut durch die Sahara weiter nach Süden vor. Die dort lebenden animistischen Stämme wurden vom Islam überrollt. Es war nur eine Frage der Zeit, wie lange noch die Möglichkeit bestehen konnte, diesen Stämmen das Evangelium von Jesus Christus zu predigen. Die dort lebenden Menschen sollten eine faire Chance bekommen, sich für Christus zu entscheiden. Das machte aber einen raschen Vorstoß nach Norden nötig.

Heute ist die *Gemeinschaft Internationaler Missionare*, wie sie sich mit demselben englischen Namenskürzel *SIM* bezeichnen, eine der größten Missionen mit weltweit über 2000 Missionaren. Sehr befähigte deutsche Mitarbeiter gewann die *SIM* in Deutschland durch die Partner *Deutsche Missionsgemeinschaft, Liebenzeller Mission, Vereinigte Deutsche Missionshilfe*, aber auch viele Missionare des evangelischen Werkes *Christliche Fachkräfte International*.

Im Norden Nigerias entstanden aus der Arbeit der *SIM* heraus die missionarisch aktiven *Evangelikalen Kirchen Westafrikas*, kurz *ECWA* genannt. Neben der anglikanischen Kirche sind sie die größte evangelische Kirche Nigerias und haben ihre Gemeinden meist im moslemischen Norden. Etwa 800 afrikanische Missionare aus diesen Gemeinden sind in fremden Kulturen Westafrikas im Einsatz.

Mehr als die Hälfte der Bevölkerung Nigerias besteht heute aus Christen. Sie haben keinen leichten Stand. So wurden mehrere lebendige Gemeinden in den letzten Jahren mehrfach von radikalen Moslems angegriffen, viele Kirchen niedergebrannt und auch einzelne Christen ermordet.

### Die größte evangelische Kirche in Kenia

# Nur 14 Monate und doch nicht vergeblich

*Peter C. Scott am Grab Livingstones – Seinen Bruder beerdigt – Expedition ins Innere Ostafrikas – Feindschaft und Krankheit – Die Last der unerreichten Millionen – Nur 14 Monate – Nicht gescheitert – Afrika-Inland-Kirche – Roosevelt gründet Rift Valley Academy – Finanznöte im Glauben gelöst*

Peter Cameron Scott war nicht nur gesundheitlich sehr angeschlagen, sondern auch seelisch tief gebrochen.

Seinen kurzen Missionsaufenthalt in Afrika hat er schwerkrank abbrechen müssen. Bei einem Besuch in der gewaltigen Londoner Westminster Abbey las er auf dem Grabstein von David Livingstone das Wort Jesu: »Ich habe noch andere Schafe, die sind nicht aus diesem Stall. Auch diese muß ich herführen.«

Dieses Wort bewegte Scott ganz tief. Obwohl viele Besucher in der Nähe waren, kniete er einfach nieder und betete für Afrika. Er war bereit, sein Leben neu für den Missionsdienst in Afrika Gott zur Verfügung zu stellen.

Später erzählte er, er hätte in diesem Augenblick eine endlose Kette von Missionsstationen vor Augen gehabt, die von Ostafrika immer weiter bis tief in die geheimnisumwitterte Saharawüste reichte. Der ostafrikanische Missionspionier Ludwig Krapf hatte schon diesen Gedanken einer Kette von Missionsstationen quer durch Afrika von der Ostküste bis in den Westen entworfen. 50 Jahre später sollte Peter Scott diesen Plan wieder aufgreifen.

Ursprünglich wollte Peter Cameron Scott, der 1867 in Glasgow, Schottland, geboren worden und dann mit seinen Eltern nach den Vereinigten Staaten von Amerika ausgewandert war, Sänger in einem Opernchor werden. Dann aber suchte er statt des Beifalls von Menschen die Ehre Gottes und wollte ihm dienen, ganz gleich, wie unscheinbar oder verborgen es sein sollte.

Peter Cameron Scott

Mit 23 Jahren ließ er sich nach Banana an der Mündung des Kongoflusses in Afrika aussenden, um seinem Bruder John im Missionsdienst zu helfen. Wenige Jahre vorher hatte die *Christliche Missions-Allianz* ihre erste Arbeit in Afrika begonnen.

Für den jungen Peter Cameron Scott muß es furchtbar gewesen sein, als schon nach kürzester Zeit sein Bruder John den schweren gesundheitlichen Belastungen Afrikas erlag. Scott zimmerte aus rohen Brettern einen Sarg und schaufelte ganz allein das Grab für seinen Bruder. Niemand sonst wohnte der Beerdigung bei.

Am 17. August 1895 reiste Scott dann zusammen mit sechs anderen Missionaren von Pennsylvania in den USA nach Afrika aus. Dort war auch das Zentrum der neuen Mission, die Scott zusammen mit einer Bibelschule für Laienmissionare gegründet hatte.

Es war jetzt sein Plan, das große bisher noch nicht erreichte Gebiet des riesigen Sudangürtels südlich der Sahara, der sich von Ostafrika weit bis nach Westafrika erstreckte, zu evangelisieren. Von Osten her sah er dafür die größten Chancen.

Mit großem Eifer begann das Team von Sansibar aus seine Missionsarbeit in Ostafrika. Da an der Küste schon andere Missionen tätig waren, wollte Scott tief in das bislang noch wenig bekannte Landesinnere vorstoßen. Die Schwierigkeiten schienen unüberwindlich zu sein. Zuerst verbot der englische Generalkonsul die Missionsarbeit, weil in der Nähe von Mombasa Kämpfe mit einem arabischen Häuptling ausgebrochen waren.

Geplagt von geschwollenen Füßen, unzähligen Insektenstichen, Malariaanfällen und Kämpfen mit wilden Tieren durchquerten sie trockene Steppen ohne Wasser.

Der Stamm der Wakamba war Fremden gegenüber feindlich eingestellt. Scott gewann dennoch ihr Zutrauen mit Späßen und artistischen Kunststücken, ohne ihre Sprache zu kennen. Befreiendes Lachen zeigte, daß er den Zugang zu den Herzen dieser skeptisch zurückhaltenden Menschen gefunden hatte. Schon nach einem Jahr waren vier Stationen eröffnet und medizinische Arbeitszweige begonnen.

Scott schrieb: »Wir gingen im demütigen Vertrauen auf Gottes Hilfe immer weiter vorwärts. Ohne Zweifel machten wir auch viele Fehler in unserer Blindheit. Wir sind eben Menschen.«

Alle im Team wurden immer wieder von Fieberanfällen geschwächt. Dazu kamen Ruhr, Wassersucht, Herzanfälle und starke Kopfschmerzen. Hart wie Scott war, teilte er nur mit: »Wir haben so wenig Probleme damit gehabt, daß man kaum Notiz davon nehmen muß.«

Eigentlich hätte Scott jetzt schon dringend einen Erholungsurlaub zur Stärkung seiner Kraft gebraucht. Der Gedanke aber an unzählige Millionen Menschen, die verloren gehen, lag wie eine schwere Last auf ihm. Das drängte ihn ruhelos zu weiteren strapaziösen Missionsreisen.

Tief erschütterten ihn die unheimlichen heidnischen Opfer. »Können wir den Menschen, die in der Finsternis sind, das Licht des Lebens vorenthalten?« schrieb Scott in sein Tagebuch. »Hier bin ich, Herr, gebrauche mich tot oder lebendig!« Es sollten die letzten Worte sein, die Scott niederschrieb.

Wieder warf ihn ein Malariaanfall nieder. Im Fieber murmelte er: »Laßt uns gehen!« Man fragte ihn, wohin? »Zur ewigen Stadt!« Dann hob er seinen Arm hoch und sagte mit letzter Kraft: »Ich möchte, daß der Arm des Herrn der himmlischen Heerscharen mich umgibt.« Peter Cameron Scott war heimgegangen.

Nur 14 Monaten waren ihm für seine Missionsarbeit geblieben. Die harte Arbeit, dazu allein 4000 Kilometer Wanderungen zu Fuß in einem Jahr, hatten ihm in dem ungesunden Klima so zugesetzt.

Seine großen Pläne einer Kette von Missionsstationen von der Ostküste bis zum Tschadsee konnten nicht verwirklicht werden. Fast sah es so aus, als ob die ganze Arbeit scheitern sollte. Drei Jahre nach der Ankunft in Ostafrika war aus der ersten Mannschaft von 16 Missionaren keiner mehr übriggeblieben. Drei waren gestorben, fünf wegen Krankheit ausgeschieden, vier hatten frustriert aufgegeben. Der Rest war in anderen Arbeiten tätig.

Scott selbst war keine Zeit geblieben, um auch nur eine afrikanische Sprache so zu lernen, daß er sie beherrscht hätte. Auch gelang es ihm nicht, auch nur einen einzigen Afrikaner zum Glauben an Jesus Christus zu führen. Dennoch war sein Wirken nicht vergeblich. Er hat die Aufgabe gesehen und den Weg gewiesen.

Nach Scott aber traten neue Missionare an die Stelle der ersten Pioniere. Sie wuschen und verbanden geduldig die eiternden Wunden der kranken Afrikaner. Sie litten mit den Wakambas in der großen Hungersnot, in der über die Hälfte der Bevölkerung umkam. Über eine lange Zeit hinweg war aber keinerlei Frucht ihrer Verkündigung zu sehen.

Der wichtigste Mann, der jetzt Scotts Werk weiterführen konnte, war Charles Hurlburt. Er kam aus dem *CVJM*. Als junger hauptamtlicher Evangelist in diesem Jugendwerk war er enttäuscht über die sich ausbreitende Säkularisierung. Nach dem Tod Scotts ließ er sich als Missionar nach Afrika rufen. Das war ein schwieriger Schritt, weil die Familie damals schon fünf Kinder im Alter von vier bis zwölf Jahren hatte und die Sterblichkeitsrate unter Missionaren in Ostafrika zu dieser Zeit sehr hoch war. »Gott hat unser Gebet erhört!« schrieb Hurlburt, weil das Geld für die Schiffsreise zusammenkam. 1901 erreichten sie Afrika.

Hurlburt mahnte seine Missionare, viel zusammen zu beten. Im übrigen sollten sie recht frei in ihrer Arbeit ohne die Missionsleitung entscheiden können. Es mußte nur mit der Bibel übereinstimmen. Das Gewinnen von Menschen für Jesus sollte immer Vorrang haben.

Hurlburt hatte die Gabe, mit den Großen der Zeit zu verkehren. Als Präsident Theodore Roosevelt ihn wegen einer privaten Jagdsafari in Afrika um Rat fragte, bat er ihn bei einem Besuch im

Weißen Haus gleich, die Grundsteinlegung der *Rift Valley Academy,* des Gymnasiums für Missionarskinder, vorzunehmen. Hurlburt bedeutete die Familie viel, deshalb sollten die Missionarskinder in der Nähe ihrer Eltern die beste Schulbildung erhalten. 1910 legte Teddy Roosevelt den Grundstein zur *Rift Valley Academy.*

In Tansania wurden neue Stationen eröffnet. Auch im Kongo, dem heutigen Zaire, wurde die Mission ausgeweitet. Hurlburt hatte seine Pläne für diesen Teil Afrikas nie aufgegeben, obwohl alle sagten, das werde von den Belgiern als Kolonialherren über den Kongo mit ihrer harten Herrschaft nie erlaubt. So war es dann auch. Die Belgier lehnten kategorisch ab.

Bei der Grundsteinlegung zur *Rift Valley Academy* bat Hurlburt dann den amerikanischen Präsidenten, auf der Rückreise bei seinem Stop in Brüssel zu vermitteln und ein Wort für ihn beim belgischen König einzulegen. Wenig später wurde tatsächlich die Genehmigung zur Missionsarbeit im Kongo erteilt, und die ersten Missionare konnten aufbrechen.

Durch einen Fehler beim Übermitteln des Telegramms glaubten die Häuptlinge im Kongo, der amerikanische Präsident komme persönlich und bereiteten einen glanzvollen Empfang vor. Würdiger sind wohl Missionare selten in einem fremden Land begrüßt worden.

Als 1913 die evangelikale *Afrika-Inland-Kirche* gegründet werden konnte, war eine solche Kirchengemeinschaft verschiedener Missionswerke ein großer, mutiger Schritt vorwärts. Die glaubensmäßige Verschiedenheit evangelischer Kirchen in den Heimatländern sollte nicht nach Afrika hineingetragen werden. Allein die tiefe Verankerung im biblischen Wort Gottes sollte die Einheit bilden.

Finanznöte brachten in den ersten Jahren die *Afrika-Inland-Mission* in schwere Krisen. Man hatte zeitweise geglaubt, die Missionare könnten sich in Afrika selbst ausreichend versorgen und finanziell über Wasser halten. Damit wären die Missionare aber viel zu stark in Handel und wirtschaftliche Geschäfte verstrickt worden.

So entschloß man sich in der *Afrika-Inland-Mission,* in allen Geldproblemen allein den Grundsätzen des völligen Vertrauens auf den lebendigen Gott zu folgen. Der Satz aus Psalm 50,12 gab die

Richtung an: »Wenn mich hungerte, wollte ich dir nicht davon sagen; denn der Erdkreis ist mein und alles, was darauf ist.«

Schließlich hat Gott versprochen, »allen Mangel auszufüllen nach seinem Reichtum in der Herrlichkeit Jesu Christi« (nach Philipper 4, 19). Hudson Taylor, der Gründer der großen *China-Inland-Mission*, machte ihnen Mut: »Verlaßt euch darauf! Wenn man Gottes Werk so tut, wie Gott es will, wird euch nie etwas fehlen.«

Damit war aber nicht nur Geld gemeint. Die ganze Planung und alle Entscheidungen der Missionsarbeit sollten ganz im Vertrauen auf den lebendigen Gott getroffen werden. Er hält seine Zusagen und ist in seiner Treue unerschütterlich.

Heute ist die *Afrika-Inland-Kirche* die größte evangelische Kirche in Kenia. Im Oktober 1995 feierte sie in einem großen Sportstadion in Nairobi den hundertsten Jahrestag der Ankunft der ersten Missionare. Die drei Millionen aktiven Anhänger treffen sich in 4300 Ortsgemeinden. Unzählige Schulen werden unterhalten, dazu 55 Krankenstationen, 24 Kinderheime und 18 Bibelschulen. Aber auch in den Nachbarländern Zaire, Zentralafrikanische Republik, Tansania, Sudan und Uganda, ja auch in Mosambik gehört sie heute zu den durch einheimische Evangelisten stark wachsenden evangelikalen Kirchen.

Unter anderen arbeiten Missionare der *Deutschen Missionsgemeinschaft*, der *Deutschen Allianzmission* und von *Christliche Fachkräfte International* in der *Afrika-Inland-Kirche* mit. Das Missionswerk *Diguna* leistet seit 1971 Eindrucksvolles im Bereich der Evangelisation für die *Afrika-Inland-Kirche* in schwer zugänglichen und unerreichten Gebieten Ost- und Zentralafrikas.

# Kannibalen im Kongo warten auf Missionare

*Die Bekehrung der bekannten Sportler – Alles verschenkt – Unter Chinesen –»Kannibalen suchen Missionare« – Nicht tropentauglich – Ausreise ohne Ehefrau – Das Elend Afrikas – Kein Urlaub – Gründung des WEK – Neues geistliches Leben – 18 Stunden Arbeit täglich*

Die Sensation an der Universität in Cambridge war perfekt. Eine Zeitung schrieb:»Niemals zuvor in der Geschichte ist eine so einzigartige Gruppe ausgereist, um im fremden Land zu arbeiten.«

»Die Sieben von Cambridge« waren anerkannte Sportler, die bei einer Evangelisation des bekannten amerikanischen Großevangelisten Moody eine Entscheidung für Jesus getroffen hatten. Sechs von ihnen ließen sich in die *China-Inland-Mission* Hudson Taylors senden.

Einer von ihnen, Karl Thomas Studd, kam aus einer reichen Familie. Sein Vater war Pflanzer einer großen Indigo-Plantage in Indien gewesen. Nach England zurückgekehrt, gab er sich ganz sorglosen Vergnügungen hin. Seine Leidenschaft waren Pferderennen. Er war mächtig stolz, wenn er am Grand National mit seinem Pferd gewann.

Zu Moody kam Vater Studd eigentlich aus Versehen. Ein Freund von ihm hatte in Dublin das Schiff verpaßt und wollte nun die Zeit im Theater verbringen. Dort erlebte er aber kein Schauspiel, sondern Moody und sein Sänger Sankey standen auf der Bühne.

Er war so aufgewühlt, daß er nochmals zu den Versammlungen ging und auch Vater Studd dazu einlud:»Du mußt dir das anhören!«

Viele Leute waren schockiert, als Vater Studd sich bei Moody bekehrte, danach seinen Pferdestall verkaufte, die Bibelstunden in Tedworth besuchte und andere zu Jesus zu führen versuchte.

Das waren vor allem seine Söhne. Karl Studd, der weitbekannte Kricketspieler, der zwei Jahre lang den Titel des besten Spielers von England trug, hörte ebenfalls den Evangelisten Moody und fand zum Frieden mit Gott und zu einem gewissen Glauben.

Das gab großes Aufsehen, als Karl Studd seine Zukunft als bekannter Sportler aufgab und allen Luxus verließ, um als Missionar nach China zu gehen. Am Tag, als er volljährig wurde, vermachte er sein ganzes Vermögen der Mission und diakonischen Einrichtungen.

In China heiratete er Priscilla Steward von der

Karl T. Studd

*Heilsarmee.* Sie lebten in einem armseligen Haus, in dem kein Chinese wohnen wollte. Sie wurden beschimpft, mit Steinen beworfen und verflucht, sobald sie die Wohnung verließen. Das Leben war hart und entsagungsreich. Als einzige Weiße lebten sie mitten unter Chinesen.

Gesundheitlich schwer angeschlagen mußte Karl Studd 1894, nach zehn Jahren Tätigkeit in China, nach England zurück. Zuerst arbeitete er für die *christliche Studentenbewegung* in den USA. Dann sechs Jahre in Indien, um dort, wo sein Vater einst gelebt hatte, Pflanzer und englisch sprechende Leute zu evangelisieren.

Zurück in England brach die alte Krankheit wieder aus. Er war unsicher, was Gott von ihm wollte.

Da stieß er in einem Schaufenster auf ein Plakat, das unter dem Thema »Kannibalen suchen Missionare« einen Vortrag des Sudanforschers und Afrikamissionars Karl Kumm ankündigte. Das veränderte Studds Leben völlig. Er ging zu dem Vortrag und hörte vom Vordringen des Islam in Afrika. Da wurde von Eingeborenen berichtet, denen noch niemand von Jesus gesagt hatte. Das traf Karl T. Studd tief.

»Warum gehst du nicht?« fragte er sich. Aber die Missionen verlangten ein Gesundheitsattest. Und die Ärzte konnten es ihm nicht ausstellen.

»Meinst du, Gott sei kein guter Arzt?« So fragte Studd sich selbst. »Glaubst du, Gott könnte dich nicht durchbringen?« Von da an hatte er keine Entschuldigung mehr. »Wir können Gott nur zuwenig zutrauen«, sagte Karl zu Priscilla, »aber nie zuviel!«

Seine Entscheidung war niederschmetternd für seine Frau Priscilla. Sie litt an einer schweren Herzerschöpfung. Karl T. Studd war jetzt 50 Jahre alt, zudem wirklich krank und ohne finanziellen Rückhalt.

Verständlich, daß sich seine Frau eindeutig gegen eine Reise nach Afrika sperrte. Studd reiste zuerst allein für eine Erforschung aus. Er kam dann im nächsten Jahr zurück und plante eine Mission im Herzen Afrikas, eben die *Herz-von-Afrika-Mission*. Das nötige Reisegeld kam zusammen.

1913 reiste er mit dem 21jährigen Medizinstudenten Buxton aus, der später sein Schwiegersohn werden sollte. Als er im östlichen Kongo eintraf, erhielt er für seine *Herz-von-Afrika-Mission* keine Lizenz von der belgischen Kolonialregierung. Man berief sich dort darauf, daß doch kürzlich die *Afrika-Inland-Mission* eine Lizenz bekommen hätte. Eine andere könne es nicht geben. So schloß sich Karl T. Studd der *Afrika-Inland-Mission* an, jedoch mit dem Recht, eine eigene Organisation aufzubauen. Davon machte er später wieder Gebrauch.

Trotz angegriffener Gesundheit reiste Karl T. Studd durch die ungesündesten Gegenden Afrikas, wo Malaria und Schlafkrankheit verbreitet waren. Von seinen 29 Trägern blieben nur vier übrig. Studd überlebte eine schwere Malaria.

Studd reiste 12 000 Kilometer unter Kannibalen. Ein Mann brüstete sich, sieben Frauen geschlachtet zu haben: »Menschenfleisch ist ein Leckerbissen!« Er traf Sklavenmärkte an, wo Schwarze wie Vieh gehandelt wurden.

So begann Studds achtzehn Jahre dauernde Arbeit im belgischen Kongo.

Leider hatte der belgische König Leopold II. wenig für das Wohl der in seinem Freistaat Kongo lebenden Afrikaner getan. Er errichtete keine Schulen. Was im Erziehungssystem geleistet wurde, schufen die Missionen. Auch die meisten Hospitäler und Gesundheitsposten wurden von den Missionen aufgebaut und eingerichtet. Durch die Missionen erfuhr die Welt auch von der Ausbeutung durch ungerechte Steuern, die die Belgier der Bevölkerung abverlangten, und wie übel sich die Soldaten Leopolds II. als Herren im Kongo aufführten. Das führte dazu, daß im Jahr 1908 Leopold II. seinen Freistaat an die belgische Regierung übergeben mußte, was die Lage dort etwas verbesserte.

Auf einer Reise erreichte Studd die Nachricht, daß seine Frau mit neuen Schwierigkeiten an ihrem Herzen zu kämpfen hat. Trotzdem kehrte er nicht nach Hause zurück. Das Werk des Herrn hatte für ihn eindeutig Vorrang vor allen Familiensachen.

Als er dann 1916 nach Amerika reiste, um neue Kandidaten für die Mission anzuwerben, ging es seiner Frau wieder besser. Sie konnte die ganze Last des Heimatbüros tragen.

Sowohl für seinen Sohn wie auch für seinen Schwiegersohn Norman Grubb war es nicht leicht, mit Karl T. Studd zusammenzuarbeiten.

Er verlangte von jedem anderen ebenso das Äußerste an Einsatz und Leistung, wie von sich selbst. Es gab keinen Urlaub, kein Ausruhen, keine freien Tage. Sie wollten ganz afrikanisch, nicht westlich leben.

Die Arbeit wuchs. Es entstanden immer neue Missionsstationen. Nach zehn Jahren gab es allein im Kongo 40 Missionare. Sie gehörten jetzt alle zu dem Missionswerk des *Weltweiten Kreuzzuges für Evangelisation*, den Studd 1913 zum Evangelisieren der bisher unerreichten Volksstämme ins Leben gerufen hatte.

Seiner Frau Priscilla in England berichtete er, wie er eine Kirche im Huriwald, den noch nie ein Weißer betreten hat, ins Leben rief: »Ich fand etwa 1500 Schwarze. Sie saßen aufeinander wie Heringe in der Tonne. So hockten sie in der glühenden afrikanischen Sonne. Ich schaute in ihre erwartungsvollen Gesichter. Ich sah, wie sie mir jedes Wort von den Lippen lasen. Sie dürsteten nach dem Evangelium. Es machte ihnen nichts aus, wenn der Gottesdienst zwei Stunden dauerte. Sie fanden es eher noch zu kurz.«

Doch auch in Tibet, Zentralasien und am Amazonas wuchs die Arbeit des *Weltweiten Kreuzzuges für Evangelisation*. Die kränkliche Ehefrau Priscilla in England arbeitete unermüdlich in der Zentrale. Und Gott schenkte die nötigen finanziellen Mittel durch treue Gebetsfreunde.

Früh sorgte sich Studd um den Zustand der neu entstandenen einheimischen Kirche. Wenn der Glaube keine Werke hervorbringt, kann er nicht echt sein. Ihn bekümmerte die entsetzliche Trägheit der Christen, und er vermißte bei vielen das leidenschaftliche Verlangen nach Gerechtigkeit. Studd betete viel und litt schwer unter dem Druck, der auf ihm lastete.

Da kam es 1925 zu einer Wende in der Gemeinde von Ibambi, wo Studd sein Hauptquartier hatte. Mit bisher nie gekannter Freude weihten sich Einheimische und Missionare neu Jesus zum Dienst und setzten sich ganz für die Evangelisation der bisher unerreichten afrikanischen Stämme ein.

1929 wurde Priscilla Studd heimgerufen. Zwei Jahre später holte Gott auch Karl Thomas Studd in seinen Frieden. Er war 69 Jahre alt geworden. Bis zum Schluß lebte er in einer einfachen Grashütte und arbeitete täglich 18 Stunden. Kaum gönnte er sich Zeit für die Mahlzeiten.

»Wenn Jesus Christus Gott ist und für mich starb«, hatte Studd einst vor seiner Ausreise nach Afrika gesagt, »kann mir kein Opfer zu groß sein, um es ihm darzubringen.«

Bei der Hochzeit einst beteten die beiden Brautleute: »Herr Jesus, wir gehören dir und wollen dir dienen. Wir wollen einander nicht hindern, für dich da zu sein und dein Reich zu bauen. Du hast uns überwunden. Unser Dienst ist nur ein Zeichen unseres Dankes. Nimm ihn hin, nimm uns selbst hin und gebrauche uns zur Sammlung deiner Gemeinde. Wir beten dich an und danken, daß wir dienen dürfen. Amen.«

Heute arbeiten im Missionswerk *WEC International – Weltweiter Einsatz für Christus* über 1600 Missionare aus 38 Nationen in über 60 Ländern der Erde.

## Auf schwankenden Hängebrücken zum Dach der Welt

# Verriegelte Türen dürfen nicht aufhalten

*Das verbotene Land – Herrnhuter Vorstoß in die Mongolei – In Kaschmir gestoppt – Gemeinde in 3000 Meter Höhe – Druckerzeugnisse in tibetischer Sprache – Susie Rijnharts Leidensweg – Erste evangelische Gemeinde in Tibet – »Schwierigstes Missionsfeld der Welt«*

Tibet, als Provinz in der Volksrepublik China heute Xizang genannt, ist weithin für das Evangelium verschlossen geblieben. Auf einem riesigen Hochplateau zwischen den Randgebirgen des Himalaja gelegen, ist das Klima rauh und der Boden in weiten Teilen unfruchtbar.

Jahrtausendelang hat dieses schwer zugängliche Gebiet als »verbotenes Land« und Lhasa, die geheimnisvolle Hauptstadt, als »verbotene Stadt« fast allen Versuchen der Mission, einzudringen, widerstanden. »Der religiöse Fanatismus der Tibeter und die wilde Natur ihres Landes haben zusammengewirkt«, schreibt der schwedische Forschungsreisende Sven Hedin, »um Tibet länger als irgendein anderes Land Asiens in seiner Abgeschlossenheit zu erhalten«.

Vor der chinesischen Invasion im Jahr 1950 waren ein Drittel der Bevölkerung Tibets Mönche, Nonnen oder Einsiedler in der Tradition des durch volkstümliche Geisterreligion geprägten Lamaismus, des verflachten tibetischen Buddhismus.

Daß die Mission dennoch einen Teil des tibetischen Volks mit dem Evangelium erreichen konnte, gehört zu den sonderbaren und merkwürdigen Ereignissen.

Im Jahr 1850 besuchte der geniale Chinamissionar Karl Gützlaff kurz vor seinem Tod Deutschland. Vor der Konferenz der Ältesten der *Herrnhuter Brüdergemeine* gab er einen seiner vielen visionären Gedanken kund, dem Volk der Mongolen, das einst unter Dschingis-Khan seine Blüte erlebt hatte, sollte jetzt durch Missionare das Evangelium gebracht werden.

Nun waren die chinesischen Völker immer ein Traumziel der Herrnhuter Missionsbestrebungen gewesen. Schon bei den ersten

Kontakten 1735 in der russischen Hauptstadt Petersburg hatte David Nitschmann dort die nötigen Informationen über den Fernen Osten eingeholt.

Die Herrnhuter waren von den Gedanken Gützlaffs begeistert, losten aber nach ihrer Gewohnheit darüber, um Gewißheit zu bekommen, ob dies des Herrn Wille sei. Als sich mehrere junge Männer für die schwierige Aufgabe meldeten, wählten sie durch das Los Eduard Pagell und den Klempner Wilhelm Heyde aus.

Nachdem diese sich in Königsfeld im Schwarzwald im Eiltempo medizinisch vorbereitet und die mongolische Sprache etwas erlernt hatten, brachen sie mit dem Schiff ganz um Afrika herum nach Ostindien auf. Auf dem Landweg von der russischen Siedlung der Brüdergemeine an der Wolga über Samarkand nach China in die Mongolei vorzudringen, wurde von der russischen Regierung nicht erlaubt. So blieb nur der gefährliche und schwierige Weg über die hohen Berge des Himalaja.

Als sie in Kaschmir über fünf- und sechstausend Meter hohe Gebirgspässe in die Bergwelt des Himalaja eindrangen, mußten sie feststellen, daß die Wege in die Mongolei nicht begehbar waren. Dreimal versuchten sie es und scheiterten. Dorfälteste wiesen sie entschieden zurück. Tibeter weigerten sich, ihnen Essen und Futter für ihre Tiere zu verkaufen.

So blieben die Missionare in Leh, der 3500 Meter hoch gelegenen öden Hauptstadt Ladakhs, die von November bis Mai wegen Schnee und Eis ganz von Nordindien abgeschlossen war. Die zwölftägige Wanderung dorthin über die hohen Gebirgspässe war mühselig. Tiefe Flußtäler mußten auf schwankenden Hängebrücken aus Weidenzweigen überquert werden. Sven Hedin erzählte später, wie unheimlich ihm diese Brücken gewesen wären, die diese Leute damals passierten. Auf den Gebirgspässen tobten wilde Stürme mit grimmiger, eisiger Kälte, um wenig später wieder unerträglicher Hitze in der stechenden Sonnenglut zu weichen. In der großen Höhe der Berge wird das Atmen schwer und mühsam.

In Leh wohnten meist Tibeter, aber auch Kaschmiris. Eine Missionsstation legten die Herrnhuter in Lahoul an, wo die Bewohner auf Terrassen an den Flußtälern des Chenab und Sutletdsch wohnen.

Wenn auch die Zahl der getauften Christen nie 150 überschritt, entstanden doch mehrere Gemeinden, von denen die in Leh noch heute besteht. Wilhelm Heyde wirkte 50 Jahre ohne Unterbrechung in diesem Teil Westtibets. Aus der geplanten Mongolenmission wurde so durch Gottes Führung ein Werk unter Tibetern.

Der sprachbegabte Heinrich August Jäschke übersetzte ganze Bibelteile in die tibetische Sprache, bis 1885 das vollständige Neue Testament vorlag. 1886 folgte auch noch eine medizinische Arbeit. Von Anfang an arbeiteten 75 Jahre lang über 30 Missionare dort. Schwerpunkt war die Arbeit an elf von den Missionaren errichteten Schulen. Mit der mühsam nach Leh transportierten Druckpresse konnten Traktate und Schriften gedruckt und nach Tibet hinein mitgegeben werden. Viele der Herrnhuter Missionare haben auch wissenschaftlich Gewaltiges geleistet. Seit 1952 ist keine Missionsarbeit mehr möglich. Der letzte Missionar mußte das Land verlassen, ohne daß eine Rückkehr erlaubt worden wäre.

Aber noch einmal hatten Missionare das Unmögliche versucht. Peter Rijnhart hatte von einem Mann gehört, der mit dem Handwagen in den Westen der USA gezogen war, nur um Gold zu schürfen.

»Warum soll ich nicht auch etwas wagen?« fragte sich der Holländer Peter Rijnhart. Er bereiste kreuz und quer die Vereinigten Staaten von Amerika, wanderte 2000 Kilometer zu Fuß durchs Land. Bei Besuchen in Kirchen und christlichen Gruppen sammelte er sich schließlich das Reisegeld zusammen.

1898 brachen Peter und Dr. Susie Carson Rijnhart über Schanghai zur tibetischen Grenze und dann nach Lhasa, der Hauptstadt Tibets, auf, wo der Dalai Lama herrschte.

In den vier Jahren, in denen sie in China und durch Tibet reisten, litten sie Hunger und Durst. Sie mußten in dem verbotenen Land ihr einjähriges Kind in einer leeren Arzneikiste begraben und das Grab mit einem schweren Stein bedecken, um es vor wilden Tieren zu schützen.

Peter Rijnhart wurde unterwegs ermordet. Susie Rijnhart konnte fliehen und sich in wochenlangen Wanderungen über hohe Himalajaberge bis zu einer Missionsstation an der chinesischen

Grenze durchschlagen. Sie litt Hunger und Durst, war in Gefahr vor Räubern und Dieben und oft ganz allein.

Man fragte sie, ob es ihr schwerfallen würde, wieder nach Tibet zurückzukehren. »Nein!«, sagte sie, »es wäre furchtbar, nicht mehr zurückkehren zu dürfen.«

Sie schreibt: »War die Sache die vielen Leiden wert? Hat der Erfolg sie gerechtfertigt?

Wohlmeinende Freunde haben gefragt, warum wir nicht gewartet haben, bis Tibet zugänglich gemacht würde, damit wir unter dem Schutz der Regierung hätten reisen können.

Jesus heißt aber seine Jünger nicht warten, sondern gehen. Die Apostel haben auch nicht gewartet, bis das römische Reich offen war. Verfolgungen kamen von allen Seiten, aber nur der Tod konnte ihnen den Mund schließen. So war's immer in der Geschichte des Christentums.

Hätten die Missionare gewartet, bis die Länder sie gerne aufnahmen, so daß sie ohne Gefahren und Opfer hingehen konnten, so wären wir heute auch noch Barbaren. Die Bewohner der Südseeinseln wären noch Menschenfresser, und die vielen Tausende von Heidenchristen würden noch in Finsternis und im Schatten des Todes sitzen.

Das Werk ist groß, so groß, daß daneben jedes dafür gebrachte Opfer klein erscheint.«

Später heiratete Dr. Susie Rijnhart wieder einen Missionar, kehrte nach Tibet zurück und gründete die erste einheimische evangelische Kirche dort.

Aus Amerika kam der Missionsarzt Dr. Zenas Loftis in dieses »schwierigste Missionsfeld der Welt, das Hilfe am nötigsten braucht«. Als er am Grab eines umgebrachten Missionars vorbeikam, schrieb er in sein Tagebuch: »Wenn es dein Wille ist, Herr, und ich in diesem finsteren Land beerdigt werden soll, dann soll mein Grab anderen einen Anstoß geben.«

Während einer Pockenepidemie, als Dr. Loftis viele Patienten behandelte, erkrankte er selbst und war sechs Wochen später tot. Als in seiner Heimatgemeinde die Todesnachricht eintraf, meldete sich der junge Arzt Dr. William Hardy: »Ich gehe und übernehme seinen Platz!«

## Das Waisenhaus in Assiut am Nil

# Eine sterbende Mutter und ihr Baby

*Lillian Trasher – Blauäugig nach Afrika – Tücken mit dem Geld – Ärgerliches Kindergeschrei – Allein mit dem Kind – Unterstützung von Ägyptern – Das wachsende Liebeswerk – 1300 Betreute – Ehemaliges Waisenkind wird Leiter*

Spät abends klopfte es an der Tür des Missionshauses im ägyptischen Assiut. Erregt berichtete ein junger Araber, eine Frau liege im Sterben. Man solle schnell kommen und helfen.

Der Missionar nahm eine junge Amerikanerin namens Lillian Trasher mit, die seit einigen Wochen in ihrem Haus lebte. Der Weg in das Elendsviertel war weit. Die alten Häuser aus Lehm standen baufällig da. Endlich erreichten sie die Hütte. Da lag eine junge Frau am Boden, vielleicht fünfzehn Jahre alt, und stöhnte. In einer Ecke wimmerte ein Baby. Mit letzter Kraft bat die sterbende Mutter Lillian Trasher, für ihr Baby zu sorgen.

Noch nie hatte Lillian Trasher solche Armut und dieses Elend erlebt. Wieder zurück im Missionshaus wollte sie das Kind, das auch krank und schwach war, baden. Das Baby war ganz in schmutzige und stinkende Tücher eingenäht.

Bald aber wurde das schreiende Kind zu einer unzumutbaren Belastung im Missionshaus. Man bat Lillian Trasher, das Kind zurückzugeben. Sie könnten sonst nachts nicht mehr schlafen. Wohin aber sollte sie das Kind geben?

Wenn man heute zurückblickt, muß man feststellen, daß dieses Kindergeschrei damals im Jahr 1911 den Anstoß zu einem großen Liebeswerk gab. Lillian Trasher beschrieb es so: »Es blieb nichts anderes übrig, als das Kind aus dem Haus zu schaffen. Das Kind mußte weg – aber ich ging mit ihm!«

Sie erinnerte sich an ein schlichtes Haus, das sie gesehen hatte. Es war zu vermieten. Sie kaufte einen Petroleumkocher, Tisch und Stühle. Aus einer alten Kiste machte sie eine Wiege für das Kind.

Das Kind erholte sich rasch und wurde kräftig. Dafür gingen die Lebensmittel zur Neige. Lillian Trasher wußte nicht, wie sie ihre Miete bezahlen sollte. Schon ihre Ausreise aus den USA war ein Abenteuer gewesen.

Als junges Mädchen hatte Gott sie bei einem Vortrag einer Missionarin, die aus Indien erzählte, in die Mission gerufen. Lillian Trasher arbeitete damals in einem amerikanischen Waisenhaus und war verlobt.

Lillian Trasher

Als sie am nächsten Tag ihrem Verlobten von ihren Plänen erzählte, nach Afrika zu gehen, konnte der nicht einwilligen. Er war zwar auch in einer Mission tätig, wollte aber Amerika nicht verlassen. So trennten sie sich. Lillian Trasher gab ihre Arbeit auf und wollte zu einer Missionskonferenz nach Pittsburgh reisen. Fünf Dollar hatte sie dafür gespart. Sie hatte es der Heimleiterin zur Verwahrung übergeben. Eine andere Mitarbeiterin, die nicht wußte, wem das Geld gehörte, hatte aber damit eine fällige Rechnung bezahlt. Ihre Freundinnen versuchten nun, ihr zu helfen. Das Geld, das zusammengelegt wurde, reichte aber nicht bis nach Pittsburgh zur Missionskonferenz.

Sie reiste dennoch. Wenigstens so weit das Geld reichte, wollte sie fahren. So kam sie nach Washington. Ihre Heimleiterin hatte ihr noch eine Adresse mitgegeben, wohin sie sich wenden sollte.

Dort konnte sie aber kein Quartier finden, weil gerade eine Missionarsfamilie aus Assiut in Ägypten zu Gast war. Zum Essen wurde sie aber eingeladen. Neugierig hörten die Missionarsleute dann bei Tisch, daß das junge Mädchen nach Afrika wollte. Je mehr sie aber fragten, um so deutlicher merkten sie, daß Lillian überhaupt nichts von Afrika wußte. Weder kannte sie ein Land, in das sie gehen wollte. Noch war sie von einer Gemeinde oder Mission ausgesandt. Aus guten Gründen konnten sie über so viel naive Blauäugigkeit nur den Kopf schütteln.

Lillian hatte auch nur einen Dollar in der Tasche. Es bedrückte Lillian sehr, wie dieser Missionar aus seiner großen Kenntnis Afrikas heraus zu ihren Plänen nur laut »Nein!« sagen konnte. Sie schrieb später in ihr Tagebuch: »Wie konnte ich es ihm auch erklären, daß mein Vorhaben auf Glauben und nicht auf Geld aufgebaut war?«

Zwei Tage später entschuldigte sich der Missionar für seine harten Worte. Nach langem Nachdenken kam er zu der Überzeugung, daß Gott diese junge Frau in den Missionsdienst berufen habe.

Er lud sie ein, in sein Haus nach Assiut in Ägypten zu kommen. Dort sollte sie wohnen und essen können. Für das Reisegeld mußte sie aber selbst aufkommen.

Wie froh war sie jetzt, daß ihr damals im Heim versehentlich diese fünf Dollar weggenommen und ausgegeben wurden. Nur dadurch kam sie nach Washington und lernte deshalb diese Missionarsleute kennen.

Inzwischen hatte ihr die Heimleiterin die fünf Dollar nachgesandt. So konnte sie noch zur Missionskonferenz von Pittsburgh reisen. Von dort kam sie nach New York zu einer Mission, die sie in verschiedenen Versammlungen sprechen ließ. Bald hatte sie 40 Dollar zusammen. Die einfachste Fahrkarte nach Ägypten kostete aber 100 Dollar. Sie schrieb ihrer Familie, am 8. Oktober 1910 werde sie ausreisen.

Wenige Tage vor der Ausreise hatte sie das Geld noch immer nicht zusammen. Doch ganz unerwartet kamen Besuche, die ihr Geld brachten. In Versammlungen wurden ihr Spenden zugesteckt. Nach Bezahlung aller Reisekosten blieben ihr noch 70 Dollar. Sie schrieb in ihr Tagebuch: »Mein Gott aber wird ausfüllen all euren Mangel nach seinem Reichtum!«

Nun stand Lillian Trasher in Ägypten allein mit dem Baby da. Ein Haus in Assiut hatte sie mieten können. Bisher hatte dieses Geld, das sie damals zurückgelegt hatte, gereicht, um die Miete zu bezahlen. Jetzt war es aus. Sie konnte nur noch beten. Am nächsten Morgen gab ihr der ägyptische Postbeamte eine Spende von sieben Piaster. Das reichte für das Essen.

Woher sollte Lillian Trasher aber das nötige Geld beschaffen? Aus Amerika konnte sie es nicht erbitten. Sie mußte die Ägypter selbst um Unterstützung fragen. Wo sie nur konnte, erzählte sie von ihrem Heim. Sie vertrat die Ansicht, die Ägypter müßten selbst für ihre Waisen aufkommen.

Manche halfen ihr und unterstützten sie nach Kräften. Andere unterstellten ihr eigensüchtige Motive. Dazu kamen noch schwere Glaubensprüfungen. Das vierte Kind, das sie aufgenommen hatte, wurde krank. Nach zwei Tagen stellte sich heraus, daß es die Pest hatte. Auch zwei andere Kinder erkrankten. Die Aufregung war groß, bis man merkte, daß es nur die Masern waren.

Im Jahr 1916, als das Heim schon 50 Kinder beherbergte, konnte endlich Land gekauft und ein Haus aus gebrannten Lehmziegeln unter Mithilfe all der Kinder gebaut werden. Wie sollte aber der Unterhalt für noch mehr Kinder zusammengebracht werden, wenn das bisher schon kaum möglich war?

Von Anfang an setzte Lillian Trasher auf die vielen Menschen, die in der Nähe wohnten. Sie sollten mitverantwortlich sein. Unzählige Ägypter, selbst in großer Armut, gaben ihre Scherflein, damit alle Kinder aufgenommen werden konnten.

Im Waisenhaus zeigt man heute einen Brief des marxistisch geprägten Staatschefs Gamel Abdel Nasser, der in großer Würdigung der Arbeit an Kindern Lillian Trasher Zollfreiheit verbürgte. Er stammte selbst aus Assiut und schätzte das Liebeswerk, obwohl er selbst kein Christ war.

Immer mehr Kinder kamen, ebenso heimatlos gewordene Witwen, die ohne Versorgung dastanden. Hier im Heim konnten sie sich als Mitarbeiterinnen um die Kinder kümmern. 1961 beherbergte das Waisenhaus mehr als 1300 Waisen, Witwen und Blinde. Aber das Wichtigste ist Lillian Trasher bis zum Alter geblieben: Daß Kinder Jesus als ihren persönlichen Herrn annahmen. Am 22. Dezember 1961 starb sie im Alter von 74 Jahren.

## Afrika braucht gut ausgebildete einheimische Bibellehrer!

# Ein politischer Revolutionär wird Evangelist

*William Harris aus Liberia – Im Gefängnis – Die Revolution des Evangeliums – Fetische verbrannt – Von Kolonialregierung ausgewiesen – Wiederaufgebaute Kapellen – Warten auf den Missionar mit der Bibel – Afrika braucht gut ausgebildete Prediger*

Es war im Jahr 1913. Ein ergrauter Mann zieht an der westafrikanischen Elfenbeinküste barfuß von Dorf zu Dorf. Die große, stattliche Erscheinung mit weißem Turban und wallendem grauen Bart erregt Aufsehen. In der Hand hält er einen langen Stab, an den oben quer ein Holz genagelt ist. Es ist das Zeichen des Kreuzes, mit dem der 65jährige William Wade Harris durch die Urwalddörfer wandert, in denen noch Ahnenkult und Aberglauben Menschen in der Finsternis gefangenhält.

Er nimmt von den Dorfbewohnern keine Geschenke an, nur einfaches Essen, Wasser und ein Nachtlager auf dem Boden.

Er muß seine Botschaft weitersagen, die in die verschiedenen Stammessprachen übersetzt wird: »Werft eure Fetische und Zauberdinge weg! Bekehrt euch zu dem einen, lebendigen Gott! Hütet euch vor der Sünde des Ehebruchs!«

Mit der großen Wucht eines Predigers, der selbst von Gott überwunden wurde, ruft er den Menschen seine Botschaft zu. Im Gefängnis im westafrikanischen Liberia, wo er vorher als politischer Aufrührer in Haft war, erschien ihm Gott in einer Vision: »Du sollst Prophet sein!« Er, der politische Revolutionär in Haft, soll Gottes Bote sein? Ohne Zögern nimmt er nach seiner Freilassung den Auftrag an.

Dann hält er vor den aufmerksamen Zuhörern seine kleine Bibel hoch, die er immer bei sich trägt: »Das ist Gottes Buch. Ihm müßt ihr gehorchen. Es gibt nur einen, der euch retten kann: Jesus Christus! Gott hat ihn zu uns gesandt.«

Wenig später hält er den gebannt lauschenden Zuhörern seinen Stab mit dem Kreuz hin: »An dem Kreuz starb Jesus für euch, um eure bösen Übertretungen zu büßen.«

In allen Worten, die der alte Prediger Harris verkündet, will er Buße: »Kehrt um, daß euch nicht Gottes Gericht treffe! Macht euch bereit, der Herr kommt bald. Kehrt um und glaubt an Jesus Christus!« Leidenschaftlich kämpft Harris für die Heiligung des Sonntags und gegen den weitverbreiteten Ehebruch.

Wie in den Tagen der ersten Christen hält Harris sich in keinem Dorf auf. Er zieht unermüdlich weiter. Noch viele müssen seinen Ruf hören.

Er beauftragt die Leute, einfache Kapellen aus Blättern und Hölzern zu bauen und setzt Prediger ein, die aber alle weder lesen noch schreiben können.

Eine große Bewegung geht in diesen Tagen, als Harris predigt, durch Westafrika. Häuptlinge, selbst Zauberpriester, verbrennen ihre Fetische und zerstören die Götzenhaine. Alle wollen allein dem lebendigen Gott dienen.

Immer häufiger wird Harris ins Landesinnere gerufen. Er kann die weiten Wege selbst nicht gehen. Zu viele Orte sind es. Er sendet andere, von ihm eingesetzte Propheten, die genauso stark wirken und viele Tausende zur Umkehr bewegen. Selten hat in der Geschichte der christlichen Kirchen ein einzelner Mann so viele Menschen erfaßt und zu Christus geführt.

Dann bricht der erste Weltkrieg aus. Die französische Kolonialregierung fürchtet politische Umtriebe. Harris wird gesucht. Man findet ihn, als er am Strand des Meeres einer großen Menschenmenge predigt. Hunderte lauschen gebannt.

Anschließend wollen die Menschen getauft werden. Da greift der französische Gendarm mit seinen schwarzen Legionären ein und verhaftet Harris. Noch kann der Prediger die erregten Zuhörer auffordern, ruhig nach Hause zu gehen.

Harris erzählte später, wie das Verhör mit den französischen Gendarmen verlief: »Sie fragten mich, warum ich immer predigen müsse. ›Ich bin der Prophet Elia, die Fetische müssen zerstört werden!‹ Sie verhielten sich aber wie Heiden, verspotteten mich und sagten: ›Die Bibel ist Unsinn!‹ Ich erwiderte ihnen: ›Ich bin aufgestanden, um für Jesus Christus Zeugnis abzulegen.‹ Die Franzosen aber brachen in Lachen aus: ›Du kannst uns doch nicht belehren!‹ Ich aber las ihnen aus Apostelgeschichte 5,39 vor: ›Ist das Werk von Menschen, so wird's untergehen. Ist es aber von Gott, so könnt ihr es nicht hindern.‹ Da begannen die Franzosen, mich zu mißhandeln, hießen mich einen Idioten und brachten mich ins Gefängnis.«

Harris wurde über die Grenze nach Liberia abgeschoben, wo er vor 1 ½ Jahren herkam. Niemand kannte ihn damals. Jetzt verschwand er wieder im Dunkel.

Die französische Regierung ließ alle Kapellen zerstören. War es nur eine Massensuggestion gewesen? Nein, die Leute kehrten nicht mehr zu ihren alten Zauberbräuchen zurück. Sie erinnerten sich an ein Wort von Harris: »Eines Tages wird ein Weißer kommen und euch aus dem heiligen Buch, das ich euch gezeigt habe, von Gott mehr lehren.« So warteten sie weiter.

Sie bauten ihre Kapellen wieder auf, versammelten sich zum Gebet. Schließlich wurden durchziehende afrikanische Kaufleute aus Sierra Leone und der Goldküste, die methodistische Christen waren, auf jene merkwürdigen Gemeinden aufmerksam. Sie betreuten sie, so gut sie es eben konnten.

Einer der ghanesischen Kaufleute besorgte englische Bibeln. Die lagen auf einem Tisch während des Gottesdienstes. Auch wenn niemand da war, der daraus vorlesen konnte, lagen sie wenigstens dort offen während des Gottesdienstes. Immer wurden die Gemeinden daran erinnert, daß doch ein Weißer kommen und sie das Wort Gottes lehren würde. Darauf warteten sie geduldig. Harris hatte es doch gesagt.

Es dauerte zehn Jahre, bis zum Jahr 1923. Ein Missionar der Methodisten wurde von einem französischen Rechtsanwalt angesprochen. Ihn hatten die unversorgten Gemeinden bedrängt und ihm viel Geld angeboten, um für die Reisekosten eines Missionars aus England aufzukommen.

Zusammen mit einem anderen Missionar fuhr er ein Jahr später mit dem Kanu die Lagunen entlang. Seine Reise glich einem Triumphzug. Überall zogen die Leute mit Palmzweigen ihnen entgegen und geleiteten sie in die geschmückten Kapellen.

Bald folgten zehn weitere Missionare an die Elfenbeinküste. Als man die Taufbewerber zählte, waren es mehr als 40 000 Menschen. Viele derer, die Harris getauft hatte, waren abgefallen. Erstaunlich aber war, daß so viele ihrem Glauben treu geblieben waren.

Ein Missionar wollte dann doch noch wissen, was aus Harris geworden ist. Er machte sich in Liberia auf die Suche und entdeckte schließlich in einem kleinen Dorf bei Kap Palmas den alten Mann. In seiner Heimat hielt man nichts von dem Propheten und verlachte ihn als Schwärmer.

Die Augen von William Wade Harris leuchteten, als er endlich einen weißen Missionar traf und von der großen Frucht seiner Predigt hörte. Seine letzte Botschaft an seine Landsleute war die Mahnung, sich fest an das Wort Gottes zu halten, die Fetische zu verbrennen und den wahren Gott in Jesus Christus allein anzubeten.

Wenig später ist er einsam und in großer Armut verstorben.

Daß Afrika afrikanische Evangelisten und Missionare braucht, hat nicht nur Harris deutlich gemacht. Aber viele afrikanische Propheten heute vermischen den christlichen Glauben mit heidnischem Erbe, so daß das Evangelium ganz verdeckt und zugeschüttet wird. Darum brauchen afrikanische Mitarbeiter mehr denn je gründliche Schulung im Wort Gottes, wenn das Haus der Gemeinde nicht auf Sand gebaut sein soll.

# Ein Missionsarzt wird staatenlos

*Dr. Thomas Lambie – Der dankbare Gouverneur - Krankenhaus in Addis Abeba – Priester wollen Mission verhindern – Karawane in den Süden – Das nicht erreichte Ziel – Willkommen – Die fehlende Genehmigung – Nur 17 getaufte Christen in sieben Jahren – Italienischer Überfall – Vertreibung der Missionare – Brutale Verfolgung – Explosionsartig wachsende Gemeinden – Gallas*

Das zerklüftete und verschlossene Hochland Abessinien mit dem Evangelium zu erreichen, war im 19. Jahrhundert am Widerstand der erstarrten koptisch-orthodoxen Kirche gescheitert. Mit seinen mächtig hohen Tafelbergen mußte das Land mit seinen vielen vom Evangelium noch nicht erreichten Völkern für die Mission den Eindruck einer uneinnehmbaren Bergfestung erwecken.

Erstmals 1919 gelang es dem amerikanischen Missionsarzt Dr. Thomas Lambie ganz unerwartet, im Westen des riesigen Landes, in Sayo in der Provinz Wallega, eine Missionsstation zu eröffnen. Dr. Lambie kam aus der presbyterianischen Missionsarbeit unter Nuer und Shilluk im sudanesischen Ort Nasir.

Dort in Sayo lag Dr. Lambie nachts auf der Veranda, um zu schlafen. Da wurde er von einer Gruppe Soldaten mit Fackeln aufgeweckt und schnell zum Gouverneur gerufen. Der hatte schreckliche Schmerzen, weil ihm im Schlaf ein Insekt, ein schwarzer Käfer, tief in sein Ohr gekrochen war. Lambie konnte ohne große Mühe helfen und gab dann den Käfer in einem Glas seinem glücklichen Patienten zur Erinnerung. Dieser war fest davon überzeugt, daß dieser kleine Käfer sein Hirn aufgebohrt hätte, wenn er nicht durch den gütigen Doktor aus der unmittelbaren Todesnot befreit worden wäre.

Da der Gouverneur auch Armeegeneral und gleichzeitig Adoptivsohn des abessinischen Regenten war, bahnte dieser nächtliche

Hilfsdienst schon einen Monat später den Weg zum hohen Regenten in Addis Abeba.

Im Gespräch bat der Regent den Arzt Dr. Lambie, ein Hospital in der Hauptstadt zu errichten. Das war zunächst ein finanzielles Problem, weil des Doktors eigene presbyterianische Mission beim besten Willen dafür kein Geld zur Verfügung stellen konnte. Mit Unterstützung des Präsidenten der Vereinigten Staaten, den Lambie für das Projekt gewann, konnte 1923 das vorbildliche *George Memorial Hospital* eingeweiht werden.

Dr. Lambie schrieb Artikel in christlichen Zeitschriften und wies auf die offene Tür in diesem lange verschlossenen Land hin. Zufällig erfuhr so auch Roland Bingham, der Leiter der *Sudan Interior Mission* (SIM), auf einer Schiffsreise von der wichtigen Arbeit. So kam die *Sudan Interior Mission* nach Äthiopien. Es sollte bei ihren vielen Verpflichtungen neben Nigeria ihr wichtigstes Arbeitsfeld werden.

Anfang 1928 traf sich eine Gruppe von Missionaren in Addis Abeba, bekam aber zunächst keine Erlaubnis, in den Süden vorzustoßen. Dr. Lambie hatte von Anfang an das Ziel, zu den im Süden wohnenden Völkern vorzudringen, die noch ganz im Geisterglauben verhaftet waren. Gegen eine evangelische Missionsarbeit unter diesen animistischen Völkern kam der meiste Widerstand von der koptisch-orthodoxen Kirche. Auch anhaltende und geduldig geführte Lehrgespräche über den christlichen Glauben mit den verantwortlichen Priestern konnten deren Mißtrauen gegenüber den Missionaren nicht beseitigen.

Es war eine große Karawane mit 66 Maultieren, 20 Eseln, neun Pferden, mit Trägern, afrikanischen Führern und sieben Missionaren, die im März 1928 schwer beladen von Addis Abeba unter Leitung von Dr. Thomas Lambie in die südlichen Provinzen Äthiopiens aufbrechen konnte. Man war bei der Erkundungsreise auf Esel und Pferde angewiesen, weil mit Wagen befahrbare Straßen fehlten. Eine Missionsarbeit war ausdrücklich nicht genehmigt worden, nur eine Expedition zur Erkundung. Dort unter den kriegerischen Gallas, die sich selbst lieber Oromos nennen und eine kuschitische Stammesgruppe im südlichen Äthiopien und nördlichen Kenia sind, hatte schon Ludwig Krapf vor 90 Jahren seine Missionsarbeit beginnen wollen.

Es bleibt bis heute ein Rätsel, warum der sehr kundige äthiopische Wegführer die Expedition zuerst nach Süden, und nicht wie geplant nach Westen leitete. Lambie fragte ihn, wurde aber von dem einheimischen Führer beruhigt. Er war froh, auch die anderen Provinzen kennenzulernen.

In der Provinz Kambatta versuchte der Gouverneur, den Arzt dazubehalten, damit er eine Klinik aufbaue. Dr. Lambies guter Ruf hatte sich auch schon weit im Süden verbreitet. Leider mußten sie absagen. Ihre Genehmigung bezog sich nur auf die im Westen gelegene Stadt Jimma. Auch in der Stadt Soddo in der Provinz Wallamo wollte man ihn halten. Es gab dort überhaupt keine richtige medizinische Betreuung. Gouverneur war dort jener General, dem einst Lambie das Insekt aus dem Ohr geholt hatte und der jetzt wieder medizinische Hilfe benötigte. Eine Einladung erhielten sie schließlich auch vom gastfreundlichen Gouverneur der Nachbarprovinz Sidamo.

Diese herzlichen Einladungen waren eine große Überraschung für die Missionare. Ausdrücklich hatte der Regent, der spätere Kaiser Haile Selassie, ihnen vor der Abreise ans Herz gelegt, eine spätere Genehmigung ihrer Missionsarbeit sei nur möglich, wenn sie von den Gouverneuren eingeladen würden. War der freundliche Empfang nun nicht ein deutliches Zeichen Gottes?

Weil inzwischen die Regenzeit angebrochen war, konnte die Karawane jetzt auf den morastigen Wegen nicht mehr westwärts nach Jimma weiterziehen. Die Pfade waren unpassierbar geworden. Daß ihre Expedition sich bis zum Anbruch der Regenzeit verzögerte, daran waren die Priester in Addis Abeba mit ihren endlosen Lehrgesprächen schuld, die sich durch die Fastenübungen immer länger hinzogen. Sollte Gott sie dadurch anders, als ursprünglich geplant, geführt haben? So fragten sich die Missionare.

So beschloß die Expedition kurzfristig, nicht bis nach Jimma im Westen weiterzureisen. Man war sich im Unklaren, ob auch dort der Empfang so herzlich sein würde. Darum blieben die Missionare zunächst in Soddo in der Provinz Wallama.

Auf einem Hügel, etwa einen Kilometer von Soddo entfernt, errichteten sie ihre ersten Häuser. Es waren einfache, aus Lehm erbaute afrikanische Hütten. Dr. Lambie, der sein Hospital in Addis Abeba verlassen hatte, weil ihm der Vorstoß in den Süden noch wichtiger erschien, zog weiter nach Osten, in die Provinz Sidamo, wo er mit einer medizinischen Arbeit, aber auch mit Evangelisation, begann.

1934 wurde die Arbeit auf Bitten des Gouverneurs der Provinz Lasta auch nach Norden ausgeweitet. In Lalibella, einem Zentrum der koptisch-orthodoxen Kirche, wurden sie auch von den Priestern herzlich willkommen geheißen. Es gab in diesem Gebiet viele Kranke, besonders auch Blinde. Lambie hoffte, diese riesige neue Arbeit mit zusätzlichen Missionaren bewältigen zu können.

Noch immer lag keine schriftliche Genehmigung zur Eröffnung der Missionsstationen vor. Die ganze Zeit über hatten sich die Missionare um die Papiere bemüht. Aber auch die amerikanische und britische Botschaft hatten nach Jahren noch keine offizielle Erlaubnis für ihre Gebäude.

Bei den guten Verbindungen, die Lambie zu dem seit 1930 gekrönten Kaiser Haile Selassie hatte, ging er einfach mutig weiter vorwärts. Wenn er auf die fehlenden Papiere gewartet hätte, wäre die Arbeit nie in Gang gekommen. Offenbar gab es am Hof in Addis Abeba Kreise, die es die Missionare spüren lassen wollten, daß sie unerwünscht waren.

Jetzt arbeiteten 22 Missionare auf fünf Missionsstationen. Sie begannen mit gründlichem Sprachstudium, dann übersetzten sie Teile der Bibel. Viel Zeit nahmen sie sich für die Verkündigung des Evangeliums. Doch nur wenig Frucht war zu sehen.

Nach Eröffnung der neuen Station in Lalibella im Norden machte man den Missionaren in Addis Abeba wieder die fehlenden Papiere zum Vorwurf. Erst als Dr. Lambie als Feldleiter seine amerikanische Staatsbürgerschaft aufgab und Abessinier wurde, konnte die Mission freier arbeiten. Ein äthiopischer Minister hatte ihm zu diesem Schritt geraten, um den Regierenden damit die Treue zum Land sichtbar zu beweisen.

Zur gleichen Zeit erneuerten aber die Italiener ihren Anspruch auf das Land und begannen bald darauf den abessinischen Krieg. Als Dr. Lambie später auf Befehl der Italiener das Land verlassen mußte, war er staatenlos. Für die nationaldenkenden äthiopischen Christen war dies ein Opfer, das sie bis heute nicht vergessen haben.

Mit dem Überfall der italienischen Truppen auf Abessinien brach im Land das Chaos aus. Die schlecht gerüsteten Abessinier konnten sich gegen die überlegenen Feinde nicht lange behaupten. 1936 fiel die Hauptstadt, und der Kaiser flüchtete ins Ausland. Plündernd und mordend zogen die sich auflösenden Heere durchs Land. Zwei Missionare wurden von Afrikanern erschossen.

Schon gleich am Anfang des Krieges hatte die britische und amerikanische Botschaft zum Verlassen des Landes aufgerufen. Roland Bingham telegrafierte den Missionaren: »Ihr steht unter höherem Befehl als unter dem des Königs von England oder des Präsidenten der Vereinigten Staaten. Empfangt eure Befehle von Ihm und wir sind eins mit euch! Wir bestätigen, Mütter mit Kindern sollten in die Heimat zurück.«

Alle Missionare entschieden sich ohne Ausnahme, in Abessinien auszuharren.

Bis zu diesem Zeitpunkt konnten in der Provinz Wallamo in sieben Jahren nur 17 Afrikaner getauft werden. Die Missionare wußten jetzt, daß die ohnedies knappe Zeit auslief. Es war sehr gefährlich, das Missionsgelände zu verlassen. Sie taten es aber trotzdem, um zu evangelisieren und vor allem gründlich zu lehren. Nur noch zwei Jahre blieben ihnen, um die noch schwache Wallamo-Kirche zu festigen.

Im Morgengrauen des 17. April 1937 mußten die 19 Missionare und sieben Kinder auf Befehl des italienischen Militärs das Land verlassen. Der Abschied von den inzwischen 48 gläubigen Christen war schmerzlich. Ein letzter Händedruck: »Gott sei mit euch, bis wir uns wiedersehen!« Ob das je wieder möglich sein würde? Oder erst in der Ewigkeit? Als sie um den letzten Berg verschwanden und noch einmal zurückblickten auf die winkenden Hände, fürchteten sie, daß die flackernde Flamme des Evangeliums in der großen Finsternis verlöschen würde.

Wie sollten die wenigen Christen auch durchhalten? In ihrer Landessprache hatten sie nur das Markusevangelium und einige wichtige Schriftstellen der Bibel. Wie sollten sie die Verfolgung überstehen können, die unweigerlich kommen mußte?

Am Abend vor dem Abschied hatten sie noch miteinander das Abendmahl feiern können. Daß Jesus auch Herr über diese furchtbare Trennung und die verwaiste Gemeinde in Wallamo sei, füllte sie mit Freude und Dankbarkeit.

Die Verfolgung kam noch schlimmer, als befürchtet. Die Italiener nahmen sofort 50 Christen in Haft. Jeder Gemeindeleiter erhielt 100 Peitschenhiebe. Einer sogar 400. Keiner von ihnen konnte in den nächsten Monaten wegen der Schmerzen auf seinem Rücken liegen. Drei Christen starben in der Haft.

Das aber ließ die Gemeinde nur an Größe und Festigkeit wachsen. Sie verlegten die Gottesdienste in ihre Hütten. Die starke Liebe unter den Christen machte großen Eindruck auf die Nichtgläubigen. Das einfache, lebendige und stumme Zeugnis brachte viele zum Glauben an Jesus.

Die Verfolgung reinigte die Gemeinde. Wie zur Zeit der ersten Christen wirkte ihr Zeugnis stark auf die anderen Menschen, so daß es schließlich wie ein Buschfeuer ein ganzes Gebiet ergriff.

Die Italiener merkten, wie die evangelischen Gemeinden im Untergrund wuchsen und sich immer weiter ausbreiteten. Um so fanatischer bekämpften sie die Christen. Die vergruben ihre Bibelteile oder verbargen sie in Bananenstauden. Der leitende Prediger lebte sechs Monate im Wald versteckt. Nachts feierten sie dort das Abendmahl.

Als 1941 der Krieg zu Ende war, durften die Missionare wieder zurück. Sie waren nicht sicher, ob sie überhaupt noch Christen antreffen würden. So machten sie sich auf den Weg nach Süden. Eines Morgens sahen sie unzählige Menschen über den Berg kommen. »Ist heute Markt?« fragte einer, als er die vielen Menschen sah.

Es war kein Markt. Die Nachricht vom Kommen der Missionare war bis nach Wallamo durchgedrungen. Jetzt zogen Tausende ihnen entgegen.

Was die Missionare fanden, war ein unbegreifliches Wunder. Aus den 48 Christen in Wallamo waren jetzt 10 000 geworden! In der Provinz Kambatta waren es 5000. Aus der einen jungen, eben erst gegründeten Gemeinde waren 100 entstanden, über die ganze Provinz verteilt. Es war das größte Ereignis der Evangelisationsgeschichte in Afrika.

Von Anfang an waren diese Gemeinden stark missionarisch aktiv. Ein Schwerpunkt lag bei der Unterweisung und der Lehre. Viele einheimische Prediger und Evangelisten trugen das Wort Gottes weiter zu den Dörfern, die noch nichts vom Evangelium vernommen hatten.

Ein anderer Grund für das starke Wachsen der äthiopischen Gemeinden war der Anfang der Mission im Süden Äthiopiens, in Soddo. Die Reisepläne der Missionare wurden immer wieder umgestoßen durch ungewollte Ereignisse. Im Rückblick kann man darin nur das Wirken Gottes sehen.

So erreichte einst die erste Expedition in den Süden nicht wie geplant den Ort Jimma, sondern wurde von den Gouverneuren in den Provinzen Kambatta, Wallamo und Sidamo festgehalten. Erst später, nach der großen Ausbreitung der Gemeinden in der Zeit der italienischen Verfolgung, stellten die Missionare fest, daß die dort lebenden Völker zur gleichen Sprachfamilie gehörten. Ihre Sprachen sind eigentlich nur verschiedene Dialekte. Das ermöglichte den einheimischen Predigern ein freies Bewegen und ein ungehindertes Verkündigen des Evangeliums unter den dort lebenden Volksstämmen. Das hat das Evangelisieren stark begünstigt.

Wie nur in wenigen anderen Missionsgebieten der Welt wurden im Süden Äthiopiens die ersten Christen auf ihre Unabhängigkeit und Selbständigkeit vorbereitet. Die Kirche sollte ganz einheimisch geprägt und von Gott allein abhängig sein. Darum verzichtete man auf imposante Kirchengebäude, Formalitäten und eine zentrale Kirchenleitung. Jede Gemeinde war in sich selbständig und hatte ihre Leitung in der Synode der Bezirksgemeinden.

Dazu hat die Vertreibung der Missionare das geistliche Leben der Christen und ihr missionarisches Zeugnis gestärkt. Die schweren Verfolgungen waren kein tragisches Verhängnis, sondern brachten eine ungeahnte Stärkung der Gemeinde.

Es war die Sehnsucht des Afrikapioniers Ludwig Krapf gewesen, die Gallas als Evangelisten für Afrika zu gewinnen. Schon vor

Jahrhunderten, als die Gallas mit dem Christentum in Berührung kamen, konnten sie es nur als die Religion ihrer amharischen Unterdrücker einordnen und darum ablehnen. So nahmen die Gallas den Islam an, oft nur äußerlich übergestülpt über ihr animistisches Volksleben mit Baumkult und Geisterverehrung. Erst das Zeugnis der wenigen einheimischen Christen hat die vielen kuschitischen Gallavölker, die meist im Gebiet der *Kale-Heywet-Kirche* leben, für das Evangelium offen gemacht.

Gott hat die vielen Gebete von Missionsfreunden, die von Ludwig Krapf bewegt waren, erhört.

1974 wurde im Rahmen einer Revolution Kaiser Haile Selassie gestürzt und ein marxistisches Militärregime aufgerichtet. Wieder begann eine brutale Verfolgung der evangelischen Gemeinden, die bis 1990 andauerte. Hunderte von Kirchen wurden geschlossen oder enteignet. Viele Christen kamen ins Gefängnis, oft nur, weil sie Prediger waren oder eine Bibel weitergegeben hatten. 1982 wurden noch 60 Bibelschulen mit 3000 Studenten unter großen Schwierigkeiten weitergeführt.

Diese evangelikale äthiopische *Kale-Heywet-Kirche,* was auf deutsch »Wort-des-Lebens-Kirche« bedeutet, ist heute die größte evangelische Kirche des Landes mit 3000 Gemeinden, 2 000 000 Mitgliedern und doppelt so vielen regelmäßigen Teilnehmern an den Gottesdiensten.

Unter anderen arbeiten neben Missionaren der *Deutschen Missionsgemeinschaft* und der *Liebenzeller Mission* auch medizinische und landwirtschaftliche Mitarbeiter der *Christlichen Fachkräfte International* seit Jahren in der äthiopischen *Kale-Heywet-Kirche* mit.

### Neues Leben in der erstarrten Kirche Ugandas

# Versöhnung mitten im haßerfüllten Bürgerkrieg

*Dr. Stanley Smith – Afrika zur Heimat – Im Südwesten Ugandas – Das geheimnisvolle Ruanda – Eine Autopanne – Versperrte Grenzen unerwartet offen – Erstarrte Gemeinden – Evangelist Blasio Kigozi – Freude der Buße – Neue geistliche Einheit – Durchbrochener Stammesstolz – Spott über »armselige Evangelisten« – Verwandeltes Leben – Mau-Mau-Aufstand in Kenia – Liebe Christi versöhnt*

Die Schlagzeile der Londoner Presse beim Tod von Dr. Algernon C. Stanley Smith war ungewöhnlich: »He was a superman indeed!« – Er war wirklich ein Supermann! Dabei war dieser Engländer doch nur sein Leben lang ein in der abgeschiedenen Stille Ostafrikas arbeitender Missionsarzt gewesen. Selbst als der ugandische Diktator Idi Amin die Engländer demütigte und des Landes verwies, harrte er im Ruhestand noch so lange als irgend möglich in Uganda aus.

Er gehörte zu jenen Missionaren, die ihre Liebe zur alten Heimat verlernten und sich mit dem Land verbanden, dem sie dienten. Einer nannte es einmal »das umgekehrte Heimweh, eine leidenschaftliche Liebe zum Reich Gottes, das keine Grenzen und Rassen kennt«. Dr. Stanley Smith war Afrika seit über 60 Jahren zur liebsten Heimat geworden.

Zusammen mit Dr. Sharp war er 1920 nach Uganda aufgebrochen. Von der Hauptstadt Kampala brachen sie mit einer Gruppe von Trägern auf. 4000 Kilometer westwärts ging die Reise. Die Provinz Kigezi mit der Hauptstadt Kabale, an der Grenze von Ruanda und Zaire, wurde ihr Ziel. Lehm- und Strohhütten wurden errichtet. Ein Krankenhaus entstand. Dort vom Hügel aus hatte man einen weiten Blick auf das schöne Land.

50 Jahre später erzählte der bekannte Evangelist Festo Kivengere, der Bischof in Kabale im Südwesten Ugandas war:

»Uganda ist ein wunderschönes Land, aber es hat zerbrochene Menschen. Denn wenn Herzen, die durch Sünde zerbrochen sind, in solch wunderbarem Land wohnen, dann verderben sie es. Sie fangen an zu kämpfen. Sie hassen. Sie sind durch Schuld, Angst und Verdächtigungen zerrissen und nicht fähig, die Schönheit des Landes zu genießen.

Und dann kam Jesus. Und wir sahen, wie er das Leben verändert. Wir sind noch eine junge Kirche in Uganda. Ich bin ein Christ der ersten Generation. Meine Eltern waren keine Christen. Aber jetzt lieben wir Jesus Christus. Denn nur Jesus kann betrübte Leute glücklich machen.«

Die beiden Missionsärzte reisten mit ihrem Motorrad viel herum und brachten das Evangelium in unzählige Dörfer, bis an die Grenzen des Kongo. Nach fünf Jahren hatten sie schon 150 Evangelisten als Prediger eingesetzt. Es gab keine Straßen, keine Brücken, aber unzählige Moskitos. Unermüdlich arbeiteten die beiden Ärzte weiter.

Da öffnete sich ganz überraschend die Grenze nach Ruanda, nicht weit von Kabale entfernt. Ruanda – darüber hatten sie schon oft nachgedacht und dafür gebetet.

1914, als sie nach ihrem abgeschlossenen Medizinstudium einige Monate an der ersten medizinischen Schule in Uganda, dem Mengo-Hospital, arbeiteten, wußten sie nicht viel von Ruanda. Uganda hatte sie begeistert.

Stanley Smith stammte aus einer Missionarsfamilie in China, wo er auch geboren war. Früh hatte er seine Mutter verloren. Sein Vater gehörte einst zu jenen bekannten »Cambridge-Sieben«, alles berühmte junge Sportler Englands, die nach einer Evangelisation von Moody ihr ganzes Leben zur Missionsarbeit in China zur Verfügung stellten.

Doch dann, mitten im ersten Weltkrieg, lasen sie den Reisebericht mit dem Titel »Im Herzen Afrikas«, der ausführlich von diesem unbekannten, geheimnisvollen Doppelkönigreich Ruanda-Burundi mitten im Innersten Afrikas, kaum größer als Irland, aber mit etwa 5 Millionen Menschen bevölkert, berichtete. Seitdem ließ sie der Plan nicht mehr los.

Kirchbau in Afrika

Die englische Kirchenmission, die sie aussenden sollte, hatte aber kein Geld für solch ein neues Gebiet. Man war jedoch bereit, dem Drängen der jungen Ärzte nachzugeben, auch wenn man nicht wußte, wie.

Es gab in England einen Offizier, der wegen einer Autopanne nicht weiterfahren konnte und in seiner Wartezeit die nahegelegene Kirche besuchte. Dort erfuhr er von den Ärzten, die den Ruf nach Ruanda gehört hatten. Spontan stiftete er einen großen Scheck. Das war der Anfang der Ruanda-Mission.

Als die beiden Ärzte 1920 endlich in Marseille ihr Schiff bestiegen, kam die Nachricht, daß die belgische Regierung endgültig die Einreise nach Ruanda verboten hätte. Die Tür war eindeutig zu.

Geduldig ließen sich die beiden Ärzte nach Kigezi, jener Provinz im äußersten Südwesten Ugandas, direkt an der Grenze nach Ruanda, senden. Erst später konnten sie feststellen, daß Gott alles viel wunderbarer geplant hatte, als sie es hätten tun können.

Da geschah das Unerwartete. Im Jahr 1922 fiel der Osten Ruandas an England. Eine Eisenbahnlinie von Nord nach Süd sollte gebaut werden. Sofort stieß die Mission 230 Kilometer weit ins Land vor. Auch wenn nach zwei Jahren die Eisenbahnpläne wieder verworfen wurden und der Landstrich wieder an die Belgier fiel, so war doch die Mission jetzt in Ruanda auf ausländischem Gebiet fest beheimatet und konnte dort weiterarbeiten.

Mit einer großen Zahl von jungen, unerfahrenen Evangelisten und Helfern unterwiesen sie die neu entstehenden Gemeinden. Daneben betreuten sie oft täglich bis zu 100 Patienten, die von Fieber, Malaria, Insektenstichen, Geschwüren, aber auch Lepra befallen waren. Für sie schuf Dr. Sharp auf der malerisch gelegenen Insel Bwama an der Küste des Bunyonisees ein Krankenhaus mit Einrichtungen zur Rehabilitation, das heute noch benützt wird. Dann dehnten die Missionare ihre Arbeit bis weit nach Burundi hinein aus.

Je rascher die Arbeit wuchs, um so schmerzlicher empfand man die Trägheit, die schon bald wieder in die jungen Gemeinden drüben im Süden Ugandas einzog. Viele waren nur dem Namen nach Christen geworden. Hilflos stand man der Ausbreitung von Trunksucht, Ehebruch, Diebstahl, Zauberei – selbst bei Gemeindeleitern – gegenüber. Immer wieder sprach Dr. Stanley Smith davon, wie eine echte Erweckung die Menschen zu neuem geistlichen Leben führen müsse. Ihn bedrückte, daß auch alle harten Maßnahmen wie Gemeindezucht und Ausschluß aus der Kirche die Not nicht wirklich überwinden konnten.

Später riefen sie zu einer Gebetswoche auf. Sie mußten aber erfahren, daß man Erweckung nicht machen oder erzwingen kann. »Das Gebet ist entweder Force (Kraft) oder Farce!« schrieb Dr. Stanley Smith in sein Tagebuch.

Bis Dr. Smith auf Blasio Kigozi traf. Diesem jungen ugandischen Lehrer machte der Missionsarzt die Aufgabe in dem noch wenig mit dem Evangelium erreichten Ruanda wichtig. Blasio Kigozi entschied sich nach kurzer Überlegung und trat 1929 in die kleine Grundschule in Gahini ein. Nach einem zweijährigen Pfarrerkurs wurde er ordiniert.

Als 1935 in diesem Ort Gahini eine Evangelistenschule begonnen wurde, übernahm Blasio Kigozi den ersten Kurs mit 70 jungen Männern. Entmutigend war, daß diese Kandidaten sich von Anfang an gegen eine wirkliche geistliche Erneuerung sperrten. Kigozi gab aber nicht auf, sondern zog sich eine Woche lang mit Gottes Wort in die Stille einer afrikanischen Rundhütte zurück. Gott sollte ihm klarmachen, was sein Wirken hinderte. Er erkannte dort sein persönliches Versagen im konkreten Leben der Nachfolge Jesu, aber auch die wunderbare Vergebung.

Mit dieser Entdeckung kehrte Blasio Kigozi zu seinem Seminar zurück und sprach mit seinen Studenten darüber. Umkehr und Buße wurde als eine fröhliche Sache erkannt. Neu freute man sich, daß man seines Heils in Jesus gewiß sein darf. Geistliche Einheit entstand über die für Afrika typischen Rassenschranken hinweg. Das sollte das Kennzeichen der ostafrikanischen Erweckung werden. Erstarrte und müde gewordene Christen bekannten vor Jesus ihre Sünden und empfingen Vergebung.

Es wurde viel gebetet in diesen Tagen. Man ging auch zu den kleinen Gemeinden, um sie zu stärken. Ein Team wanderte hinüber nach Uganda in die Stadt Kabale, um dort bei einer Konferenz mitzuwirken. Überall wurde Kigozi zu Versammlungen gerufen. Alle wollten ihn hören. Viele sehnten sich nach einer durchgreifenden Erweckung gerade jetzt, als die ugandische Kirche ihr 60jähriges Bestehen feierte.

Folgende Fragen stellte Blasio Kigozi:

1. Was ist die Ursache der Kälte und Abgestumpftheit der erstarrten Uganda-Kirche?

2. Warum dürfen Leute, die in offenkundiger Sünde leben, am Abendmahl teilnehmen?

3. Was muß für die Erweckung der Kirche in Uganda getan werden?

Kigozi belastete es am allermeisten, wenn er sah, daß selbst die verantwortlichen Gemeindeleiter sich ganz mit dem äußerlichen kirchlichen Betrieb begnügten und damit zufrieden waren. Auch bekümmerte ihn, daß in der kirchlichen Verkündigung oft nicht eindringlich genug und zielstrebig gepredigt wurde. Und er litt darunter, wenn so wenig von dem neuen biblischen Leben und dem Anspruch des Heiligen Geistes in der Kirche geredet wurde. Erweckung kann nur durch innere Erneuerung der Gemeinde und die Bitte um Gottes Geist geschehen.

Die Synode nahm die kritische Anfrage auf und forderte alle Gemeindeglieder auf, sich selbst zu prüfen. Dafür gab sie folgende Kriterien:

1. Weißt du um die Erlösung durch das Kreuz Christi?

2. Wächst du in der Kraft des Heiligen Geistes durch Gebet, Bibellese und Erkenntnis?

3. Hast du ein großes Verlangen, durch Vorbild, Predigt und Lehre das Reich Gottes auszubreiten?

4. Bringst du andere zu Christus, indem du sie persönlich suchst, besuchst und auch öffentlich Zeugnis ablegst?

Blasio Kigozi hat das alles nicht mehr erlebt. Eigentlich wollte er Urlaub machen, weil er durch weite Wanderungen und unzählige Dienste ganz erschöpft war. Da hatten ihn andere schon für eine Evangelisation verplant. Wenig später starb er, gerade 27 Jahre alt, am Fieber in seiner Heimatstadt Kampala.

Jetzt wollten viele in die Lücke treten und die Aufgabe weiterführen. In einem Bericht heißt es: »Christus bietet uns seine versöhnende Hand an. Unsere kleine, ängstliche, zitternde Hand soll in seiner mächtigen Hand ruhen. Wenn er uns versöhnt, dann erneuert er uns auch. Er bringt Dinge in Ordnung, die zwischen uns und den Menschen stehen. Das Blut Jesu durchbrach die Barriere des Stammesstolzes. Sprachgrenzen waren kein Hindernis mehr, weil wir uns innerlich verstanden. Ich sah Afrikaner sich umarmen, die früher unversöhnliche Feinde waren. Ich sah, wie Menschen von hohem sozialen Rang Arme umschlangen. Menschen beugten ihre Herzen und brachten gestohlene Güter zurück. Welch eine Veränderung! Welch eine Kraft!«

Überall breitete sich das Feuer aus. In der im Südwesten Ugandas gelegenen Provinz Kigezi begann 1935 die Erweckung in der Kirche. In der Oberschule waren die meisten nur dem Namen nach Christen geworden. Stanley Smith erzählte im Alter: »Die Leute haben die Anfänge der Erweckung hochmütig verachtet. Sie hatten eine viel bessere Theologie und waren viel gescheiter als diese armseligen Evangelisten!« Die Themen, die angesprochen wurden, waren einfach: Man sprach von Sünde, Buße, Wiedergeburt, Trennung von der Sünde und über das siegreiche Leben im Heiligen Geist.

Dann standen junge Leute auf und wollten ihr Leben mit Gott in Ordnung bringen. Sie bekannten ihre Verfehlungen öffentlich und suchten Vergebung. Viel Mühe wurde auf die alltäglichen Verfehlungen gelegt: Unreine Gedanken, Mißtrauen, Heuchelei. Keiner soll sagen: Ich kann mich nicht ändern! »Unser Ich wird vom Kreuz Christi durchgestrichen«, sagten die Evangelisten. Nörgeln, meckern und Selbstmitleid wurden als böse Barrieren erkannt, die Gottes Wirken unmöglich machen.

Der weitgereiste Evangelist Bischof Festo Kivengere erzählte: »Es gibt nichts Schlimmeres als eine tote Kirche. Bei uns gab es das Geräusch der Buße, der Umkehr zu Jesus. Als Gott zu wirken anfing, begann unter den Christen eine Bewegung. Manchmal standen sie mitten im Gottesdienst auf, liefen in ihre Dörfer und baten einander um Vergebung. So habe ich es auch gemacht. Ich nahm mein Fahrrad, und unter dem Drängen des Geistes Gottes fuhr ich 80 Kilometer, um einen Missionar aufzusuchen. Weil ich ihn gehaßt hatte, wollte ich ihm nun sagen: Ich liebe dich. Vergib mir!«

In Buhiga in Burundi bekehrte sich ein berühmter Zauberpriester. Öffentlich brachte er seine Medaillen, Knochen und Zauberdinge und sagte der schockierten Menge, daß das alles wertlos sei. Er habe Christus gefunden und wolle ihm ganz gehören. Gestohlene Dinge wurden zurückgebracht. Immer neue Teams wurden zusammengestellt.

Der neue Lebensstil der zum lebendigen Glauben Erweckten versetzte in Erstaunen. Durch Fleiß und Zucht kamen viele bald zu Wohlstand. Die afrikanische Form der Polygamie wurde überwunden. Die Einehe wurde selbstverständlich. Selbst die Regierung beklagte, daß die Einnahmen aus der Biersteuer um 20 Prozent gefallen sei.

In kleinen Gruppen traf man sich und berichtete, wie man in Jesus das Leben gefunden hatte. Aber Sünde war nicht das Thema, sondern die Befreiung, die man in Jesus fand. Bis heute ist dies für die ostafrikanische Erweckungsbewegung kennzeichnend.

Was Erweckung ist, hat Festo Kivengere so umschrieben: »Sie beginnt bei euch selbst. Sie ist ein Vulkanausbruch göttlicher Gnade, die euch grenzenlos erschüttert, durch und durch. Wenn dies geschieht, will ich euch Mut zusprechen: Ihr seid in der Nähe einer wundervollen Person, die Jesus heißt. Die Erweckung fängt mit Gottes Gegenwart an. Laßt Gott mit euch beginnen!«

Als in Kenia 1952 der blutige Mau-Mau-Aufstand durch den Stamm der Kikuyu losbrach und das Land in einen blutigen Bürgerkrieg riß, waren es vor allen anderen Christen, die sich über alle Grenzen hinweg trafen und offen ihre Schuld und ihr Versagen, auch Rassenstolz und Überheblichkeit bekannten.

Manche dieser Christen sind in diesem Versöhnungsdienst zwischen den Fronten umgekommen. Tausende mußten fliehen. Ganze Gemeinden wurden ausgelöscht. Man hat sie als Verräter ihres eigenen Volkes gebrandmarkt. Unzählige wurden grausam umgebracht. Durch die Treue afrikanischer Christen kam kein einziger weißer Missionar ums Leben, aber 12 000 Afrikaner.

Der Haß der Mau-Mau richtete sich hauptsächlich gegen die Christen der Erweckungsbewegung. Man versuchte, sie zum Trinken eines dämonischen Zaubertrunks zu zwingen. Doch die Christen blieben fest: »Wie können wir euren Zaubertrank trinken, wenn wir doch das Blut Jesu im Abendmahl genossen haben?«

Viele beteten in jenen Tagen: »Nicht daß wir bewahrt werden, sondern daß wir Glauben halten!« So litten sie gewaltlos mit dem Zeugnis der Liebe Jesu. Viele wurden für ihr ganzes Leben zu Krüppeln gemacht.

Trotzdem haben Christen entscheidend den Weg zur Versöhnung zwischen Stämmen und Rassen gewiesen. Es waren ausgerechnet die oft als weltfremd verschrienen erweckten Bibelchristen, die am meisten litten und dann in den Gefangenenlagern wieder den Trost des Evangeliums weitertrugen. Immer wieder erlebten sie die alte Losung der Erweckung bestätigt: »Jesus gibt volles Genüge!«

»Die Liebe Christi versöhnt uns!« das war das Motto der großen Bibelkonferenz zur Erweckung des Glaubens in Kabale im Jahr 1975. Dort sprach Erzbischof Janani Luwum davon, »daß nur Liebe die Unterdrückung besiegen kann«.

Nichts als die Liebe Jesu und das Wort der Wahrheit, das Unrecht beim Namen nennt, setzten die Christen dem Morden und der Ungerechtigkeit der eigenen Regierung in Uganda entgegen. Am 16. Februar 1977 starb Janani Luwum, eigenhändig von Diktator Idi Amin erschossen.

## Als Missionsarzt 50 Jahre im Kongo

# »Kein Urlaub! –
# Ich will doch nicht im Bett sterben!«

*Dr. Carl Becker und der Ruf nach Afrika – Das Krankenhaus im Regenwald – Das größte Lepradorf Afrikas – Seelisch Kranke – Erfahrungen mit Beten – Der Evangelist – Zeichnungen der biblischen Geschichten – Morddrohungen – Der UN-Hubschrauber flog leer zurück – Kommunistische Simbarebellen – Aufbau des zerstörten Krankenhauses – Medizinisches Ausbildungszentrum in Nyankunde*

In die Praxis von Dr. med. Carl Kline Becker in Boyertown, USA, brachte 1923 ein Brief Unruhe. Der befreundete Leiter der *Afrika-Inland-Mission*, Charles Hurlburt, bat den jungen Amerikaner, als Missionsarzt nach Afrika zu kommen. Becker lehnte ab. Er konnte nicht, absolut nicht. Die Praxis lief ausgezeichnet. Darum mußte er einen weiteren Arzt anstellen, dazu mehrere Mitarbeiterinnen. Außerdem hatte er eben ein Röntgengerät angeschafft und ein modernes Labor eingerichtet. Er brauchte auch Geld, um für seine Mutter zu sorgen, die als Witwe über viele Jahre hinweg für ihn gesorgt hatte.

Aber Gewissensbisse machte Carl Becker die Anfrage doch. Der weitsichtige Missionsleiter in Afrika gab nicht so schnell auf. Noch einmal bat er Carl Becker, seine Praxis in den Vereinigten Staaten aufzugeben und nach Afrika zu kommen. Die Not war groß. Hurlburts Schwiegertochter, eine Missionsärztin, war gestorben und hatte eine große Lücke im damaligen belgischen Kongo auf der Missionsstation Aba hinterlassen.

Nach diesem zweiten Brief schrieb Becker zurück, daß er kommen werde. Sofort löste er seine gutgehende Praxis auf. Gott hatte ihn schon früh für die Mission bestimmt. Als er sich verlobte, warnte er seine Braut Mary gleich: »Ich weiß nicht, ob ich einmal in China oder Afrika arbeiten werde, aber Gott ist das erste Ziel in meinem Leben!«

Carl Becker

Mit 22 Jahren, als er kümmerlich in einer Eisengießerei arbeitete, hatte er Gott sein Leben versprochen. Wenn Gott es ihm trotz seiner ärmlichen Familienverhältnisse möglich machen sollte, eine Ausbildung als Arzt zu erhalten, wollte er ihm mit seinem Leben dienen.

Auch durch anhaltende Nachtarbeit neben seinem harten Job, war es kaum zu schaffen, das Geld für das Studium zusammenzubekommen. Da bot die amerikanische Regierung mitten im Ersten Weltkrieg jungen Männern das Medizinstudium an, wenn sie sich zur Armee verpflichteten. Carl Becker wurde Arzt. In Armeestiefeln und abgeschabten Kleidern wurde ihm sein Abschlußzeugnis überreicht.

Was aber Carl Becker und seine Frau Mary nun in Afrika im Sommer 1928 erwartete, war das Härteste, was man sich denken kann. Mit 60 Dollar verdiente er nur noch einen Bruchteil seines früheren Einkommens. Sie wohnten in einer armseligen Lehmhütte.

Als Mary nach der Küche fragte, wurden ihr drei Steine gezeigt, die hinter der Hütte lagen. Das war die Küche. Mary war eine prächtige Frau mit einem festen Glauben. Sie konnte oft sagen: »Das Leben ist keine Last, sondern eine Freude!« Zwei Kinder im Alter von drei und sechs Jahren brachten sie mit.

So begannen sie unglaublich primitiv mit der medizinischen Arbeit im belgischen Kongo, dem heutigen Zaire, zuerst in Katwa, dann in Aba und Rethy, schließlich im tropischen Regenwald in Oicha.

Zu ihrer Überraschung hatte Charles Hurlburt kurz vorher die *Afrika-Inland-Mission*, bei der er lange Zeit Generaldirektor gewesen war, verlassen und hatte noch im hohen Alter die Mission für das noch nicht evangelisierte Afrika gegründet. So mußte auch Becker mit einer neuen Mission arbeiten. Zwei Jahre später kam er wieder zur ursprünglichen *Afrika-Inland-Mission* zurück. Beweglichkeit war schon gefordert.

Aus dem Nichts baute Becker dann im Regenwald von Oicha ein leistungsfähiges medizinisches Zentrum auf. Es diente hauptsächlich dem Zwergvolk der Pygmäen und anderen im Regenwald lebenden Stämmen. Die Häuser und ihre Einrichtungen waren verglichen mit europäischen Krankenhäusern äußerst primitiv. Becker machte nie irgendwelche Pläne. Das entsprach seinem Verständnis und seinem Wesen. Die Häuser wurden so gebaut, wie man sie eben brauchte. Das Geld dafür brachte Becker meist aus seinem kümmerlichen Missionarsgeld auf. Später mußte jeder zugeben, daß die Anlage sehr zweckmäßig und sinnvoll war.

Die Arbeit wuchs schnell. Schon nach zwei Jahren wurden täglich 200 Patienten behandelt. Nach einigen Jahren waren es jährlich 4000 Operationen, die er ganz allein durchführte. Dazu kamen etwa 500 Geburten. Ohne ärztliche Hilfe starben damals oft 50 Prozent der Babys bei der Geburt oder kurz danach und oft auch die Mütter. In Oicha starb nun fast niemand mehr.

Besondere Liebe hatte er für Leprakranke, die unter ihren Stammesangehörigen meist geringschätzig und entwürdigend behandelt wurden. Die belgische Kolonialregierung tat fast nichts für die Leprakranken. Als Dr. Becker mit seiner Arbeit begann, lebten in der afrikanischen Äquatorzone die meisten Leprakranken der Welt. Mit dem Urteil »Lepra« war ein Afrikaner aus der Gemeinschaft ausgestoßen und dazu verurteilt, allein im Urwald zu leben. Nirgendwo gab es Hilfe für ihn. Nun fanden in einem besonders für sie eingerichteten Dorf bis zu 4000 Patienten Platz, 10 000 Menschen wohnten darin. Es war das größte Lepradorf in ganz Afrika.

Sie spürten, mit welcher Achtung und Wertschätzung sie hier aufgenommen wurden. Becker ließ die Kranken, wenn sie mit ihren Verkrüppelungen noch arbeiten konnten, ein Stück Feld bestellen. So bekamen sie das Gefühl, noch etwas zu taugen. Erstaunlich war, wie die Leprakranken einander halfen. Immer wieder schärfte er seinen Mitarbeitern ein, daß jeder Mensch, wer es auch sei, von Gott so wert geachtet ist, daß er seinen Sohn Jesus Christus für ihn sterben ließ.

Mit besonderer Hartnäckigkeit bemühte sich Becker, neue Heilmittel für Leprakranke zu finden. Damals herrschte in Fachkreisen die Meinung, es gebe kein Heilmittel gegen Lepra. Damit fand sich Dr. Becker aber nicht ab. Medizinische Fachleute aus der ganzen Welt suchten ihn in Oicha auf, um die Ergebnisse seiner Studien kennenzulernen. Trotz seiner vielfältigen Aufgaben suchte er immer weiter nach Verbesserungen und Fortschritten.

»Für mich ist es immer das schönste Erlebnis auf dem Missionsfeld«, sagte Dr. Carl Becker, »wenn ich Unmögliches mit Hilfe des Einen, der es möglich macht, bewältigen kann. Es ist die tiefe Freude eines Menschen, der im Augenblick der größten Ohnmacht seine Schwäche plötzlich in Stärke verwandelt sieht – eine erregende Erfahrung!«

Auch um seelische Krankheiten sorgte Carl Becker sich. Die Angehörigen bezeichneten die Kranken meist als vom Teufel besessen. So führte er Methoden der Psychiatrie ein, schuf eine psychiatrische Klinik und kümmerte sich auch um Geisteskranke. Bei aller Offenheit für moderne medizinische Methoden war er doch davon überzeugt, daß ein lebendiger Glaube die beste Medizin für alle seelischen und geistigen Krankheiten sei. Allein das Evangelium der Liebe und der Hoffnung kann Ängste und Aberglauben besiegen.

Darum wollte Carl Becker mehr. Oft fragte er sich, was bei all der medizinischen Arbeit für das Reich Gottes herauskommt. Ihm war es zu wenig, nur den Boden für die Verkündigung vorzubereiten. Er wollte Menschen zu Jesus führen, auch wenn er bescheiden anderen Verkündigern gerne den Vortritt ließ.

Dieser mit Arbeit total überhäufte Arzt fand jeden Morgen Zeit, um in der Frühe um 5 Uhr eine Stunde in der Bibel zu lesen und zu beten. Er hatte ein ganz festes, unmittelbares Vertrauen zu Gott. Morgens bei der Gebetsgemeinschaft mit den Mitarbeitern betete man ganz konkret um fehlende Medizin und um Pakete, deren Ankunft sich verzögert hatte.

So beteten sie eines Tages um fehlende Medikamente, die dringend benötigt wurden. »Wenn der Herr will, wird er sie herbringen!« sagte Dr. Becker fest und in großer Ruhe. Wie, das wußte niemand.

Erst am Nachmittag, als der Arzt drei Kartons mit Beleuchtungskörpern auspackte, die von einem Mitarbeiter aus der Zentrale der Mission gebracht worden waren, blickte er selbst überrascht in den Karton. Darin waren keine Lampen, wie außen auf den Paketen stand, sondern genau jene Medikamente, um die sie gebetet hatten. »Der Herr weiß, was er tat, als er diesen Irrtum zuließ«, sagte Dr. Becker.

So erkannte er auch rasch die große Chance, unter den mehreren hundert täglich neu eintreffenden Patienten zu evangelisieren. Sie kamen oft von weither und waren wegen ihrer schweren Krankheiten aufgeschlossen für das Evangelium. Tatsächlich hat der medizinische Dienst Carl Beckers den Weg bereitet, daß viele Stämme mit dem Evangelium erreicht werden konnten. Besonders die scheuen Pygmäen mit den kleinen Baströckchen und dem Lendenschurz mußten, wenn sie ärztliche Hilfe brauchten, ihre Zurückhaltung aufgeben und das Hospital aufsuchen.

Gleichzeitig sah Becker sein Krankenhaus für Langzeitpatienten als eine Art »geistliches Gewächshaus« an, in dem junge Christen in ihrem Glaubensleben wachsen und reifen konnten.

Obwohl Becker nie eine Bibelschule besucht oder eine andere Ausbildung für den Verkündigungsdienst erhalten hatte, zog er am Wochenende in die Dörfer der Umgebung, um zu evangelisieren. Er entwickelte dabei eine ganz eigene Methode, um Afrikanern gerechtzuwerden. Er zeichnete die biblische Geschichten in afrikanischer Umgebung. Bald warfen die Afrikaner die üblichen amerikanischen Bibelbilder weg und wollten nur noch Beckers Zeichnungen haben, die er bald schon vervielfältigen mußte. Auch den vielen Analphabeten waren diese Bilder eine große Hilfe.

Auf einer Evangelisationsreise in ein entlegenes Dorf wurde er einmal durch eine Menge Menschen aufgehalten, die sich mitten auf der Straße versammelt hatten. Zu seiner Überraschung entdeckte er in der Menge einen kongolesischen Soldaten, der weder lesen noch schreiben konnte. Mit einigen von Becker gezeichneten Bildern, die er einen Monat vorher geschenkt bekommen hatte, erklärte er den Umstehenden das Evangelium bis ins einzelne.

Als ein chaotischer Bürgerkrieg und explosive Unruhen 1960 den Kongo erschütterten, blieb Becker in Oicha, während viele andere Ausländer das Land verließen. Als die Anhänger des ermordeten schwarzen Präsidenten Lumumba alle Weißen ermorden wollten, schickte die amerikanische Botschaft einen Hubschrauber der *Vereinten Nationen* nach Oicha, um Dr. Becker und seine Mitarbeiter zu evakuieren.

»Diese Reise hätten wir Ihnen ersparen können«, sagte der Arzt. »Ich habe den Befehl, Sie abzuholen!« erwiderte der Pilot. Dr. Becker wandte sich an die Missionarsfamilien: »Wenn Sie gehen wollen, haben Sie jetzt die Gelegenheit.« Alle, auch Frauen und Kinder schüttelten den Kopf. »Es tut uns leid, daß Ihre Reise vergeblich war!« sagte Becker. Allein flog der Hubschrauberpilot zurück.

Ein Jahr später waren wieder einmal fast alle Medikamente aufgebraucht. Weder von der *Weltgesundheitsorganisation* noch von der UN kam Hilfe. In der wöchentlichen Besprechung im Wohnzimmer von Dr. Becker kniete man nieder zum Gebet. Der Arzt liebte keine langen Gebete. »Warum Gott ständig in den Ohren liegen? Er wird schon sorgen!« sagte Dr. Becker.

Am nächsten Morgen kam der Lastwagen mit Patienten. Zum Schluß entlud man zwei Kisten. Dr. Becker war selbst tief bewegt, als er sie öffnete und die dringend notwendigen Medikamente sah. »Manche Leute mögen es Zufall nennen, aber dafür ist es uns schon zu oft passiert.«

Schon seit Jahren hatte Becker immer wieder geraten, die Leitung der Kirche ganz in einheimische Hände zu übergeben, was in der *Afrika-Inland-Kirche* auch weithin geschehen war. Viele seiner Missionsfreunde verstanden ihn damals nicht. Erst 1964, als die kommunistischen Rebellenbanden es öffentlich als ihr Ziel erklärten, Bekker umzubringen, ließ er sich zum Verlassen des Landes überreden. Unsagbar schwer fiel dem Siebzigjährigen der Abschied von seinen afrikanischen Mitarbeitern.

1963 war Dr. Beckers Amtszeit als Feldleiter abgelaufen. Er hatte um Ablösung gebeten, dachte aber auch jetzt mit 70 Jahren nicht an einen längst verdienten Ruhestand. Er war allergisch gegen jede Form von Urlaub und war im Lauf seines ganzen Lebens insgesamt kaum mehr als 300 Tage abwesend gewesen.

So kehrte er auch 1965 aus dem südlichen Uganda zurück, wo er während der Kämpfe des Bürgerkriegs mit den kommunistischen Simbarebellen sich der Flüchtlinge und der Leprakranken angenommen hatte. Jetzt wollte er das von den Aufständischen zerstörte Krankenhaus wieder aufbauen. Eine große Stütze hatte er in dem jungen Deutschen Vic Paul, der im Kongo aufgewachsen war.

Allein 1966 erlitt Becker drei schwere Herzanfälle. Die drängenden Bitten, endlich die Arbeit aufzugeben, lehnte er ab: »Wenn das heute mein letzter Tag auf Erden sein sollte, so möchte ich ihn nicht im Bett verbringen!« Auch seine Frau hatte schwere Arthritis und viel Schmerzen am Rückgrat. Erst im Alter von 83 Jahren zog er sich dann in die Vereinigten Staaten zurück.

Er konnte zuvor noch seine lang gehegten Träume verwirklichen, in Nyankunde, im östlichen Zaire, ein Ausbildungszentrum für afrikanische Gesundheitshelfer aufzubauen, die fünf Millionen Afrikaner im nordöstlichen Zaire versorgen sollten.

Sein ganzes Leben lang war es Dr. Carl Becker das Wichtigste gewesen, einheimische Mitarbeiter auszubilden und zuzurüsten. Schon in den ersten Jahren in Afrika investierte er viel Zeit in die Ausbildung afrikanischer Krankenpfleger, die einen großen Teil der Arbeit im Krankenhaus selbständig übernehmen konnten.

Nun wurde für ein großes Gebiet ein zentrales Lehrkrankenhaus geschaffen, an dem fünf verschiedene evangelische Kirchen mit ihren Missionen beteiligt waren. Acht andere Krankenhäuser und 60 verstreute Krankenstationen und Gesundheitsdienste waren über Funk und durch das kleine Cessna-Missionsflugzeug verbunden.

Als das Medizinische Ausbildungszentrum in Nyankunde in Ostzaire endlich 1976 auf den Weg gebracht war, wollte Dr. Becker nicht im Wege stehen. Er trat als Direktor zurück und ein Afrikaner übernahm die Leitung, so wie es auch in Oicha gewesen war. Fast 50 Jahre hatte Carl Becker mit seiner Frau Mary als Arzt in Afrika gearbeitet.

Auf den Stationen in Zaire wie Aba, Rethy, Nebobongo und Nyankunde arbeiten heute mehrere medizinische Mitarbeiter von *Christliche Fachkräfte International*. Darüber hinaus sind auch Architekten und Bauingenieure beim Aufbau der Krankenhäuser im Einsatz.

## Das Unternehmen »Auca« im Dschungel von Ecuador

# »Gott hat mit allem eine Absicht!«

*Das Dorf der Aucas im Urwald – Das Team der fünf Missionare – Landung auf der Sandbank – »Jetzt ist es soweit!« – Funkstille – Die Leichen im Fluß – Witwen besuchen Aucas – Übersetzung des Neuen Testaments 36 Jahre später*

In den Bergen bei Quito, der Hauptstadt Ecuadors, wurde 1930 der erste Evangeliumssender der Welt errichtet, *HCJB* genannt. Der Name steht für *Heralding Christ Jesus' Blessings* und bedeutet: Wir wollen den Segen Jesu Christi in der Welt verkündigen. Mit einem eigenen großen Wasserkraftwerk wird der Strom erzeugt, der über die riesigen, hoch in den Himmel ragenden modernen Antennen die Sendungen über den Äther schickt.

Am 9. Januar 1956 wurde folgende Meldung gesendet: »Wir haben heute aus dem Urwald Ecuadors über Funk eine beunruhigende Nachricht erhalten. Die Verbindung zu fünf Missionaren, die zu einem Erkundungsflug über gefährliches Indianergebiet gestartet sind, ist bereits seit mehr als 24 Stunden abgebrochen. Ihr Flugzeug wurde an einem Flußufer entdeckt und scheint völlig zerstört zu sein. Man kann keinerlei Lebenszeichen in der Nähe des Flugzeugs feststellen ... Beten Sie mit uns für die Sicherheit und baldige Rettung der Missionare Nate Saint, Ed Mc Cully, Jim Elliot, Pete Fleming und Roger Youderian.«

Vier Monate vorher hatte der Missionspilot Nate Saint der amerikanischen Missionsfluggesellschaft *MAF* bei einem seiner Flüge ein Indianerdorf im Urwald entdeckt. Schon lange hatten sich er und vier befreundete Missionare für die »Aucas« interessiert.

Waorani nannten diese Aucas sich selbst. Nur 500 gab es von ihnen, in vier Gruppen aufgeteilt, über ein Gebiet von 20 000 Quadratkilometer verstreut. Sie lebten von der Jagd und vom Ackerbau. Als Halbnomaden zogen sie durch den Dschungel. Niemand hatte bisher bis zu ihnen vordringen und unter ihnen leben können. Sie waren allen Fremden gegenüber sehr feindselig. Auch ihre ganze Stammesgeschichte war voll von Morden, Raubzügen und Kämpfen. 40 Prozent aller Todesfälle gingen auf blutige Gewalttaten innerhalb des eigenen Stammes zurück, die meisten auf Blutrache. Wenige Jahre vorher waren acht Mitarbeiter der Ölkompanie Shell durch Speere der Aucas getötet worden.

Das Team der fünf Missionare bestand aus lauter großartigen jungen Männern. Nicht im Auftrag einer Mission, sondern ganz im Glauben, allein von Gott abhängig, hatten sie dieses Unternehmen »Auca« begonnen. Sie gehörten verschiedenen Missionen an. Lange berieten die jungen Missionare, wie sie am besten vorgehen sollten. Schließlich beschlossen sie, die damals noch nichts Näheres über diese Aucas wußten, auf einer dem Dorf benachbarten Sandbank im Urwaldfluß Curaray mit dem kleinen Missionsflugzeug zu landen. Um ihr friedliches Kommen vorzubereiten, war der Pilot Nate Saint mehrfach über das Dorf geflogen und hatte Geschenke wie Macheten, Messer und Kleider gebracht. Dazu benützte er einen an einem langen Seil festgemachten Korb. Wie freute er sich, wenn die Aucas ebenfalls Geschenke einfüllten. Mal war es ein Papagei, Erdnüsse oder ein geräucherter Affenschwanz. Die Missionare mußten so den Eindruck gewinnen, daß die Indianer die Freundschaft erwiderten.

Man hat oft darüber diskutiert, welche Fehler wohl vermeidbar gewesen wären. Offenbar lief das ganze Unternehmen rascher ab, als es ursprünglich geplant war. Vom ersten Kontakt, den man aufnahm, bis zur Landung mitten im Gebiet der Aucas dauerte es keine drei Monate.

Nach der Landung auf der Sandbank mußten die fünf Männer mehrere Tage lang geduldig warten, bis sie überhaupt einen Indianer sahen. Über Funk waren sie mit ihren Frauen in Verbindung. Alle beteten, daß Gott doch die Türen für das Evangelium zu diesen Menschen öffnen würde. Nach einige Tagen zeigten sich drei nackte Aucas, zwei Frauen und ein Mann, am Rand des Dschungels am gegenüberliegenden Flußufer. Den Mann luden sie zu einem Kurzflug mit dem Flugzeug ein. Er war begeistert.

Erst zwei Tage später, am Sonntag, hatten die Missionare den Eindruck, daß wieder etwas geschehen würde. »Jetzt ist es soweit!« funkten sie um 12.30 Uhr ihren Frauen. Sie hatten vom Flugzeug aus beobachten können, wie Menschen vom Dorf zur Sandbank unterwegs waren. Um 16.30 Uhr wollten sie sich wieder über Funk bei der Station Shell Mera melden. Dazu kam es nicht.

Die Frauen hatten eine unruhige Nacht. War etwas geschehen? Oder war nur das Funkgerät schadhaft? Sie konnten nicht schlafen.

Als am Morgen ein befreundeter Missionspilot über die Sandbank flog, konnte er kein Lebenszeichen entdecken. Schnell ging die Nachricht um die Welt. Befreundete Missionen organisierten Suchtrupps. Das Zeitschrift *Time* sandte einen Korrespondenten und *Life* einen Photographen. Alle warteten auf neue Nachrichten. Erst vier Tage später sichtete man die Leichen im Fluß, von Speeren durchbohrt. Man bestattete sie an Ort und Stelle.

Die Frauen, die in Shell Mera ausgeharrt hatten, nahmen die Nachricht gefaßt auf. »Das ist kein tragisches Unglück!« sagten sie, »Gott hat mit allem eine Absicht und einen Plan.«

Selten hat eine Nachricht Missionsfreunde so erregt, wie der Tod dieser jungen Missionare im Dschungel von Ecuador. Dieses Sterben hat Tausende junger Menschen motiviert, sich für die Weltmission zur Verfügung zu stellen.

Wer waren diese Männer, deren völlige Hingabe Menschen in aller Welt bewegte?

Der Pilot Nate Saint hatte im Alter von dreizehn Jahren eine schwere Knochenmarksentzündung. Damals legt er das Gelübde ab: »Wenn ich gesund werde, soll mein Leben ganz Gott gehören!«

Roger Youderian war im Krieg Fallschirmspringer gewesen und gehörte zur Leibgarde von General Eisenhower, dem Kommandeur der amerikanischen Truppen in Europa im Zweiten Weltkrieg. Er war verheiratet und hatte eine kleine Tochter.

Jim Elliot hatte in sein Tagebuch geschrieben, als er in Ecuador ankam: »Vater, nimm mein Leben, ja, mein Blut, wenn du willst, und verzehre es in deinem Feuer. Ich will es nicht behalten, denn es ist nicht mein. Nimm es, Herr, nimm es ganz!«

Schon in seiner Studienzeit im Wheaton-College bei Chicago trainierte er seine Muskulatur als Ringkämpfer. Er sagte, er wolle Gott einen möglichst tauglichen Körper als Opfer darbringen.

Auch Pete Fleming war ein ausgezeichneter Sportler und stammte aus Seattle. Er hatte sein Studium an der Universität Washington abgeschlossen, als er zum Team »Auca« stieß.

Wie er war auch Ed McCully frisch verheiratet, spielte gerne amerikanischen Football und hatte am Wheaton College bei Chicago studiert.

1958, drei Jahre nach dem schrecklichen Geschehen, konnten zwei der Witwen, Rachel Saint und Elisabeth Elliot, den Stamm der Aucas besuchen und ihnen das Evangelium predigen. Jetzt waren keine Photographen mehr dabei, weil es für sie nichts zu berichten gab. Dabei war jetzt wohl der entscheidende Moment des Durchbruchs da.

36 Jahre später, am 11. Juli 1992, wurde in einer Festfeier im kleinen Schulhaus des Dorfes Tiwaeno das Neue Testament in der Aucasprache der Waorani-Indianer vorgestellt. Der Bürgermeister des Dorfes ermutigte alle seine Stammesgenossen, den Weg mit Jesus zu gehen. Der Präsident der Vereinigung aller Waorani, Natowe Huamoni, dankte für die Bibelübersetzung: »Wir wollen nicht mehr leben wie die Alten, die sich gegenseitig umbrachten. Wir wollen nach dem leben, was Gott sagt. Endlich haben wir das Buch! Wir wollen die Unterweisung aus Gottes Wort.«

In keiner anderen indianischen Volksgruppe in Ecuador gibt es einen so hohen Prozentsatz von Christen in der gesamten Bevölkerung wie unter den Waoranis.

# Schwierigkeiten sind dazu da, überwunden zu werden!

*Vergebliche Unternehmungen – Niemals zurück! – Gott hat den Schlüssel – Boxeraufstand, das blutigste Ereignis der Mission – Wachsende Gemeinden – Ermordete Christen im Kongo – Kidnapping in Kolumbien – Kein Eingehen auf Geiselforderungen! – Aus Leiden Frucht – Missionsgräber – Dem Befehl Jesu verpflichtet*

Vor 250 Jahren hatte Zinzendorf den Grundsatz: »Besser hundert vergebliche, als keine Unternehmungen zur Ehre des Heilands!«

Es waren dann die Herrnhuter Missionare, die in dieser völligen Unabhängigkeit von allem Erfolgsdenken mehr erreichten als alle anderen Kirchen vorher. Sie lernten die schwierigsten Sprachen, drangen bis zu den fernsten Völkern vor und setzten sich über die größten Hindernisse hinweg.

Verschlossene Türen und versperrte Länder, Krankheit und Tod, Krieg und Kriegsgeschrei haben die Mission Jesu und die Ausbreitung seines Reiches in dieser Welt nicht stoppen können.

Samuel Zwemer, der große Moslemmissionar am Anfang unseres Jahrhunderts, schrieb einmal:

»Ungesundes Klima, politische Schranken, nationale Eifersucht und religiöser Fanatismus sind nur eine Aufforderung an den Glauben und von Gott dazu bestimmt, uns ins Gebet zu treiben.

Die Reiche und Herrscher der Welt setzen ihre Grenzen fest, die nicht zu überschreiten sind, aber das Evangelium Jesu Christi kennt solche Grenzen nicht. Man hat ihm noch nie Schranken setzen können.

Das Reich Gottes gilt der ganzen Menschheit. Und gerade die Tatsache, daß Millionen Menschen die gute Botschaft noch nicht gehört haben, muß für uns der stärkste Antrieb sein, sie ihnen zu bringen. Jedes Jahr dringen Händler, Reisende und Forscher weiter in jene Länder ein. Dürfen dann die Boten des Kreuzes ängstlich zurückbleiben?«

Es wird sich nie aufzeichnen lassen, wie viele Unternehmungen überall in der Mission nach dem Urteil der Menschen fehlgeschlagen sind. Manche Fehler von Menschen hätten sich bestimmt auch vermeiden lassen. Was aber das Falsche ist, weiß man meist erst nachher.

John R. Mott sagte einmal: »Schwierigkeiten haben auch ihr Gutes. Sie sollen uns nicht entmutigen oder gar abschrecken. Sie sollen uns nicht zur Untätigkeit verleiten, sondern zu gesteigerter Tätigkeit anregen. Schwierigkeiten sind dazu da, überwunden zu werden. Sie müssen die besten Kräfte der Christen hervorlocken. Vor allem müssen sie uns recht zu Gott hintreiben und uns lehren, menschlichen Plänen und menschlicher Willensstärke gründlich zu mißtrauen.«

Schwierigkeiten und unüberwindliche Hindernisse treiben ins Gebet. »Der auftut und niemand schließt zu!« heißt es von Jesus, der den Schlüssel zu den Menschen und Völkern hat.

Als zu Beginn unseres Jahrhunderts um 1900 die Boxerunruhen in China ausbrachen, meinten viele, dies sei das Ende der Mission in China. Tatsächlich war der Boxeraufstand das schlimmste und blutigste Ereignis, das evangelische Missionare je traf. 135 Missionare und 53 Kinder wurden umgebracht. Dazu kamen unzählige Opfer unter den chinesischen Christen, die auf grausame Weise ihr Leben verloren.

Dann stellte sich in den sechs Jahren, die dem Massaker folgten, heraus, daß sich die Zahl der evangelischen Christen verdoppelt hatte. Tausende und abertausende Chinesen wurden durch das Martyrium bewegt, Christen zu werden. Aber auch wie Christen nachher zum Vergeben bereit waren, keine Wiedergutmachung forderten und den Weg der Versöhnung gingen, beeindruckte ungemein.

In der Stadt Shansi explodierte die Gewalt im Juni 1900. Ärzte, Krankenschwestern, Lehrer, Buchhändler und andere Mitarbeiter der Mission, insgesamt 32 Personen, konnten sich noch bis zur kirchlichen Schule retten. Hinter ihnen war der Mob der Straße her. Sie verbarrikadierten sich dort. Tag und Nacht flogen Steine gegen Türen und Fenster. Dann kamen Soldaten und brachten sie in den Palast des

Gouverneurs. Sie rechneten fest damit, jetzt freizukommen. Dort im Hof trafen sie auch zwölf katholische Nonnen und Priester. Das Volk rief unentwegt in Sprechchören: Tötet sie! Tötet sie!

Da befahl der Gouverneur zuerst den Männern, niederzuknien. Der erste war ein englischer Baptist, Vater von drei Kindern. Seine Frau hängte sich an ihn. Er aber schob sie sanft auf die Seite, kniete still hin. Mit einem Schwertstreich wurde er getötet. So ging es weiter.

Kinder klammerten sich an ihre Mütter. Sie mußten mit Gewalt weggezogen werden, bevor sie hingerichtet wurden. Einer Missionarin wurde erlaubt, die Hand ihres kleinen Jungen zu halten. »Wir kamen nach China, um die gute Nachricht der Rettung durch Jesus Christus zu bringen«, sagte sie mit fester Stimme. »Wir haben niemand etwas Böses getan, nur Gutes. Warum behandelt ihr uns so?« Das veranlaßte einen Soldaten, ihr wenigstens die Brille abzunehmen, bevor sie und ihr Sohn geköpft wurden.

Man ließ die geschändeten Körper über Nacht liegen, nachdem man alle Kleider und Wertgegenstände geraubt hatte. Allein in der Provinz Shansi verloren 91 Mitglieder von Missionarsfamilien der *China-Inland-Mission* im Boxeraufstand 1900 ihr Leben.

Ähnliche Greuel ereigneten sich gegenüber Missionaren im Kongo in den Jahren 1964 und 1965. Auf die Unruhen nach der Staatengründung Zaires folgte der Aufstand der kommunistischen Simba-Rebellen. Pastoren, Evangelisten und Lehrer wurden umgebracht, weil die Rebellen die christlichen Werte haßten. Allein die *Mission für unerreichte Stämme* verlor fast zwei Drittel ihrer Mitarbeiter durch Mord. Auch viele afrikanische Christen wurden umgebracht. Dazu wurden viele Kirchen, Hospitäler, Schulen, Krankenstationen und ihre Einrichtung vernichtet.

Aber auch diese schwere Verfolgung weckte bei den Christen Zaires den Wunsch nach tieferem geistlichen Leben. Eine Initiative »Christus für alle« wurde gestartet, die über fünf Jahre lief und das innere und äußere Wachsen vieler Kirchen beschleunigte.

Besonders schwer traf es die Missionsärztin Dr. Helen Roseveare 1964 im Krankenhaus von Nebobongo im afrikanischen Kongo. Fünf Monate war sie in Gefangenschaft der Simbarebellen. Sie wurde ins Gesicht geschlagen, auf den Boden geworfen. Der Mund war voller Blut, ein Zahn abgebrochen. Schreckliches Entsetzen und Angst packte sie. Nicht einmal wehren konnte sie sich, nur noch schreien, als ein Soldat sich auf sie warf und sie schändete und vergewaltigte. Aber niemand war da, der ihr helfen konnte.

Später kam sie mit katholischen Nonnen in die Gefangenschaft. Dort begegnete sie einer jungen Ordensschwester, die mehrfach vergewaltigt worden war und deshalb fast wahnsinnig wurde, weil sie glaubte, dadurch ihre Gott geweihte Reinheit verloren zu haben. Jetzt erst entdeckte Dr. Roseveare, wie sie selbst im Glauben über dem furchtbaren Geschehen gereift war und anderen Frauen seelsorgerlich helfen konnte, sie ihrer Reinheit und ganz ungetrübten Gemeinschaft mit Gott wieder zu versichern.

In weiten Teilen der Welt aber sind Missionare vom »Kidnapping« bedroht.

1981 überfielen maskierte Rebellen in Kolumbien das Büro der *Wycliff-Bibelübersetzer* in der Hauptstadt Bogotá und entführten den amerikanischen Missionar Chester Bitterman. Mit Revolvern und Maschinenpistolen waren sie in aller Frühe in das Büro eingedrungen und hatten dort die anwesenden zwölf Erwachsenen und fünf Kinder gefesselt und geknebelt. Diese wurden nach einigen Stunden entdeckt und befreit.

Für Chester Bitterman begann aber jetzt erst der Leidensweg. 48 Tage war er in der Gewalt der Terroristen der Gruppe M 19. Als einzige Gegenleistung für seine Freilassung forderten die Entführer: Alle Bibelübersetzer müßten sofort das Land verlassen, andernfalls würde der Missionar gehängt.

Schon Jahre vorher hatte die *Wycliff-Mission* festgelegt, daß in keinem Fall auf Forderungen von Terroristen eingegangen werden darf. Auch wenn man vielleicht im Einzelfall etwas erreichen würde, müßte ein solches Nachgeben gleichzeitig andere Terroristen zur Wiederholung ermutigen. Missionare arbeiten meist sehr abgelegen und einsam. Man würde durch Nachgeben sie alle als potentielle Geiseln erst aufwerten und in Gefahr bringen.

Sieben Wochen später klopfte es in der Frühe am Tor des Hauses, wo Frau Brenda Bitterman wohnte. Sie war damals mit ihrem

Unerträgliche Fliegenplage

zweiten Kind schwanger. Da wurde draußen laut gerufen: »Sie haben Chester Bittermans Leiche in einem verlassenen Autobus gefunden!« Später bestätigte die Polizei die Nachricht. Er war durch einen Pistolenschuß getötet worden.

Immer wieder mußten sich die verantwortlichen Missionsleiter fragen: War unser Verhalten wirklich richtig? Hätten wir Chester Bitterman doch noch retten können? Da sagte die Mutter des Ermordeten mitten in der großen Trauer und Erschütterung: »Unsere Wege sind nicht Gottes Wege. Wir können noch nicht wissen, wieviel Gutes aus dieser Sache kommen wird. Schon durch die Entführung sind viele Menschen tief aufgewühlt und verändert worden. Wer weiß, was noch alles geschehen wird durch den Tod von Chester. Wir haben ihn schon vor langer Zeit dem Herrn übergeben und wir haben vollen Frieden.«

Der Vater des Ermordeten sagte in einem Interview: »Meine erste Reaktion auf die Entführung war ein Schock. Ich dachte daran, mir ein paar Gewehre zu besorgen und loszufahren, um meinen Sohn zu befreien. Aber dann begann ich im Philipperbrief zu lesen: ›Sorgt nichts, sondern in allen Dingen laßt eure Bitten in Gebet und Flehen mit Danksagung vor Gott kundwerden!‹ Als ich damit ernst machte und begann, wirklich dankbar zu sein, schwanden mein Ärger und meine Frustration. Selbst in den härtesten Augenblicken sollten wir dem Herrn danken.«

Und weiter sagte der Vater: »Wir haben völlig Gottes Absichten mit dem Tod von Chester mißverstanden. Wir dachten, er würde seine Entführer zum Glauben bringen. Wir erwarteten, daß Gott Chester befreien würde, vielleicht durch ein ganz wunderbares Ereignis, damit in Zukunft Terroristen gar keinen Mut mehr hätten, Missionare zu entführen. Aber Gott ist auch jetzt noch immer Gott, der Herr.«

Leidensbereitschaft gehört deshalb zu den Prüfsteinen der Nachfolge Jesu. Fehlt die Bereitschaft, Widerstand und Ablehnung zu tragen und für den aufgetragenen Dienst auch, wenn es sein muß, das Opfer des eigenen Lebens einzuplanen?

Missionsgräber, selbst die Gräber früh gestorbener Missionarskinder, können die Liebe sichtbar machen, die Missionare zu anderen Völkern trieb. Dies hat in nicht wenigen Ländern die Herzen der Menschen für die Botschaft des Evangeliums geöffnet.

Umgekehrt haben die schlimmen Nachrichten vom Sterben Gardiners auf Feuerland, oder von der Gefangenschaft Ramseyers bei den Asante, nicht zuletzt das Opfer der Aucamissionare in Ecuador, unzählige junge Christen beschämt und bereit gemacht, ihr Leben für die Mission Jesu zur Verfügung zu stellen.

In einem am Anfang unseres Jahrhunderts entstandenen Aufruf zur Mission kann man lesen: »Von allen Plagen des vielgeplagten Landes Belutschistan sind die Fliegen die unerträglichsten. Nach einem Ritt von sieben Meilen waren unsere Hände und die Schenkel unserer Kamele infolge der Fliegenstiche mit Blutstreifen bedeckt! Die Eingeborenen umwickeln ihren Pferden Hals und Leib mit Binden zum Schutz gegen die Fliegen. Die Männer, die diese Gebiete besetzen wollen, müssen bereit sein, als gute Krieger Christi Beschwerden zu ertragen. Sie brauchen Geduld, Ausdauer, Tatkraft und freudige Hoffnung.«

Es sind sehr törichte Meinungen, als ob Mitleid oder Liebe zu Menschen in anderen Kulturen als Motivation für das Werk der Mission genügen könnten. Keine Liebe, nicht einmal der Glaube, kann Menschen befähigen, solche Opfer auf sich zu nehmen. Immer wieder haben Missionare darauf hingewiesen, wie absolut sie dem Befehl Jesu verpflichtet waren und ihm allein gehorsam sein mußten. Das trieb und bewegte sie in ihrem Leben.

Darum ist es heute auch für Christen wieder nötig, sich mit dem eindeutigen Befehl Jesu auseinanderzusetzen und ihm gehorsam zu werden. Der Befehl Jesu ist deshalb so dringlich, weil Menschen ohne Jesus verloren sind und es keine andere Erlösung und kein anderes Heil in der Welt gibt als im gekreuzigten Jesus Christus.

### Der Kampf einiger Anthropologen gegen die christliche Mission

# »Bösartige Missionare und liebenswerte Kannibalen!«

*Betreiben Missionare Völkermord? – Evangelium verändert Menschen – Leben Ureinwohner paradiesisch? – Kultur wandelt sich – Versklavt unter Dämonen – Jesus stärker als Ängste – Evangelium bereichert Kultur*

Auf der schönen Karibikinsel Barbados trafen sich 1971 Leute, die der Mission mit Mißtrauen oder offener Ablehnung begegnen. Es waren meist Völkerkundler, die zusammen mit Indianern über den Erhalt ihrer kulturellen Minderheiten nachdachten. Indianer, die mit den *Wycliff-Bibelübersetzern* zusammenarbeiten, wurden von vornherein aus den Beratungen ausgeschlossen.

Im Schlußdokument stellte man dann fest: Am besten wäre, »jede missionarische Tätigkeit einzustellen«. Man beschuldigte die Missionen des »Völkermords«, wenn sie fremde Vorstellungen und Werte in die Kultur der Indianer einbrächten. Unter einem »religiösen Mantel« würden die Indianer durch die Mission ausgebeutet. Ein absurder Vorwurf.

Mit fremden Vorstellungen und religiösen Werten war natürlich das Evangelium von Jesus Christus gemeint. Die Mission will aber nur das an der indianischen Kultur verändern, was durch unheimliche Schrecken das Leben der Menschen einengt und unfrei macht. Die furchtbare Angst vor dämonischen Geistern kann nur durch liebendes Vertrauen zu Jesus Christus und seiner Macht weichen.

Nicht nur die Verschleierung dieses simplen Sachverhaltes war kennzeichnend für diese Konferenz in Barbados, sondern auch die Finanzierung dieses Treffens mit kirchlichen Geldern.

Die Frage ist ganz aktuell, aber uralt: Darf man kulturelle Minderheiten zum Glauben an Jesus Christus führen?

Schon im Jahr 1878 sagte M. Buchner in seinem Buch »Reise durch den stillen Ozean« offen, daß ihm kein Europäer unsympathischer sei als die »scheinheiligen Reverends«.

Dennoch mußte er in seinem Reisebericht einräumen, daß die Missionare sich große Verdienste um das Ergehen der Eingeborenen erworben hätten. Etwa gegenüber der Herrschsucht von Despoten oder Menschenfresserei, Krieg aller gegen alle oder Dämonenfurcht.

»Jetzt, in der christlichen Zeit, ist Frieden und Ordnung eingekehrt.« Die Zustände in der vorchristlichen Zeit seien schlimm genug gewesen. Die Christianisierung habe einen »höchst erfreulichen Fortschritt herbeigeführt.«

Dann kommt er zu der Schlußfolgerung: »Wenn die Muckerei sie glücklicher macht, warum sollte Muckerei schlecht und zu tadeln sein? Nur möchte ich rufen: bis hierher und nicht weiter.«

In unseren Tagen steht die Mission unter den Indianern Südamerikas unter fortwährenden, heftigen Angriffen. Beliebt sind geschickt gemachte Filme über das angeblich paradiesische und unberührte kulturelle Leben im Urwald.

Natürlich verändert jeder, der zu den Indianern kommt, die Kultur. Darauf weisen Missionare immer wieder hin. Jeder Arzt, der Infektionskrankheiten mit modernen Medikamenten heilt, versetzt damit der Kultur des alten Heilers einen Schlag. Damit wird auch die tragende Säule einer indianischen Religion zerstört. Sie wird nur Trümmer hinterlassen, wenn nicht ein wirklich tragender Glaube an ihre Stelle tritt. Die Indianer haben nämlich für die meisten der schweren Infektionskrankheiten keine Kräutermittel oder sonstige Arzneien.

Im Geisterglauben der Indianer etwa wird jede Krankheit von bösen Geistern verursacht. So ist das Schlimme bei einem Todesfall, daß ein anderer dafür verantwortlich gemacht wird. Ein Schamane muß oft unter Benützung einer halluzinogenen Droge in Trance herausfinden, wer angeblich den Tod verschuldet hat. Zur Vergeltung muß derjenige dann sterben. Eine Kette von Blutrache ist die Folge.

Auch ein Anthropologe, der rauchend zu den Indianern kommt und ihnen eine Zigarette oder eine Konserve anbietet, verändert die Kultur.

Nicht anders ist es, wenn ein Lehrer gegenüber Indianern behauptet, Sonne und Mond wären keine Gottheiten, sondern eben nur Sterne. Warum sagt dann niemand, er zerstöre die Religion der Naturvölker? Warum sagt man das nur zu Missionaren?

Aus Südamerika wird berichtet, wie ein Fernsehteam einen Film mit dem Titel »Das Giftvolk« über die Zuruaha-Indianer drehte. Ein Pater, der sich von der katholischen Kirche getrennt hatte, brachte das Filmteam dorthin und half bei den Dreharbeiten. Das Interessante war, daß dieser Stamm noch nicht mit der Zivilisation in Berührung gekommen war.

Eindrucksvoll wurde im Film gezeigt, wie in der Kultur der Zuruaha das Edelste der Selbstmord ist. Ein Wurzelgift, das die Indianer zubereiten, wird von den Mutigen getrunken. Zum Lohn dürfen sie dann direkt »ins Paradies« eingehen.

Leider wurde im Film nicht erwähnt, daß der Pater weder die Sprache dieser Indianer noch ihre Kultur richtig kannte.

Auch wurde verschwiegen, daß nach Abreise des Filmteams vier Indianer der Zuruaha starben, weil die Filmer sie mit einem Grippevirus ansteckten, gegen den sie hilflos waren.

Hoffnungslos stehen Indianer zwischen den Fronten. Oft wollen gewisse Anthropologen sie um jeden Preis in ihrem jetzigen Zustand »konservieren«. Dabei haben sie sicher kaum das Wohl der Indianer im Auge, sondern mehr ihr eigenes Forschungsinteresse.

Auf der anderen Seite stehen skrupellose Geschäftsleute, die Land, Wald, Flüsse und nicht zuletzt die Arbeitskraft der Indianer rücksichtslos und mit unlauteren Methoden ausbeuten wollen. Viele Indianer etwa wurden, nur weil sie Analphabeten sind, schonungslos von ausländischen Händlern betrogen. Statt eines gerechten Preises werden sie oft auch weit unter Wert mit Genußmitteln wie Zigaretten und Alkohol bezahlt, was sie wiederum abhängig von diesen Rauschmitteln macht.

Soll man sie wirklich in diesem Urzustand lassen? Es wird darum gehen müssen, für die Indianer einen jeweils eigenen Weg zwischen den beiden Extremen zu finden.

Christliche Anthropologen betonen, daß lebendige Kultur ja nie starr, sondern ständig im Wandel und im Werden ist. So muß auch heute eine Kultur dem Menschen helfen, mit der schwierigen Welt, in der er lebt, besser fertig zu werden. Nicht der Mensch, auch nicht der Indianer, ist für die Kultur da, sondern die Kultur für den Menschen. Selbstverständlich wird sich ein Missionar als Gast der Kultur des Stammes, in den er kommt, anpassen, soweit das Evangelium dadurch nicht verfälscht wird.

Kein Diktator hat je so viele Menschen so grausam plagen und beherrschen können, wie jene Dämonen und Geister, die bis heute von Millionen Menschen angebetet und verehrt werden. Daß im Ahnenkult und im Geisterglauben verhaftete Urvölker paradiesisch leben, ist ein verbreiteter Irrtum. Es gibt viele Völker, die für alles, was mit den Göttern zusammenhängt, nur unheimliche und negative Wörter kennen, die das Fürchten lehren. Im besten Fall sind es Worte, die Angst, Sorge oder Mühe ausdrücken.

Verbreitet ist die Vorstellung, daß Zwillinge, die geboren werden, Unglück bedeuten. Sie werden, ihren Mund mit Erde oder Sand gefüllt, in die Sonne gelegt, bis sie qualvoll sterben.

Auch die Unbarmherzigkeit gegenüber Behinderten findet man häufig bei diesen Volksstämmen. Ebenso werden Frauen oft unterdrückt und wie Arbeitstiere mißbraucht. Welch eine Veränderung tritt hier dann durch das Evangelium ein!

Millionen Menschen leben gefangen im Geisterglauben und im Fetischismus. »Selbst die Herrlichkeit der Tropen ist nicht imstande gewesen«, schreibt einmal der Missionstheologe Johannes Warneck, »das religiöse Leben des Animisten zu verschönen.« Die Ergebnisse seines Nachsinnens sind hart, finster und freudlos. Das Schicksal kennt kein Mitleid, und die Seelen der Menschen selbst sind ohne Erbarmen. Welche schrecklichen Lasten nehmen da Menschen auf sich, nur weil sie nach Gott suchen!

Allein Jesus Christus kann ihnen das Grauen nehmen, wenn er spricht: »In der Welt habt ihr Angst, aber seid getrost, ich habe diese Welt überwunden.« Er verspricht: »Kommt her zu mir alle, die ihr mühselig und beladen seid, ich will euch erquicken. Nehmt auf euch mein Joch, so werdet ihr Ruhe finden für eure Seelen.« Allein das Evangelium kann befreien aus der Macht des sündigen Ich wie der dämonischen Schwarzen Magie.

Treffend formulierte es einmal Upwiini, ein 90jähriger Südsee-insulaner: »Wenn mich die Angst vor bösen Geistern überkommen will, bitte ich den um Hilfe, der gesagt hat, daß ihm alle Macht gegeben ist im Himmel und auf der Erde.«

Deshalb haben alle Urvölker wie die Indianer auch das jedem Menschen zustehende Recht, das von Dämonenfurcht befreiende Evangelium zu hören. Niemand darf und will ihnen etwas mit Gewalt oder mit Versprechungen überstülpen. Die rettende Befreiung darf und kann ihnen aber nicht vorenthalten werden.

Daß das Evangelium auch Veränderungen in der Kultur bewirkt, ist unausweichlich. Dabei wird man Sorge tragen müssen, so weit wie irgend möglich für das Empfinden der Menschen sensibel zu sein. Wo man Menschen liebt, wird dies immer gegeben sein.

Es hat sich in den letzten Jahrzehnten in Südamerika eindrücklich gezeigt, wie sterbende Indianervölker durch das Evangelium wieder lebenstüchtig geworden sind. Die stark reduzierten Volksstämme wuchsen wieder. Sie sorgten mit Tatkraft und Verantwortungsbewußtsein für ihre Familien. Die Gemeinschaft wurde wieder stark. Nur im Evangelium liegen die Lebenskräfte auch für das 21. Jahrhundert.

Wie positiv gestaltend diese Kräfte sind, können wir am besten an der Geschichte des eigenen Volkes sehen. Das Evangelium von Jesus Christus hat in vielen Jahrhunderten auch auf den Trümmern uralter Stammesbräuche Germaniens neue Werte und Schönheiten von Kultur geschaffen – in Musik, Malerei, Wissenschaft, Literatur, Baukunst, Volkssitte und Lebensart. Ob wir sie heute missen wollten?

### Der Aufbruch der heutigen evangelikalen Missionsbewegung

## »Kommt herüber und helft uns!«

*Studentenrevolte 1968 – »Mission ist out!« – »Weiße Missionare raus!« – In aller Stille entstanden neue Missionen – 2,4 Milliarden Menschen haben noch nie das Evangelium gehört! – Arbeitsgemeinschaft evangelikaler Missionen – Asiaten und Afrikaner rufen nach Missionaren – Missionar Volkswagen – »Wir können nicht schweigen!«*

Es waren wild bewegte Tage im Jahr 1968. Zehntausende Studenten demonstrierten mit lauten Parolen auf den Straßen. Es sollte eine durchgreifende Revolution werden.

Einer der Studentenführer erklärte im Fernsehen: Wir können eine Welt schaffen, wie sie die Welt noch nie gesehen hat. Nicht eine einzige Eigenschaft muß aus dem Menschen herausoperiert werden. So wie der Mensch ist, ist er gut. Nur die Zwänge müssen beiseitigt werden!

Der autonome Mensch, der selbst über sein Tun bestimmen darf, kündigte seine Herrschaft an.

Auch in den Kirchen gärte es. In Synoden wurden Spruchbänder hochgehalten und Störungen bewußt provoziert. Junge Theologen besetzten Sitzungsräume in Oberkirchenräten, um ihre Forderungen mit Gewalt durchzusetzen. Es kam zu massiven Störungen von Gottesdiensten, sogar zum Abbruch einer Predigt eines Landesbischofs, bevor er überhaupt richtig begonnen hatte.

Die Veränderungen in den Kirchen gingen den jungen Kritikern nicht schnell genug. Der Traum des marxistischen Sozialismus stand bei den Forderungen ganz oben.

Ein junger Prediger brachte damals die Sache seiner Meinung nach auf den Punkt, als er in einer Predigt feststellte: Die Studentenrevolte hat in einem Jahr mehr erreicht als die Kirche in 2000 Jahren.

Der ökumenische Weltkirchenrat in Genf betrachtete die Entwicklung sehr wohlwollend. Der führende Mann brachte es damals auf die simple Formel: »Mission ist out!« Endgültig. Auf der Weltkirchenkonferenz 1973 in Bangkok nahm man dann »Abschied vom weißen Missionar«. So schrieb es damals ein führendes Kirchenblatt.

Die bekannten und traditionsreichen Missionsgesellschaften in Deutschland hatten ihre Seminare, in denen früher ihre Missionskandidaten ausgebildet wurden, schon viele Jahre vorher geschlossen. Wenn überhaupt, dann wollten sie nur noch westlich geschulte Theologen. Schon forderten viele offen einen Stop der Entsendung weißer Missionare nach Übersee.

Eine große deutsche Missionsagentur machte teure Werbung: »Weiße Missionare raus! – Eigentlich sollten wir uns darüber freuen.«

Ausgerechnet in diesen unruhigen Tagen brach sich eine ganz andere Bewegung Bahn. Sie vollzog sich in aller Stille. Kaum jemand beachtete sie damals. Und doch begann mit ihr eine große und dauerhafte Umwälzung. Unzählige junge Menschen entdeckten ganz neu die Herausforderung der Weltmission. Völlig unorganisiert, wie es für solche Bewegungen typisch ist, wurden unzählige Initiativen gestartet, um auf alle nur mögliche Weise Missionare auszusenden.

In einer Dachkammer in Süddeutschland wurde von ein paar Betern ein kleiner Verein gegründet, der sich schon nach wenigen Jahren zu einer großen Missionsgesellschaft mit weit über 100 Missionaren in Übersee gemausert hatte. An anderen Orten geschah es ganz ähnlich.

Es war schon merkwürdig, wie ganz verschiedene Bewegungen nebeneinander herliefen. In manchen Kirchen wurde Mission nicht mehr als Bekehrung Ungläubiger verstanden, sondern als Partnerschaft beim Aufbau der Dritten Welt. Auf leisen Sohlen wurde Mission zur Verbesserung der wirtschaftlichen und sozialen Nöte umfunktioniert. Je einseitiger sich kirchliche Organisationen vom biblischen Wortlaut des Missionsbefehls Jesu lösten, umso deutlicher sprachen immer mehr junge Christen von der nötigen Bekehrung zu Jesus.

Bald setzte auch die Polemik gegen die neu aufgebrochene Missionsbewegung ein. Wir sollten nicht andere Menschen als »Objekte« der Mission »degradieren«. Als ob das jemand wollte! So grobschlächtig verfälschend der Vorwurf war, konnte er auch nicht treffen. Es ging um die Liebe zu den Millionen Menschen, die das Evangelium von Jesus noch nie gehört hatten.

Eine Zahl ließ aufhorchen, die kennzeichnend wurde für die große Missionskonferenz für Weltmission in Lausanne im Jahr 1974: 2,4 Milliarden Menschen haben noch nie das Evangelium gehört!

Auf einer evangelikalen Studentenkonferenz sprach man davon, es sei recht und billig, mehr Geld für Entwicklungshilfe im Kampf gegen Armut und Hunger einzusetzen. Aber Geld allein genüge nicht. Auch Brot nicht, weil Menschen nicht vom Brot allein leben, sondern von jedem Wort, das aus dem Mund Gottes kommt.

Diese jungen Leute erkannten: Es ist Gottes Gericht über die trägen Kirchen der Überflußländer, wenn sie keine Gesandten der Liebe mehr freigeben. Sie selbst können Gottes Ruf nicht mehr vernehmen. Darum verhungern die überzivilisierten Völker an seelischer Unterernährung. Sie sinken zurück in Aberglauben, Wahrsagerei und moderne Mythen. Gleichzeitig ist es Heilszeit für die erwachenden armen Agrarvölker aus Ahnenkult und animistischer Umklammerung.

Sie sprachen von falscher Prophetie, wenn Theologen ihre eigenen Träume vom Menschenglück verkünden. Eine missionierende Kirche aber darf der Welt die wahre Mission nicht vorenthalten.

Die neuen Missionen suchten Austausch und Gebet. So entstand 1969 neben den bisherigen kirchlichen Missionsorganisationen eine *Arbeitsgemeinschaft evangelikaler Missionen (AEM)*. Anfangs hofften sie auf gute Zusammenarbeit mit den bestehenden Kirchenmissionen. Doch eine Lawine war losgetreten. Auf unzähligen Kanzeln und in vielen Kirchenblättern wurde das Kriegsbeil ausgegraben. Statt für die Ausbreitung des Evangeliums in der Welt zu kämpfen, bekriegten manche theologischen Eiferer auf ihre eigene Weise die treusten Glieder der Kirchen, die nichts anderes wollten, als dem Befehl Jesu gehorsam sein. Und der ist in der Bibel nun einmal so formuliert, daß man ihn wirklich nicht mißverstehen kann.

Immer deutlicher meldeten sich auch Vertreter afrikanischer, asiatischer und südamerikanischer Kirchen zu Wort. Sie wehrten sich gegen den wachsenden Einfluß westlicher Bibelkritik in ihren Seminaren. Sie wollten wirklich biblisch überzeugte Evangeliumsboten als Pastoren ausbilden.

Leider aber standen für Stipendien nur die üblichen westlichen Ausbildungsstätten zur Verfügung. Dazu sagten sie eindeutig und klar »nein!«

Immer wieder wurden in den Jahren 1974/75 führende afrikanische und asiatische Christen nach Deutschland eingeladen. Ihr Ruf war unerwartet eindeutig:

»Wir brauchen Missionare! Wir warten auf Missionare, auch auf weiße Missionare. Solche Missionare brauchen wir, die eine brennende Liebe zu Jesus haben.«

»In Afrika haben wir zwei Missionare, die aus Deutschland kommen. Der eine wird Missionar Volkswagen genannt, der andere Missionar Mercedes-Benz. Aber die Christen in Afrika stellen die Frage: Sind das die einzigen Evangelisten, die Deutschland zu geben hat? Oder gibt es auch andere Missionare?«

»Sie haben etwas, was Sie Afrika und der Welt geben können, das nicht vergehen wird. Das ist das ewige Evangelium! Bitte senden Sie Missionare! Nur sie können den Weg zum Frieden und zum Licht zeigen. Danach ruft heute Afrika.«

Es wurde aber auch in diesen bewegten Tagen deutlich, daß Missionar nur der sein kann, der Jesus und sein Evangelium in seinem Leben als erneuernde und verändernde Kraft täglich selbst erfährt. In einem 1973 in vielen tausend Exemplaren verbreiteten Flugblatt schrieben die evangelikalen Missionen:

»Weiße Missionare raus! Im Gegenteil! Sie werden mehr als je gebraucht. Stark wachsen die christlichen Gemeinden in den unabhängigen Staaten Afrikas und Asiens. In Afrika zum Beispiel hat sich die Zahl der Christen in den letzten Jahren mehr als verdoppelt. So suchten 47 internationale evangelikale Missionen, mit denen wir eng zusammenarbeiten, 2956 Missionare allein für 1973, davon 1532 für Evangelisation und Gemeindebau.« Sam Odunaike, der aus Nigeria stammende Präsident der evangelikalen Allianz von Afrika, schrieb: »Wenn ihr weißen Missionare meint, euch aus der Arbeit in Afrika zurückziehen zu können, weil ihr eure Führungspositionen aufgegeben habt und die Kirchen und Gemeinden selbständig geworden sind, so versündigt ihr euch!«

Dann verwiesen diese Missionen in der Einladung zu den Vorträgen der Süddeutschen Missionswoche 1974 auf die Pflicht zur Mission:

»Wir können nicht schweigen, weil viele Menschen noch nie das Evangelium hören konnten!

Ist das Zeitalter der Mission am Ende? Im Gegenteil! Ungeahnte Aufgaben müssen noch angepackt werden. Erst 35 Prozent der Erdbevölkerung haben das Evangelium gehört. Viele Volksstämme haben noch keinen Missionar. In über 1000 Sprachen und Dialekten ist noch kein Wort des Evangeliums übersetzt. Da diskutieren Christen, ob Mission nicht aufgegeben werden soll! Zur gleichen Zeit geht die atheistische Propagandawelle über die Länder der Dritten Welt hinweg. Wenn wir schweigen, hören Millionen Menschen nie, daß Gott sich heute finden läßt.«

# Quellen

Dick Anderson, *We felt like Grasshoppers. The story of Africa Inland Mission*, Nottingham 1994

Hans Anstein, *Nicht durch Heer oder Kraft, 125 Jahre Basler Mission*, Basel 1940

Hans Anstein, *Rund um die Welt*, Stuttgart und Basel 1929

Hans Anstein, *Afrika, wie ich es erlebte*, Stuttgart und Basel 1933

Hartmut Beck, *Brüder in vielen Völkern*, Erlangen 1981

Hartmut Beck, *Wege in die Welt*, Erlangen 1992

Erich Beyreuther, *August Hermann Francke*, Marburg 1956

Erich Beyreuther, *Der junge Zinzendorf*, Marburg 1957

Erich Beyreuther, *Zinzendorf und die sich allhier zusammenfinden*, Marburg 1959

Erich Beyreuther, *Zinzendorf und die Christenheit*, Marburg 1961

Erich Beyreuther, *Zinzendorf*, Hamburg 1965

Peter Beyerhaus, *Krise und Neuaufbruch der Weltmission*, Bad Liebenzell 1987

Walter Birnbaum, *Die freien Organisationen der Deutschen Evangelischen Kirche*, Stuttgart 1939

Klaus Bockmühl, *Was heißt heute Mission?* Gießen 1974

Friedrich von Bodelschwingh, *Ausgewählte Schriften, Band 2*, Bethel 1964

Gustav von Bodelschwingh, *Friedrich von Bodelschwingh*, Berlin 1926

Helmut Burkhardt (Hrsg.), *Evangelisches Lexikon für Theologie und Gemeinde, Band 1 - 3*, Wuppertal und Zürich 1992 ff.

G. E. Burkhardt, *Kleine Missions-Bibliothek, Band 1 bis 4*, Bielefeld 1857 - 1861

Calwer Verlagsverein, *Afrika in Wort und Bild*, Calw und Stuttgart 1904

William Carey, *Eine Untersuchung über die Verpflichtung . . .*, Bonn 1993

Alex Carmel, *Christen als Pioniere im Heiligen Land,* Basel 1981

W. Claus, *Dr. Ludwig Krapf,* Basel 1882

F. Peter Cotterell, *Born at Midnight,* Chicago 1973

Raymond Davis, *Fire on the Mountains,* Grand Rapids 1966

Deutsche Indianer Pionier Mission, *Ruf aus dem Urwald,* Lahr 1987

Sherwood Eddy, *Schuldner der Welt,* Stuttgart 1956

Wolfgang Erk und Martin Scheel (Hrsg.), *Ärztlicher Dienst weltweit,* Stuttgart 1974

Peter Falk, *The Growth of the Church in Africa,* Grand Rapids 1979

Klaus Fiedler, *Ganz auf Vertrauen,* Gießen 1992

Heinrich Frick, *Die evangelische Mission, Ursprung, Geschichte, Ziel,* Bonn und Leipzig 1922

*Geschichte der Basler Mission 1815-1915,* Basel 1916

Samuel Gobat, *Evangelischer Bischof in Jerusalem,* Basel 1884

Michael Griffiths, *Es gibt Größeres,* Gießen und Basel 1972

Gerhard Günther, *Erweckung in Afrika,* Stuttgart 1959

H. Gundert, *Die evangelische Mission, ihre Länder, Völker und Arbei-ten,* 4. Auflage, Calw und Stuttgart 1903

Karl Hartenstein, *Die Beziehungen von Württemberg und Basel,* in: Auf dem Grund der Apostel und Propheten, Festschrift für Landesbischof Wurm, Stuttgart 1948

James and Marti Hefley, *By their Blood,* Milford 1979

James und Marti Hefley, *Onkel Cam,* Neuhausen-Stuttgart 1978

Jonathan Hildebrandt, *History of the church in Africa,* Achimota, Ghana 1981

Andreas Holzhausen, *Das Volk der Waorani erhält das neue Testament,* Übersetzung, Mitteilungsblatt der Wycliff-Bibelüberset-zer Nr. 5 1992, S. 2 ff.

Andreas Holzhausen, *Tod in Kolumbien,* Nr. 3, 1981 S. 2 ff.

Andreas Holzhausen, *Bibel trotz Babel,* Moers 1992

J. J. Jaus, *Samuel Hebich,* Stuttgart-Basel o.J.

Patricia St. John, *Nur der Himmel ist die Grenze,* Neuhausen 1978

Patrick Johnstone, *Gebet für die Welt,* Neuhausen 1994

Festo Kivengere, *Erneuerte Gemeinde,* Neuhausen, 1975

Johann Ludwig Krapf, *Reisen in Ostafrika,* unveränderter Neudruck von 1858, Münster-Hamburg 1994

Fritz Laubach (Hrsg.), *Justinian von Welz*, Wuppertal und Zürich 1989

Kenneth Scott Latourette, *Geschichte der Ausbreitung des Christentums*, Goettingen 1956

Normann Lewis, *Die Missionare, über die Vernichtung anderer Kulturen*, Stuttgart 1991

Leslie T. Lyall, *Das Unmögliche gewagt. Die China Inland Mission 1865-1965*, Gießen 1965

Johannes Maisch, *Gute Nachricht allen Völkern*, Stuttgart 1988

Neill, Moritzen, Schrupp, *Lexikon zur Weltmission*, Wuppertal 1975

Lois Neely, *Besteige diesen Berg*, Lahr 1986

Stephen Neill, *Geschichte der christlichen Mission*, Erlangen 1974

Wilhelm Oehler, *Geschichte der deutschen evangelischen Mission, Band 1 und 2*, Baden-Baden 1949 und 1951

Walter Oettli, *Drei berühmte Afrikaner*, Stuttgart und Basel 1931

Gert von Paczensky, *Teurer Segen*, München 1991

John Paton, *Autobiographie – Mission unter Südseekannibalen*, Bielefeld 1981

William W. Petersen, *Gott gibt den Wind, wir setzen die Segel*, Kassel 1968

Werner Raupp (Hrsg.), *Mission in Quellentexten*, Erlangen-Bad Liebenzell 1990

Karl Rennstich, *Handwerker-Theologen und Industrie-Brüder als Botschafter des Friedens*, Stuttgart 1985

Don Richardson, *Ewigkeit in ihren Herzen*, Lahr 1992

Alfred Ringwald, *Menschen vor Gott, Band 1 – 4*, Stuttgart 1957 ff.

Walter Ringwald, *Stafette in Afrika. Der Weg einer Jungen Kirche in Ghana*, Stuttgart 1957

P. A. de Rover und J. Roessle, *Gottes Spur ist überall. Eine Geschichte der Weltmission in Einzelbildern*, Konstanz 1960

Thomas Schärer, *Waisendorf am Nil*, Heft o.J. u.O.

Rolf Scheffbuch, *Ökumene contra Mission?* Neuhausen 1974

Wolfgang Schneider (Hrsg.), *Mission der Väter*, Wuppertal 1975

Burkhard Schöttelndreyer, *Ein Fest für das Neue Testament der Waorani*, Übersetzung, Mitteilungsblatt der Wycliff-Bibelübersetzer, Nr. 5 1992, S. 7 ff.

Martin Schlunk, *Die Weltmission der Kirche Christi, ein Gang durch 19 Jahrhunderte*, 2. Auflage, Stuttgart 1951

Martin Schlunk, *Äussere Mission der deutschen evangelischen Christenheit*, Gladbeck 1953

Ernst Schrupp, *Blicke in die Weltmission*, Wuppertal 1953

Christian Scriver, *Seelenschatz*, Helmstädt und Magdeburg 1698

Ann-Charlott Settgast, *Der Mann in Tranquebar*, Moers 1987

Peter James Spartalis, Karl Kumm, *Last of the Livingstones*, Bonn 1994

Robert Steiner, *Pioniere des Worts*, Wuppertal 1982

August Strobel, *Conrad Schick, ein Leben für Jerusalem*, Fürth 1988

Howard und Geraldine Taylor, *Hudson Taylor*, Gießen 1977

Ruth A. Tucker, *From Jerusalem to Irian Jaya*, Grand Rapids 1983

Gustav Warneck, *Abriss einer Geschichte der protestantischen Missionen von der Reformation bis zur Gegenwart*, Berlin 1900

Johannes Warneck, *Die Lebenskräfte des Evangeliums*, Berlin 1908

Johannes Warneck, *Paulus im Lichte der heutigen Heidenmission*, Berlin 1913

Klaus Wetzel, *Kirchengeschichte Asiens*, Wuppertal und Zürich 1995

Ursula Wiesemann, *Mission und Menschenrechte*, Wuppertal 1979

Derek Williams, *The Spirit of Keswick*, Harrow 1988

Samuel Zwemer, *Missionslose Länder*, Basel 1912

# Register

Abessinien 124-137, 287-295
Afrika-Inland-Kirche 266-267, 310
Afrika-Inland-Mission 155, 262-
267, 270, 305-311
Ägypten 50, 278-281
Alexander, Michael Solomon 139,
160
Apostelstraße 132, 262, 265
Asante 90, 102-109
Aucas 312-315
Bär, Jakob 173
Basler Mission 98-101, 126, 148-
153, 230-235
Batak 241-246
Bauer, Andreas 108-109
Beck, Johann 56
Becker, Carl 305-311
Berliner Mission 176-177
Bethel-Mission 247-249
Bethlehemskapelle, Berlin 84-86
Bingham, Roland 257-261, 292
Birma 61, 63-72
Bitterman, Chester 319
Bodelschwingh, Friedrich von
247-249
Bogatzky, Karl Heinrich von 31
Borneo 236-240
Brainerd, David 26, 35
Bräm, Andreas 249
Brüdergemeine 45-51, 240, 273
Calabar 217-220
Cambridge Studenten 207, 297
Carey, Felix 62-64
Carey, William 35, 37, 57-62
Carmichael 254-256
China 73-78, 200-207

China-Inland-Mission 201-207,
267, 268, 318
Christentumsgesellschaft 86, 132, 148
Christian and Missionary Alliance
155, 263
Christian David 55
Church Missionary Society 86,
99, 149, 166
Crowther, Samuel 162-167
Dajak 236-240
Dänemark 29-31, 40
Dänisch-Hallische Mission 40-44
Darwin, Charles 110-114
Dober, Leonhard 47
Doll, Ludwig 250-252
Ecuador 312-315
Egede, Hans 52-56
Elfenbeinküste 282-286
Eliot, John 22-28
Elliot, Jim 312-315
Emde, Uhrmacher 168-174
Evangelikale Kirchen Westafrikas
(ECWA) 261
Francke, August Hermann 36,
39-44, 45, 86
Friedrich IV, König 30, 31
Friedrich Wilhelm IV, König 138,
144
Gallas = Oromos
Gardiner, Allen 110-113
Gesellschaft zur Ausbreitung
christlicher Kenntnis 20
Gesellschaft zur Ausbreitung des
Evangeliums in fremden
Ländern 20, 34
Gobat, Samuel 138-147

Goldküste 89, 98-101
Goßner, Johannes 175-180, 182
Gowans, Walter 258-259
Grönland 52-56
Gützlaff, Karl 86, 274
Halle 29-33, 42, 44
Hannington, James 213-214
Harms, Louis 197-199
Harris, William W. 282-286
Hastings, Selina von 94
Hebich, Samuel 230-235
Henke, Philipp 99
Hermannsburger Mission 197-199
Herrnhut 45-51
Herz-von-Afrika-Mission 270
Hurlburt, Charles 265, 305
Indien 39-44, 57-62, 175-186, 181-
    185, 230-235, 254-256
Israel, Gottlieb 49
Jänicke, Johannes 83-86
Jansen, Bernhard 95, 96
Java 168-174
Jellesma 173-174
Jerusalem 144-147
Johanssen, Ernst 247
Jones, David 222
Judenmission 157-161
Judson, Andoniram 63-72
Kairo 142, 144
Kale-Heywet-Kirche 295
Kalkutta 62, 66, 80, 175, 178
Kam, Joseph 168-170
Kanton 73-78
Karen 67-72
Kaukasus 50
Kenia 303
Keswick-Konferenz 254-255
Kilimandscharo 134
Ko Tha Byu 67-72

Kols 178-180
Kongo 268-272
Krapf, Ludwig 124-137, 154, 248,
    294
Kumasi 104-106
Kumm, Karl 269
Kuruman 186-189, 195
Ladakh 274
Lambie, Thomas 287-291
Livingstone, David 188, 190-196
Londoner Judenmissionsgesell-
    schaft 158-159
Londoner Missionsgesellschaft 74,
    85, 186, 221, 223, 228
Macao 74-78
Mackay, Alexander 209-214
Madagaskar 221-229
Maori 123
Marshmann, Joshua 59-61
Martyn, Henry 35, 79-82
Matebele 188-189
Mau-Mau 303
Mc Carthy 206
Mekane-Yesus-Kirche 199
Milne 77, 78
Mission für unerreichte Stämme
    318
Moffat, Robert 186-189, 195
Mombasa 130
Moody, Dwight L. 268, 297
Morrison, Robert 74-78
Mott, John R. 317
Müller, Georg 251
Myanmar 63-72
Neu-Guinea 119
Neukirchner Mission 249-253
Nicolayson, John 157, 159
Niger 162-167
Nigeria 217-220, 257-261

Nitschmann, David 46, 47
Nommensen, Ludwig 241-246
Oicha 307-310
Oromos 128-137, 198, 289
Osteuropa 15-17
Ostindische Kompanie 34-38, 59, 60, 64, 76, 80
Palästina 138-147
Paton, John G. 119-122
Persien 79-82
Pescherähs 110-114
Plütschau, Heinrich 39-40
Preiswerk, Samuel 153
Puritaner 22
Ramseyer, Fr. Aug. 104-106
Rebmann, Johannes 134-137, 198
Rheinische Mission 236
Rift Valley Academy 266
Rinhardt, Susie 275-277
Roseveare, Helen 319
Ruanda 248, 297-299
Rußland 17, 50
Sambesi 190-192
Santal 180, 181-185
Schick, Conrad 144-146
Schirnding, von, Oberforstrat 85, 86
Schwartz, Christian Friedrich 43, 85
Scott, Peter C. 155, 262-267
Serampore 37, 59-62, 64
Sharp, Granville 87-93
Sierra Leone 89-97, 167
Skrefsrud, Lars Olsen 181-185
Slessor, Mary 217-220
Slowenien 13-17
Smith, Stanley 296-302
Spittler, Christian Friedrich 132, 154
St. Chrischona, Pilgermission 146-147
St. Thomas 46-49

Stach, Matthäus und Christian 55
Stanley, Henry Morton 104-105, 194, 208-209
Studd, Karl 268-272
Südafrika 50, 186-189, 197-199
Sudan Inland Mission 259-261, 289-295
Sumatra 241-246
Surabaya 168-174
Surinam 20, 50
Tanganjikasee 193, 195
Taylor, Hudson 200-207, 267, 268
Tibet 273-277
Trankebar 39-44
Trasher, Lillian 278-283
Truber, Primus, 13-17
Tucker, Robert 215
Uganda 208-216, 296-304
Ungnad, Hans von 11-17
Urach 11-17
Urdu 79-82
Usambaraberge 136, 247-248
Vereinigte Sudan Mission 261
WEK (Weltweiter Evangelisations Kreuzzug) 268-272
Welz, Justinian von 18-21
Wesley, John 36, 43
Whitefield, George 36
Wilberforce, William 38, 89
Williams, John 115-119
Wolff, Joseph 159
Würtz, Friedrich 252-253
Wycliff-Bibelübersetzer 319, 323
Zaire 305-311, 316
Zaremba, Felician von 146, 148-154
Ziegenbalg, Bartholomäus 39-44
Zimmermann, Johannes 102-108
Zinzendorf, Nikolaus Ludwig von 32, 36, 45-51, 98